高等职业教育财经商贸类专业基础课系列教材

人力资源管理
（第三版）

赵 轶 ◎ 编著

清华大学出版社
北京

内 容 简 介

本书认真贯彻《国家职业教育改革实施方案》和《教育部 财政部关于实施中国特色高水平高职院校和专业建设计划的意见》等文件精神，与行业领先企业合作进行内容开发，在融入新技术、新工艺、新规范的基础上，借鉴德国"学习领域"课程理论，搭建起以"工作过程导向"为特征的"理实一体化"素材框架，对经管类专业课程"模块化"实施进行了探索。

本书设计了 10 项学习任务，包括人力资源管理认知、职位分析与设计、人力资源规划、员工招聘、员工培训、员工使用与调配、绩效管理、薪酬管理、劳动关系管理和职业生涯管理。

本书完整地讲述了人力资源管理职业的工作活动，适合职业教育本科、高职高专经济管理类专业教学使用，也可作为在职人员进行职业培训、职业资格考试、工作实践的指导用书。

本书封面贴有清华大学出版社防伪标签，无标签者不得销售。
版权所有，侵权必究。举报：010-62782989，beiqinquan@tup.tsinghua.edu.cn。

图书在版编目(CIP)数据

人力资源管理/赵轶编著. —3 版. —北京：清华大学出版社，2023.1
高等职业教育财经商贸类专业基础课系列教材
ISBN 978-7-302-62078-5

Ⅰ.①人… Ⅱ.①赵… Ⅲ.①人力资源管理－高等职业教育－教材 Ⅳ.①F243

中国版本图书馆 CIP 数据核字(2022)第 195095 号

责任编辑：吴梦佳
封面设计：傅瑞学
责任校对：袁　芳
责任印制：丛怀宇

出版发行：清华大学出版社
网　　址：http://www.tup.com.cn，http://www.wqbook.com
地　　址：北京清华大学学研大厦 A 座　　　邮　编：100084
社 总 机：010-83470000　　　　　　　　　邮　购：010-62786544
投稿与读者服务：010-62776969，c-service@tup.tsinghua.edu.cn
质量反馈：010-62772015，zhiliang@tup.tsinghua.edu.cn
课件下载：http://www.tup.com.cn，010-83470410

印 装 者：三河市少明印务有限公司
经　　销：全国新华书店
开　　本：185mm×260mm　　　　印　张：15.5　　　字　数：372 千字
版　　次：2012 年 1 月第 1 版　2023 年 1 月第 3 版　　印　次：2023 年 1 月第 1 次印刷
定　　价：48.00 元

产品编号：089499-01

前　言

本书是全国首批56所"双高"立项建设院校专业群建设阶段性成果。第一版于2012年1月出版，第二版于2016年7月出版，现已修订到第三版。与传统教材相比，本书进行了以下创新。

（1）学习任务驱动教学过程。以任务驱动统领教学过程的实施，激发了学生学习的自主性、积极性，由过去单一的教师讲、学生听的被动行为部分转变为学生的主动探索行为（完成某项实训活动），使学生通过课程学习逐步具备所需的职业能力。完成了"从实践到理论、从具体到抽象、从个别到一般"和"提出问题、解决问题、归纳总结"的教学程序。

（2）学习内容衔接职业技能。行业、企业技术专家参与教材编写，使教学目标具体、明确、系统，教学内容先进、取舍合理，理论的基础地位转变为服务地位。结构清晰、层次分明，信息传递高效、简洁。在引领学生归纳知识的同时，也有利于学生职业技能的获取。

（3）体例创新增强趣味性。本书一方面吸纳了国外教学参考书的优点，另一方面则考虑到我国高职学生的文化背景和基础教育养成的吸纳知识的习惯，增强了趣味性。此外，本书在心理结构构建、兴趣动机发展等方面也做了有益的尝试，形成了学习目标、任务解析、管理故事、正文、同步实训、教学做一体化检测、课程思政园地、学生自我工作总结等完整的教材功能体系。

（4）思政资源催化育人功能。本书切实贯彻"课程思政"理念，发挥好专业课程的育人功能，承担起专业课教师在教学活动中的育人责任。本书设置了课程思政园地，致力于挖掘人力资源管理职业活动中的课程思政资源，使其与专业课程的功能同向同行，形成育人合力。

本书由中国特色高水平高职学校建设项目组组长赵轶编著，辛宇、韩建东、苏徐等一线专家、教师参与了课程开发、教材框架研讨和内容的确定。在本书编写中，我们参阅了国内外一些专家、学者的研究成果及相关文献，多家管理咨询公司为课程开发、横向课题的研发提供了实践便利，在此表示衷心的感谢。

高职教育课程建设正如火如荼，清华大学出版社积极搭建平台，中国高职教育教材建设又向前迈出了新的步伐。作为一种探索，尽管我们力求完美，但由于对人力资源管理职业活动的认识、理解和分析方面难免存在偏差，敬请读者不吝赐教。

编著者

2022年3月

阅读指南

本书基本架构说明如下。

学习任务 以"任务"命名,试图先入为主,解释人力资源管理职业活动内容,即一个抽象的人力资源管理活动实际工作任务的归纳。同时,为高职学生建立起"学习就是完成任务"的概念,为课程实施的工学结合奠定基础。

学习目标 说明完成这一任务要求达成的目标,分知识目标、能力目标和课程思政。也为工作任务完成后的评价与检测提供依据。

任务解析 根据职业教育原理,依照"能力分担原则",将任务作进一步的细分,体现"完成分解的任务就完成了整项工作"的目标,也为整个任务提供了较为精准而不致太泛泛的知识承载与逻辑线索。

管理故事 为刚进大学、尚未确立清晰职业目标的高职学生准备。目的在于既能避免"科技的疏远和生硬",又辅助课程思政的实施,有益于学生人文素质和职业倾向的培养。

同步实训 根据工作任务要求,依照职业成长规律,对应每一个工作任务,设计了各项"同步实训"。希望通过实训的开展,使学生能够获得初步的职业认知,进而具备一定的单向职业能力。

思政园地 挖掘课程所含的思政元素,并将其有机融入课程教学中,引导学生把国家、社会、公民的价值要求融为一体,提高个人的爱国、敬业、诚信、友善修养,自觉把小我融入大我,不断追求国家的富强、民主、文明、和谐和社会的自由、平等、公正、法治。

任务中相关模块的说明如下。

重点名词 说明这项任务中涉及的重点名词,体现对理论知识的重组,对应课后"教学做一体化检测"中的"重点名词"。

重要信息 说明这项任务中涉及的相关知识或操作的技巧与要领,主要体现对理论知识的重组,使其出现在最该出现的地方。也属于教材正文部分,对应课后自测中的练习题。

管理借鉴 列举一些古今中外的管理业务活动实例或故事,通过分析,使学生从中汲取一些经验和教训,为课后案例分析提供借鉴。

目 录

任务 1　人力资源管理认知 ··· 1

 1.1　人力资源认知 ··· 2
  1.1.1　认识资源 ··· 2
  1.1.2　认识人力资源 ··· 3
  1.1.3　认识人力资源术语 ·· 6
 同步实训 1.1　人力资源故事分享 ·· 8
 1.2　人力资源管理工作认知 ··· 8
  1.2.1　认识人力资源管理工作 ·· 9
  1.2.2　认识人力资源管理的任务 ·· 10
  1.2.3　认识人力资源管理的工作要素 ······································ 11
  1.2.4　认识人力资源管理的工作内容 ······································ 13
 同步实训 1.2　人力资源管理故事分享 ·· 15
 1.3　人力资源管理职业认知 ··· 15
  1.3.1　认识人力资源管理职业面向 ·· 16
  1.3.2　认识人力资源管理职业岗位 ·· 17
  1.3.3　认识人力资源管理工作过程 ·· 18
 同步实训 1.3　人力资源管理故事分享 ·· 20
 小结 ··· 20
 教学做一体化检测 ··· 21
 课程思政园地 ·· 23
 学生自我工作总结 ··· 24

任务 2　职位分析与设计 ·· 25

 2.1　职位分析准备 ··· 26
  2.1.1　明确职位分析意图 ·· 27
  2.1.2　制订职位分析方案 ·· 28
  2.1.3　组建职位分析小组 ·· 31
  2.1.4　选定分析样本 ·· 31
  2.1.5　组织宣传发动工作 ·· 31
 同步实训 2.1　职位分析准备认知 ·· 33
 2.2　职位分析 ··· 33

  2.2.1 确定职位分析信息 …… 33
  2.2.2 选择信息收集方法 …… 34
  2.2.3 收集与分析信息 …… 36
  2.2.4 编写工作说明书 …… 37
 同步实训 2.2 职位分析认知 …… 41
 2.3 工作设计 …… 42
  2.3.1 工作设计准备 …… 42
  2.3.2 工作设计方式选择 …… 44
  2.3.3 制订工作设计方案 …… 45
  2.3.4 工作设计方案试行 …… 45
 同步实训 2.3 工作设计认知 …… 45
 小结 …… 46
 教学做一体化检测 …… 46
 课程思政园地 …… 48
 学生自我工作总结 …… 49

任务 3 人力资源规划 …… 51

 3.1 人力资源规划认知 …… 52
  3.1.1 认识规划 …… 52
  3.1.2 认识人力资源规划 …… 53
 同步实训 3.1 人力资源规划工作认知 …… 58
 3.2 人力资源供需预测 …… 58
  3.2.1 现有人力资源情况分析 …… 58
  3.2.2 人力资源需求预测 …… 61
  3.2.3 人力资源供给预测 …… 64
 同步实训 3.2 人力资源供需预测认知 …… 67
 3.3 人力资源规划编制 …… 67
  3.3.1 人力资源供需平衡 …… 67
  3.3.2 编写人力资源规划 …… 68
 同步实训 3.3 人力资源规划内容认知 …… 69
 小结 …… 70
 教学做一体化检测 …… 70
 课程思政园地 …… 74
 学生自我工作总结 …… 75

任务 4 员工招聘 …… 76

 4.1 招聘准备 …… 77
  4.1.1 招聘需求分析 …… 77
  4.1.2 确定员工招聘来源 …… 79

    4.1.3 制订招聘计划 …………………………………………………… 81

    4.1.4 制作招聘资料 …………………………………………………… 84

  同步实训 4.1 员工招聘计划认知 ……………………………………………… 86

  4.2 员工选拔 ……………………………………………………………………… 87

    4.2.1 发布招聘信息 …………………………………………………… 87

    4.2.2 筛选应聘简历 …………………………………………………… 88

    4.2.3 组织笔试与面试 ………………………………………………… 88

    4.2.4 组织其他测试 …………………………………………………… 90

    4.2.5 组织背景调查 …………………………………………………… 90

  同步实训 4.2 员工选拔工作认知 ……………………………………………… 91

  4.3 员工录用 ……………………………………………………………………… 91

    4.3.1 做出录用决策 …………………………………………………… 91

    4.3.2 组织入围人员体检 ……………………………………………… 92

    4.3.3 正式录用员工 …………………………………………………… 93

    4.3.4 评价员工招聘效果 ……………………………………………… 94

  同步实训 4.3 员工录用工作认知 ……………………………………………… 96

  小结 …………………………………………………………………………………… 96

  教学做一体化检测 …………………………………………………………………… 97

  课程思政园地 ………………………………………………………………………… 99

  学生自我工作总结 …………………………………………………………………… 100

任务 5 员工培训 ……………………………………………………………………… 102

  5.1 员工培训准备 ………………………………………………………………… 103

    5.1.1 分析员工培训需求 ……………………………………………… 104

    5.1.2 确定员工培训目标 ……………………………………………… 107

    5.1.3 制订员工培训计划 ……………………………………………… 108

  同步实训 5.1 员工培训计划认知 ……………………………………………… 110

  5.2 员工培训组织 ………………………………………………………………… 110

    5.2.1 编写课程描述 …………………………………………………… 110

    5.2.2 编制课程计划 …………………………………………………… 111

    5.2.3 确定培训讲师 …………………………………………………… 111

    5.2.4 确定培训场所 …………………………………………………… 112

    5.2.5 确定培训方式 …………………………………………………… 113

    5.2.6 组织培训工作 …………………………………………………… 117

  同步实训 5.2 员工培训组织认知 ……………………………………………… 117

  5.3 员工培训评估 ………………………………………………………………… 118

    5.3.1 确定培训工作评估内容 ………………………………………… 118

    5.3.2 制定培训工作评估标准 ………………………………………… 119

    5.3.3 选择培训工作评估方法 ………………………………………… 120

5.3.4　编写培训工作评估方案 …………………………………………… 122
　　　5.3.5　编写培训工作评估报告 …………………………………………… 122
　同步实训 5.3　员工培训评估认知 ……………………………………………… 122
　小结 ………………………………………………………………………………… 123
　教学做一体化检测 ………………………………………………………………… 123
　课程思政园地 ……………………………………………………………………… 125
　学生自我工作总结 ………………………………………………………………… 126

任务 6　员工使用与调配 …………………………………………………………… 128

　6.1　员工使用 ……………………………………………………………………… 129
　　　6.1.1　确认员工任职资格 …………………………………………………… 129
　　　6.1.2　确定员工劳动组织 …………………………………………………… 131
　　　6.1.3　赋予员工职责 ………………………………………………………… 133
　同步实训 6.1　员工使用认知 …………………………………………………… 134
　6.2　员工调配 ……………………………………………………………………… 134
　　　6.2.1　员工平调 ……………………………………………………………… 134
　　　6.2.2　员工晋升 ……………………………………………………………… 136
　　　6.2.3　员工降职 ……………………………………………………………… 138
　　　6.2.4　员工管理 ……………………………………………………………… 139
　同步实训 6.2　员工调配认知 …………………………………………………… 141
　6.3　员工流动 ……………………………………………………………………… 141
　　　6.3.1　员工流入管理 ………………………………………………………… 141
　　　6.3.2　员工流出管理 ………………………………………………………… 142
　　　6.3.3　员工流失管理 ………………………………………………………… 143
　同步实训 6.3　员工流动认知 …………………………………………………… 144
　小结 ………………………………………………………………………………… 145
　教学做一体化检测 ………………………………………………………………… 145
　课程思政园地 ……………………………………………………………………… 147
　学生自我工作总结 ………………………………………………………………… 148

任务 7　绩效管理 …………………………………………………………………… 150

　7.1　绩效计划的制订与实施 ……………………………………………………… 151
　　　7.1.1　确定绩效评价要素 …………………………………………………… 151
　　　7.1.2　制定绩效评价标准 …………………………………………………… 153
　　　7.1.3　组建绩效评价组织 …………………………………………………… 154
　　　7.1.4　确定绩效评价周期 …………………………………………………… 155
　　　7.1.5　绩效计划的实施 ……………………………………………………… 156
　同步实训 7.1　绩效计划的制订与实施认知 …………………………………… 157
　7.2　绩效评价的组织与安排 ……………………………………………………… 157

   7.2.1 确定绩效评价人员 ……………………………………………… 157
   7.2.2 培训绩效评价人员 ……………………………………………… 158
   7.2.3 选择绩效评价方法 ……………………………………………… 159
   7.2.4 分配绩效评价责任 ……………………………………………… 162
   7.2.5 收集绩效评价资料 ……………………………………………… 162
   7.2.6 汇总绩效评价信息 ……………………………………………… 163
  同步实训 7.2 绩效评价的组织与安排认知 ……………………………… 164
 7.3 绩效评价的沟通与运用 ……………………………………………………… 164
   7.3.1 绩效评价结果的反馈 …………………………………………… 165
   7.3.2 绩效评价结果的运用 …………………………………………… 166
   7.3.3 绩效评价问题的处理 …………………………………………… 166
   7.3.4 绩效评价体系的完善 …………………………………………… 168
  同步实训 7.3 绩效评价的沟通与运用认知 ……………………………… 169
  小结 …………………………………………………………………………………… 170
  教学做一体化检测 …………………………………………………………………… 170
  课程思政园地 ………………………………………………………………………… 173
  学生自我工作总结 …………………………………………………………………… 173

任务 8 薪酬管理 …………………………………………………………………… 175

 8.1 薪酬体系的设计 ……………………………………………………………… 176
   8.1.1 薪酬设计背景分析 ……………………………………………… 176
   8.1.2 工作再分析 ……………………………………………………… 177
   8.1.3 工作岗位评价 …………………………………………………… 178
   8.1.4 组织薪酬市场调查 ……………………………………………… 179
   8.1.5 确定薪酬水平 …………………………………………………… 179
   8.1.6 确定薪酬结构 …………………………………………………… 180
  同步实训 8.1 薪酬体系认知 ……………………………………………… 180
 8.2 薪酬制度的执行 ……………………………………………………………… 181
   8.2.1 薪酬策略分析 …………………………………………………… 181
   8.2.2 薪酬总额预算 …………………………………………………… 182
   8.2.3 薪酬发放 ………………………………………………………… 183
   8.2.4 特殊员工的薪酬管理 …………………………………………… 184
   8.2.5 员工福利的管理 ………………………………………………… 185
  同步实训 8.2 薪酬制度认知 ……………………………………………… 186
 8.3 薪酬体系的调整 ……………………………………………………………… 186
   8.3.1 薪酬水平调整 …………………………………………………… 187
   8.3.2 薪酬结构调整 …………………………………………………… 188
   8.3.3 薪酬构成调整 …………………………………………………… 189
  同步实训 8.3 薪酬体系调整讨论 ………………………………………… 190

小结 ··· 191
　　　教学做一体化检测 ··· 191
　　　课程思政园地 ··· 193
　　　学生自我工作总结 ··· 194

任务 9　劳动关系管理 ··· 196

　　9.1　劳动合同管理 ·· 197
　　　　9.1.1　劳动合同的解释 ·· 197
　　　　9.1.2　劳动合同的签订 ·· 198
　　　　9.1.3　劳动合同的变更 ·· 199
　　　　9.1.4　劳动合同的续订 ·· 200
　　　　9.1.5　劳动合同的解除与终止 ·· 200
　　　同步实训 9.1　劳动合同认知 ·· 203
　　9.2　日常事务管理 ·· 204
　　　　9.2.1　员工档案管理 ··· 204
　　　　9.2.2　员工"五险一金"的办理 ··· 205
　　　　9.2.3　员工劳动安全教育 ·· 206
　　　　9.2.4　员工健康管理 ··· 207
　　　同步实训 9.2　日常事务管理认知 ··· 207
　　9.3　劳动争议管理 ·· 208
　　　　9.3.1　劳动争议的预防 ·· 208
　　　　9.3.2　劳动争议的处理 ·· 209
　　　　9.3.3　员工的沟通管理 ·· 210
　　　同步实训 9.3　劳动争议管理认知 ··· 210
　　　小结 ··· 211
　　　教学做一体化检测 ··· 211
　　　课程思政园地 ··· 214
　　　学生自我工作总结 ··· 215

任务 10　职业生涯管理 ·· 217

　　10.1　职业生涯规划 ··· 218
　　　　10.1.1　职业的认知 ··· 218
　　　　10.1.2　职业生涯的认知 ··· 218
　　　　10.1.3　职业生涯规划的认知 ·· 219
　　　　10.1.4　职业生涯管理的认知 ·· 221
　　　同步实训 10.1　职业与职业生涯规划认知 ·· 222
　　10.2　个人职业生涯管理 ··· 223
　　　　10.2.1　自我分析 ·· 223
　　　　10.2.2　职业生涯机会评估 ·· 224

  10.2.3 目标设定 ·············· 224
  10.2.4 路线选择 ·············· 224
  10.2.5 评估与调整 ············ 225
同步实训 10.2 个人职业生涯管理认知 ············ 225
10.3 组织职业生涯管理 ············ 225
  10.3.1 确立管理目标和计划 ······ 226
  10.3.2 组建员工职业生涯管理小组 ······ 226
  10.3.3 开展职业生涯管理宣讲 ······ 226
  10.3.4 构建员工职业发展通道 ······ 227
  10.3.5 实施员工培养与评估 ······ 227
同步实训 10.3 组织职业生涯管理认知 ············ 228
小结 ·············· 229
教学做一体化检测 ·············· 229
课程思政园地 ·············· 231
学生自我工作总结 ·············· 232

参考文献 ·············· 234

任务1 人力资源管理认知

 学习目标

1. 知识目标
- 认识人力资源的含义。
- 认识人力资源管理职业。
- 认识人力资源管理职业活动的过程。

2. 能力目标
- 能体会生活中的人力资源管理。
- 能举例说明人力资源管理的作用。
- 能够对人力资源管理活动有初步的认识。

3. 课程思政
- 形成正确的人才观。
- 具备较强的社会责任感。
- 具备良好的职业道德。

 任务解析

根据人力资源管理职业工作活动顺序和职业教育学习规律,"人力资源管理认知"任务可以分解为以下子任务。

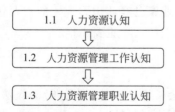

 管理故事

东汉末年,军阀混战,出身于汉室宗亲的刘备经过多年努力,逐渐形成拥有一定军事实力而缺少谋士的政治集团。正由于这一原因,刘备在北方的割据战争中屡屡失利。刘备到襄阳后,便决心网罗人才。首先他拜访了襄阳隐士司马徽。司马徽说:"这一带有伏龙、凤雏两位先生,他们是真正的俊杰。"刘备问是谁,答曰:诸葛孔明、庞士元。刘备回到军营,对军师徐庶谈起伏龙、凤雏,徐庶也说:"诸葛孔明就是伏龙先生,明公想见他吗?"刘备说:"请您去把他请来。"徐庶回答:"这个人只可以去拜谒,不可以征召,明公应当屈尊枉驾去探望他。"于是刘备亲自到诸葛亮家去拜访,先后去了三次,才终于见到诸葛亮。待刘备表明了自己的志向后,诸葛亮为刘备的诚心所感动,精辟地分析了当时的形势,为刘备指明成就霸业之路。刘备听后,大为敬佩,把诸葛亮请到自己军中,封为丞相。他对人说:"我得孔明,就像鱼得水一样。"刘备自得诸葛亮等贤才辅佐后,终成霸业,占据一方,与曹操、孙权形成三足鼎立的局面。

管理感悟:一个组织中,人人都不相同。作为优秀的人力资源管理者就应该积极引进多个方面的优秀人才,善于在普通之中发现每位员工的优点和长处,然后让他们到最适合的岗位去做最适合他们做的事情。这是一个发现人才和用好人才的学问。作为一名人力资源管理初学者,首先要学会发现每个组织成员的优点和长处。从这个意义上来说,没有无能的员工,只有无能的人力资源管理者。

1.1 人力资源认知

任务提示:人力资源管理初学者的第一课,主要是认识人力资源,特别是从日常生活的角度认识人力资源的构成及特征,在此基础上,认识人力资源管理工作的术语,并理解人力资源数量与质量的影响因素。

重点难点:理解人力资源的构成。

我国唐代著名政论家赵蕤在《长短经》一书中写道:"得人则兴,失人则毁。故首简才,次论政体也。"这句话的大意是,任何事业,得到人才就能兴旺,失去人才就会失败。所以要先注意收揽人才,然后才能谈及制度的建立。的确,对于组织来说,人才的重要性不言而喻!从宏观角度看,在国与国的竞争日趋白热化的今天,越来越多的国家将人才立国作为基本国策,把人才战略上升为国家重点战略。从微观角度看,在激烈的市场竞争中,人才就是核心竞争力,就是企业的新鲜血液和活的灵魂。

21世纪是全球化、市场化、信息化的时代,是知识主宰的时代。越来越多的企业人士认识到,企业的竞争归根结底是拥有资源多寡的竞争。而在众多资源中,人才是最活跃、最重要的一种资源。许多优秀的企业家已经认识到人才的重要性,并把人才培训和人力资源开发作为事关企业未来竞争制高点的一项重要工作。

1.1.1 认识资源

在日常生活中,我们经常会听说各种关于"资源"的提法。如联合国确定2021年"世界水日"的宣传主题是"珍惜水、爱护水"(Valuing Water)。我国纪念2021年"世界水日"和"中国水周"活动的宣传主题为"深入贯彻新发展理念,推进水资源集约安全利用"。目的是推动对水资源的综合性统筹规划和管理,加强水资源保护,解决日益严峻的缺乏淡水的问题,开展广泛的宣传,提高社会公众对开发与保护水资源的认识。

在我国的城市化进程中,各地都在建住宅、建厂房,粗放的土地利用在蚕食着一片片充满生机的耕地。"但存方寸地,留与子孙耕"这样的警句在时刻提醒着人们要珍惜土地资源。那么,什么是资源呢?

从经济学意义来说,资源是指为了创造财富而投入生产活动中的一切要素。依据这一定义,资源大致可以分为两大类:一类是物质资源,如自然资源、资本资源和信息资源等;另一类是人力资源。我们通常所讲的资源,是物力、财力、人力等各种要素的总称。

现代企业经营管理活动中,人力资源是最为重要的资源。它是生产活动中最活跃的因素,也是一切资源中最重要的资源。因此,人力资源被经济学家称为"第一资源"。

重点名词 1-1

资　源

资源是指一切可被人类开发利用的物质、能量和信息的总称,它广泛地存在于自然界和人类社会中,是一种自然存在物或能够给人类带来财富的财富。或者说,资源就是指自然界和人类社会中一种可以用以创造物质财富和精神财富的具有一定量的积累的客观存在形态,如土地资源、石油资源、人力资源、信息资源等。

1. 物质资源

物质资源是人们从事各种经济活动所依托的、客观存在的各种物质的总称。如自然资源中的水资源、土地资源、矿产资源、森林资源、海洋资源、石油资源,以及企业具体的经营活动中所需的各种原材料等。

例 1-1　2021 年 12 月 16 日上午,山东省人民政府新闻办发布山东省第三次国土资源调查数据。其中,耕地 9 692.80 万亩,园地 1 893.56 万亩,林地 3 908.02 万亩,草地 352.83 万亩,湿地 369.37 万亩,城镇村及工矿用地 4 209.72 万亩,交通运输用地 669.61 万亩,水域及水利设施用地 1 988.03 万亩。

2. 人力资源

抽象来看,人力资源是指具备体力劳动能力和智力劳动能力的人的总称。人力资源包括数量和质量两个方面的内容。人力资源具有稀缺性、不可复制等特点。

例 1-2　1949 年 10 月 1 日,当钱学森听到中华人民共和国成立的消息时,他毅然决定返回祖国,为祖国服务。当时美国当局用各种手段阻止他回国。美国前海军部长曾这样评价钱学森:"他一个人的力量抵得上五个师的力量,宁愿杀了他也不愿让他回到中国。"由此可以看出,人力资源是保证组织最终目标得以实现的最重要、最有价值的资源。

1.1.2　认识人力资源

1. 人力资源的含义

1954 年,管理学大师彼得·德鲁克在《管理的实践》一书中首次提出"人力资源"(human resource,HR)一词,并给以明确的界定。他认为,与其他资源相比,人力资源是一种特殊的资源,必须通过有效的激励机制才能开发利用,并能为企业带来可观的经济价值。20 世纪 60 年代以后,西奥多·舒尔茨提出人力资本理论。他认为,人力资本是体现在劳动者身上的一种资本形式,它以劳动者的数量和质量,即劳动者的知识程度、技术水平、工作能力以及健康状况来表示,是这些方面价值的总和,人力资本的有形形态就是人力资源。

重点名词 1-2

人 力 资 源

人力资源是指一定时期组织内的人拥有的能够被组织所用,且对价值创造起贡献作用的教育、能力、技能、经验、体力等的总称。包括以下要点:①人力资源的本质是人所具有的脑力和体力的总和,可以统称为劳动能力。②这一能力要能够对财富的创造起贡献作用,成为社会财富的源泉。③这一能力还要能够为组织所利用,这里的"组织",既可以大到一个国家或地区,也可以小到一个企业或作坊。

由此,我们可以这样认识人力资源:人力资源是一定范围内为社会创造物质财富和精神财富,推动社会和经济发展的,具有体力劳动和智力劳动能力的人的总和。

2．人力资源的构成

人力资源由数量和质量两个方面构成。

人力资源的数量是指一个国家或地区具有劳动能力的人口数量,而人力资源的质量则是指人力资源中所具有的体力、智力、技能以及工作态度和心理素质。由于人力资源是依附于人身上的劳动能力,和劳动者是密不可分的,因此,可以用劳动者的数量和质量来反映人力资源的数量和质量。

(1) 人力资源的数量。人力资源的数量又分为绝对数量和相对数量两种。人力资源的绝对数量的构成,从宏观上看,指的是一个国家或地区具有劳动能力、从事社会劳动的人口总数,它是一个国家或地区劳动适龄人口减去其中丧失劳动能力的人口,加上非劳动适龄人口之中具有劳动能力的人口。

例 1-3 我国现行法律规定,招收员工的年龄应当年满 16 周岁,员工退休的年龄规定男性为 60 周岁,女性为 55 周岁(女干部 55 周岁,女工人 50 周岁)。显然,我国劳动年龄区间是男性 16~59 岁,女性 16~54 岁。

人力资源的相对数量也称人力资源率,是指人力资源的绝对数量占总人口的比例,它是反映经济实力的重要指标。一个国家或地区的人力资源率越高,表明该国家或地区的经济有某种优势。因此,在劳动生产率和就业状况既定的条件下,人力资源率越高,表明可投入生产过程的劳动数量越多,从而创造的国民收入也就越多。

一个国家或地区的人力资源由以下八个部分组成,如图 1-1 所示。

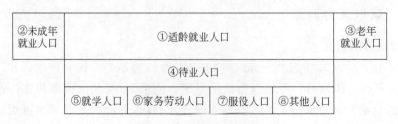

图 1-1　人力资源构成图

① 处于劳动年龄之内、正在从事社会劳动的人口,占据人力资源的大部分,可称为"适

龄就业人口"。

② 尚未达到劳动年龄、已经从事社会劳动的人口,即"未成年劳动者"或"未成年就业人口"。

③ 已经超过劳动年龄、继续从事社会劳动的人口,即"老年劳动者"或"老年就业人口"。以上三部分构成就业人口的总体。

④ 处于劳动年龄之内、具有劳动能力并正在要求参加社会劳动的人口,可以称作"求业人口"或"待业人口",其中包括有劳动能力并愿意工作而得不到适当就业机会的人口,即失业人口。它与前三部分一起构成经济活动人口。

⑤ 处于劳动年龄之内、正在从事学习的人口,即"就学人口"。

⑥ 处于劳动年龄之内、正在从事家务劳动的人口,即"家务劳动人口"。

⑦ 处于劳动年龄之内、正在军队服役的人口,即"服役人口"。

⑧ 处于劳动年龄之内的其他人口。

根据研究的需要,人力资源数量在统计方面还可做以下划分,如图1-2所示。

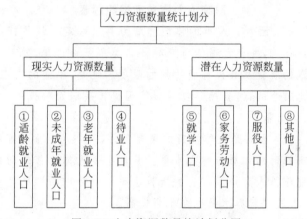

图 1-2 人力资源数量统计划分图

图1-2中,前面四部分是现实的社会劳动力供给,是直接的、已经开发的人力资源;后面四部分尚未构成现实的社会劳动力供给,是间接的、尚未开发的、处于潜在形态的人力资源。

重要信息1-1

人力资源数量的影响因素

(1) 人口总量及其再生产状况。由于劳动力人口是人口总体中的一部分,而人力资源的数量体现为劳动人口的数量,因此,人力资源数量首先取决于人口总量及其通过人口的再生产形成的人口变化。从这个意义上说,人口的状况决定了人力资源的数量。

(2) 人口的年龄构成。人口的年龄构成是影响人力资源的一个重要因素。在人口总量一定的情况下,人口的年龄构成直接决定了人力资源的数量。

(3) 人口迁移。人口迁移可以使一个地区的人口数量发生变化,继而使人力资源的数量发生变化。如我国的城市化进程不断提速,使人力资源也发生重大变化。

(2) 人力资源的质量。人力资源的质量是指人力资源所具有的体质、智力、知识和技能水平,以及劳动者的劳动态度。人力资源的质量一般体现为劳动者的体质水平、文化水平、专业技术水平、劳动的积极性。

在统计研究中,人力资源的质量往往可以用健康卫生指标(如平均寿命、婴儿死亡率、每万人拥有的医务人员数量、人均日摄入热量等)、教育状况指标(如劳动者的人均受教育年限、每万人大学生拥有量、大中小学入学比例等)、劳动者的技术等级状况指标(如劳动者技术职称等级的现实比例、每万人高级职称人员所占的比例等)和劳动态度指标(如对工作的满意程度、工作的努力程度、工作的负责程度、与他人的合作性等)来衡量。

与人力资源数量相比较,其质量更为重要。一般来说,人力资源的质量对数量的替代性较强,而数量对质量的替代作用较差,有时甚至不能替代。人力资源开发的目的在于提高人力资源的质量,使其为社会经济的发展发挥更大的作用。

 重要信息 1-2

影响人力资源质量的因素

(1) 遗传和其他先天因素。人类的体质和智力具有一定的继承性,这种继承性源于人口代际间遗传基因的保持,并通过遗传与变异使人类不断地进化、发展。人口的遗传,从根本上决定了人力资源的质量及最大可能达到的限度。但是,不同的人在体质水平与智力水平上的先天差异是比较小的,这当然不包括那些因遗传疾病而致残的人。因此我们必须提倡优生优育,提高人口质量。

(2) 营养因素。营养因素是人体发育的重要条件,一个人儿童时期的营养状况,必然影响其未来成为人力资源时的体质与智力水平。营养也是人体正常活动的重要条件,充足而全面地吸收营养才能维持人力资源应有的质量水平。随着中国国民经济的不断发展,人民生活水平不断提高,人民的营养水平也在不断提高。

(3) 教育方面的因素。教育是人为传授知识、经验的一种社会活动,是一部分人对另一部分人进行多方面影响的过程,这是赋予人力资源质量最重要、最直接的手段,它能使人力资源的智力水平和专业技能水平都得到提高。

1.1.3 认识人力资源术语

1. 人口资源与人力资源

人口资源是指一个国家或地区所拥有的人口总量,它是一个数量概念,也是一个最基本的底数,劳动力资源、人力资源、人才资源等都以此为基础。其中,具备智力和体力劳动能力的人口资源才能是人力资源。

2. 劳动力资源与人力资源

劳动力资源是一个国家或地区具有的劳动力人口的总称,是人口资源中拥有劳动能力并进入法定劳动年龄的那部分人。这一人口群体必须具备从事体力劳动或脑力劳动的能力。劳动力资源也是偏重数量的概念。劳动资源是人力资源的一部分,其中,具备对价值创造起贡献作用并且能够为组织所利用的体力和脑力的那部分资源才能是人力资源(人力资源还包括未达到劳动年龄的未成年人)。

管理借鉴 1-1

华为百万年薪广纳贤才

2021年7月2日,经亚洲评论报道,面对美国严厉的技术封锁,华为正在寻找慕尼黑的芯片工程师、伊斯坦布尔的软件开发人员和加拿大的人工智能研究人员,以及数百名博士,海外求贤的动作很大。

2019年起,华为发出全球招募令,招聘20~30名"天才少年"。任正非在一次内部讲话中说:"2021年和2022年将是华为谋求生存和战略发展的最关键和最具挑战性的两年,人才战略非常关键。"招聘"闪电战"和慷慨薪水待遇意味着华为有决心在美国封锁之下继续保持市场竞争力。

华为还在中国各地招聘数百名工程师,并愿意为顶尖人才支付不菲的薪水。华为高级工程师的平均年薪为191 024美元,包括奖金。

评析:华为能有今天的地位,与不惜花重金广纳天下贤才有关。"华为天才少年计划"在全球各地招揽在计算机、软件、信息学方面有天赋的人才,为他们开出顶级年薪,培养其成为可以推动科技发展的人物。

3. 人才资源与人力资源

人才资源是指一个国家或地区具有较多科学知识、较强劳动技能,在价值创造过程中起关键作用的那部分人。人才资源主要突出质量的概念,是人力资源中较杰出的、较优秀的那部分人,表明的是一个国家或地区所拥有的人才质量。显然,人才资源是比较高级的劳动力资源,也是人力资源的高端部分。

重要信息 1-3

人力资源的特征

(1) 人力资源的生物性。人力资源存在于人体之中,是具有生命的"活"资源,与人的自然生理特征相联系,是人力资源最基本的特征。人力资源属于人类自身所特有的,因此具有不可剥夺性。

(2) 人力资源的时效性。时效性是指人力资源的形成与作用效率要受其生命周期的限制。作为生物有机体的个人,其生命是有周期的,每个人都要经历幼年期、少年期、青年期、中年期和老年期。其中具有劳动能力的时间是生命周期中的一部分,其各个时期资源的可利用程度也不相同。

(3) 人力资源的再生性。人力资源具有再生性,它基于人口的再生产和劳动力的再生产,通过人口总体内个体的不断更替和"劳动力耗费—劳动力生产—劳动力再次耗费—劳动力再次生产"的过程得以实现。同时,人的知识与技能陈旧、老化也可以通过培训和再学习等手段得到更新。

(4) 人力资源的社会性。人处在一定的社会之中,人力资源的形成、配置、利用、开发是通过社会分工来完成的,是以社会的存在为前提条件的。人力资源的社会性,主要表现为人与人之间的交往及由此产生的千丝万缕的联系。人力资源开发的核心,在于提高个体的素质,因为每一个个体素质的提高,必将提升人力资源的整体质量。

（5）人力资源的能动性。能动性是人力资源区别于其他资源的本质所在。人能对自身行为做出抉择，能够主动学习与自主地选择职业，更为重要的是人能够发挥主观能动性，有目的、有意识地利用其他资源进行生产，推动社会和经济的发展。

（6）人力资源的角色两重性。人力资源既是生产者，又是消费者，具有角色两重性。人力资源的投资源于个人和社会两个方面，包括教育培训、卫生健康等。人力资源质量的高低，完全取决于投资的程度。人力资源投资是一种消费行为，并且这种消费行为是必需的、先于人力资本的收益。

同步实训 1.1　人力资源故事分享

实训目的：加深学生对人力资源含义的认识。

实训安排：

（1）让学生收集并讲解一些古今中外的人才故事或案例，如"千军易得，一将难求"等。

（2）分析并体会故事中人才对组织活动及目标实现所起的作用。

教师注意事项：

（1）由生活事例导入对人力资源的认识。

（2）提供一些人力资源的简单案例，供学生讨论。

（3）参观企业或提供其他相应的学习资源。

资源（时间）：1课时、参考书籍、案例、网页。

评价标准：

表现要求	是否适用	已达要求	未达要求
小组活动中，外在表现（参与度、讨论发言积极程度）			
小组活动中，对概念的认识与把握的准确程度			
小组活动中，PPT制作的艺术与美观程度			
小组活动中，文案制作的完整与适用程度			

1.2　人力资源管理工作认知

任务提示：这是人力资源管理认知学习的第二课。认识人力资源管理工作，特别是从企业管理的角度认识人力资源管理工作的内容，在此基础上，认识人力资源管理工作的主要任务。

重点难点：理解人力资源管理的工作任务。

近年来，我们可以从许多媒体上看到这样一个词——"用工荒"。据媒体调查，我国沿海经济发达地区"用工荒"的根本原因就是劳动报酬太低。日常生活中，我们也经常听到周边一些企业主抱怨："人力成本上升过快，这个月工资总额又增加了！"的确，传统的企业人事管理中，往往将人看作"成本"。许多私营企业主认为，多雇佣一个人就要多付一份工资，这就意味着生产成本的增加。

1958年社会学家怀特·巴克在《人力资源功能》一书中,首次将人力资源管理(human resource management,HRM)看作企业的一项普遍管理职能。现代意义上的人力资源管理,将人看作一种"资源",一种具有生命的"活"资源,如果能够充分重视其主观能动性,激发其工作积极性,人力资源就可以发挥出较大的效用,创造出更大的价值。所以,才有"人才就是资本""人才就是财富"的说法。鉴于人力资源在各类社会组织中分布的广泛性,我们只以企业等经济实体为例,完成人力资源管理的每一项学习任务。

通过管理学的学习,我们知道,人力资源管理是企业管理的重要组成部分。其核心目的就是通过采取多种激励措施,激发企业员工的积极性,做到人尽其才,才尽其用,更好地促进生产效率、工作效率和经济效益的提高。

在考虑人力资源管理工作专门化的前提下,我们可以这样理解人力资源管理:简言之,人力资源管理就是对生产活动中组织成员的管理。通俗来讲,就是根据组织发展目标,进行这一特殊资源的获取、使用、保持、开发、评价和激励等一系列工作,使其发挥出最大效益。

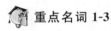
重点名词 1-3

人力资源管理

人力资源管理是指运用现代化的科学方法,对与一定物力相结合的人力进行合理的培训、组织和调配,使人力、物力经常保持最佳比例,同时对人的思想、心理和行为进行恰当的诱导、控制和协调,充分发挥人的主观能动性,使人尽其才、事得其人、人事相宜,以充分实现组织目标。

由于人力资源在众多"资源"中的特殊性,人力资源管理在整个企业管理工作中也处于非常重要的地位。成功的人力资源管理工作往往会使企业经营目标迅速实现。与此同时,在企业发展的过程中员工自身也得到成长。

1.2.1 认识人力资源管理工作

作为以营利为目的市场主体,每个企业都需要对自己所拥有的各种资源(人力、财力、物力)进行合理配置,按照低成本、高产出的效率原则,有目的地利用稀缺资源;依据企业组织架构和人、财、物的技术配比,制定落实企业人力资源规划,从量的角度去满足企业发展对人力资源的需要。同时,通过有针对性的培训、开发、沟通、激励等手段,激发其积极性,从质的角度去满足企业发展的人力资源需求。

人力资源管理工作一般由企业内设的人力资源管理部门和社会上专业从事人力资源咨询、策划服务的专业公司承担。我国专业人力资源管理咨询本土咨询机构有北大纵横、理实、和君创业等,外资机构有合益咨询、翰威特、华信惠悦、美世等。

目前国内外许多大的企业和组织,根据生产经营的需要,大都设立了专门的人力资源管理部门,这项工作已成为这类企业固定性、经常性的工作。此外,社会上还有许多专业性人力资源咨询策划机构,它们的出现是社会分工日益专业化的表现,也是当今人力市场竞争加剧的必然产物。目前,社会上主要有三种类型的公司:综合性中介咨询公司,专业的人才或人力资源服务公司和各类人才市场。

如果是新设立的企业,在筹备期间,就应该根据投资规划,聘请社会上专业的人力咨询机构,根据职业、岗位任务分析,为即将成立的企业做好初步的人力资源规划,并在其指导下,着手建立相关管理制度,招聘相应人员。

例1-4 北京市芭比伦国际五星级酒店经过2年筹备即将开业,根据北大纵横人力资源咨询公司的工作分析结果,芭比伦国际五星级酒店拟设立餐饮部、前厅部、客房部、行政部、工程部、市场营销部、财务部、安保部等部门。其中,前厅部就包括楼层经理、客户关系经理、首席礼宾司(宾客服务经理)、前台主管、前台接待员、礼宾员、行李员(或门童)、贴身管家、司机、泊车员等岗位。

已经成立的企业,即使内部已经设有专门部门从事这一职业活动,与专业的人力咨询机构进行合作仍然是十分必要的。有一些著名的企业,通过人力资源管理业务外包,可以节约企业自身的管理成本,提升管理效率。

重点名词1-4

人力资源管理外包

人力资源管理外包,就是指企业根据需要,将某一项或几项人力资源管理工作或职能外包出去,交由其他专门的企业或组织进行管理,以降低人力资源管理成本,实现效率最大化。

1.2.2 认识人力资源管理的任务

人力资源是企业的核心资源,由于具有稀缺性、不可复制以及难以模仿等特点,人力资源管理成为企业不可忽视的一项工作。现代意义上的人力资源管理就是一个人力资源获取、整合、激励保持、控制调整及开发的过程。人力资源管理工作主要包括识才、选才、用才、育才、留才等任务,也可以概括为"如何招人、如何用人、如何管人"。

1. 识才

识才是"基础"。所谓识才,就是要树立正确的人力资源管理理念,认识和了解人才的心理与行为规律,洞察人才的心理需求变化。识才是人力资源管理工作的基础。必须以科学的人才观念为指导,借助科学的人才测评技术和手段,才能识别符合企业需求的人才。

2. 选才

选才是"先导"。选才是人力资源管理工作的开始环节,是对人员的招聘与选拔。选才必须在岗位分析的基础上建立并完善岗位说明书,设计科学的选拔方案,同时借助科学的选拔工具和手段,提高选拔的信度和效度。

3. 用才

用才是"核心"。企业人力资源管理的出发点和落脚点在于用才。通过对人力资源的合理配置和使用,达到人尽其才、才尽其用,同时达成组织既定的目标。企业要用好人,一是应在企业发展战略的基础上,制定人力资源战略规划,并分解制订科学合理的年度招聘计划,严格界定需引进人才的数量、层次和结构等内容;二是在人力资源配置过程中,须做到知人善任,量才录用,任人唯贤,建立和完善人员流动机制和人事管理制度。

4. 育才

育才是"动力"。育才即培养人才。育才的根本目的,是激发员工的工作积极性,提高员工的工作素质,规划员工的职业生涯,以达到使其成为职业专家能手的过程。因此,管理者的角色是老师、教练、专家。育才必须以企业发展战略为导向,既注重满足当前需求的培训,更注重满足未来需求的开发,着力建立一套科学的培训与开发体系。

5. 留才

留才是"目的"。企业必须采取有效的激励措施,建立科学的考核与薪酬体系,使人才能够忠于企业,不至于流失。特别是对于一些"现实的人才",要给予及时的奖励与晋升,激励他们继续为企业贡献聪明才智;对于"待开发的人才",企业要及时给予培训与开发的机会,使其尽快成为"现实的人才"。

重要信息 1-4

人事管理与人力资源管理

人力资源管理是在人事管理的基础上发展、演变而形成的。人力资源管理与人事管理是一种继承和发展的关系,二者有以下区别。

(1) 出现的背景不同。人事管理是随着社会工业化的出现与初步发展应运而生的。由于社会工业化的发展在前期总是以物力资源的作用为基本力量,人是附属于物的一种"物"。因此,在这种情况下,对人的管理实质上无异于"物"。

20世纪70年代以后人力资源管理开始形成,人不再是附属于物的一种"物",或者说人不再被单纯地看作一种资源。人是特殊的资源,是人力资本。人不同于任何物力资源,因为人有思想、有知识、有技能,人有主观能动性,而物力资源则没有。

(2) 对人的理解不同。传统意义上的人事管理,把投入在企业生产中的人,作为一种耗费或支出的"成本"来理解;将花费在用人上的薪酬、福利、培训等支出,作为成本来考虑,在观念上人与物没有本质区别。

现代人力资源管理是把企业雇佣的人看作"人力资本",将有关人力费用的花销,看作一种投资。这种投资通过有效的管理和开发,可以创造更高的价值,是能够长期为企业带来利润的特殊资本,即能够增值的资本。

(3) 基本职能有所不同。人事管理更多以"事"为中心,注重的是控制成本、管理员工,属于行政事务的管理方式。如招聘、选拔、考核、录用、调进调出、工资奖金、福利待遇等方面的管理,以及人事档案记录与管理,人事管理规章制度的贯彻执行,晋升与处罚及其相关的其他人事管理职能,等等。

人力资源管理更多以"人"为核心,把人看作"主动资产""活的资源"加以开发利用,是一项比较复杂的社会系统工程。

1.2.3 认识人力资源管理的工作要素

从劳动管理科学和职业科学的角度看,人力资源管理工作包括以下五个要素。

1. 人力资源管理的工作对象

企业人力资源管理的工作对象就是其员工。作为一种以人为对象的职业工作,我们应该认识到,人力资源管理人员首先应该树立公正、以人为本、对员工负责任的态度。

2. 人力资源管理工具

在人力资源管理工作中,常用到的工具主要有基本管理工具、人力资源规划工具、分析工具、招聘与培训工具、绩效考核工具、薪酬管理工具、劳动管理工具等。这些工具的具体使用方法将在后续的任务中分别述及。

3. 人力资源管理工作组织

企业开展人力资源管理工作,一般有两种组织形式。一是企业自己来做。企业内设的人力资源管理部门,负责此项工作。二是委托社会上专业的人力资源管理咨询公司来做。一些企业向专业机构咨询相关业务,有的企业将部分人力资源管理活动直接承包给这些专业公司,自己专心处理其他经营活动,形成了人力资源管理职能外包。

4. 人力资源管理工作的主体流程

从"识才、选才、用才、育才、留才"等任务活动顺序看,人力资源管理工作的主体流程包括职位分析与设计、制定人力资源规划、人员招聘、员工培训与开发、员工使用与调配、员工绩效管理、员工薪酬管理、劳动关系管理和职业生涯管理,如图1-3所示。但是,在管理实践中,这些工作是一个互相联系、互相作用的整体。

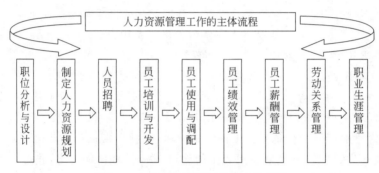

图1-3 人力资源管理工作的主体流程

我们可以这样理解这一流程:无论是即将成立的新企业,还是已成立的老企业,都需要根据经营目标和范围,确定企业的"工作内容和岗位数量",即进行"职位分析与设计",以此为依据来确定企业所需的"员工人数",即制定"人力资源规划"。接着开始招聘相应人员,并对其进行培训,使其能够尽快进入相应的工作岗位(包括人员招聘,培训与开发,员工使用与调配)。员工上岗之后,要对其进行"绩效考核",在此基础上发放试用期薪酬或正式薪酬,并与其签订劳动合同(包括绩效管理、薪酬管理和劳动关系管理)。为了使其能够与企业共同发展,企业应帮助员工进行"职业生涯设计"。

5. 专业工作要求

人力资源管理人员应具备相应的职业道德,自始至终均应保持客观公正的态度对待每一位员工,不允许带有任何个人主观的意愿或偏见,也不应受任何人或管理部门的影响或压力去从事管理活动。人力资源管理人员应有高度的责任心、诚心和爱心,本着对每一位员工负责的态度,帮助其成长,使员工和企业的目标能够共同实现。

管理借鉴 1-2

管理中的"四两拨千斤"

某大型公司有一位清洁工,本来这是一个最被人忽视、最被人看不起的岗位人员,但就是这样一个人,在一天晚上公司保险箱被窃时,与小偷进行了殊死搏斗。事后,有人为他请功并问他的动机时,得到的答案却出人意料。他说:当公司总经理每次从他身旁经过时,总会真诚地说一句:"你扫的地真干净!"就这么一句简单的真诚赞美,使这个员工受到了感动,为了公司"以命相搏"。

上述事例虽然只是管理者"真诚"的细微体现,但可以让我们领会到"真诚"在企业人力资源管理中的力量,用"四两拨千斤"来形容也不为过。管理者的真诚应该在日常工作中处处体现,唯有这样,我们那些堆积如山的管理理论和模式才能起到一定的辅助作用,因为一切的管理理论和模式都必须以"真诚"为根本前提。那么,此时,管理者或决策者是否应该再问一下自己:"我真诚吗?"

讨论:人力资源管理中管理者应该具备的态度并说明理由。

1.2.4 认识人力资源管理的工作内容

人力资源管理工作主要包括以下任务。

1. 职位分析与设计

职位分析与设计是人力资源管理中的基础性工作。通过对企业工作任务的分解,根据不同职位的工作内容,设计为不同的岗位,规定每个岗位应承担的职责和工作条件、工作任务等,形成岗位描述和任职说明。职位分析与工作设计的结果还是人力资源规划编制、员工招聘、选择、配置、考核、薪酬分配的工作依据。

2. 制定人力资源规划

制定人力资源规划是人力资源管理的第二大任务。简单来讲,就是根据企业发展战略,制订企业用人计划,以确保企业在需要的时间和需要的岗位上获得相应的人力,为实现企业发展目标服务。通过制定这一规划,一方面,保证人力资源管理活动与企业的战略方向和目标相一致;另一方面,保证人力资源管理活动的各个环节相互协调,避免相互冲突。同时,在实施此规划时,还必须在法律和道德观念方面创造一种公平的就业机会。

3. 人员招聘

根据人力资源的规划或供需计划而开展的招聘与选拔、录用与配置等工作是人力资源管理的重要活动之一。要完成组织的目标,企业用招聘来定位和吸引申请具体职位的人。招聘的目标在于迅速、合法和有效地找到企业所需要的人员。在这个过程中,企业需要采用科学的方法和手段对所需要的人员进行测评和选拔。

4. 员工培训与开发

通过培训提高员工个人、群体和整个企业员工的知识、能力、工作态度和工作绩效,进一步开发员工的潜能。

5. 员工使用与调配

员工使用在人力资源管理中居于核心地位。要做到科学、合理地使用员工,人力资源管理部门必须清楚地了解和掌握每位员工的基本情况和特点,熟悉每个工作岗位的任职要求,并把二者有机结合在一起。

6. 员工绩效管理

绩效管理是管理者与员工就工作目标和如何达成工作目标进行协调并达成共识的过程,它包括四个步骤,即计划、实施、考核、反馈。通过绩效管理,考核员工工作绩效,及时做出信息反馈,奖优罚劣,进一步提高和改善员工的工作绩效。

7. 员工薪酬管理

薪酬管理是通过建立一套完整、系统的薪酬体系,实现激励员工的目的的管理活动。它是人力资源管理活动中最敏感、最被人关注、技术性最强的部分。薪酬管理是组织吸引和留住人才、激励员工努力工作、发挥人力资源效能的最有力的杠杆之一。

8. 劳动关系管理

为使员工努力工作,组织应创造一种积极的工作环境,即良好的员工关系氛围,企业必须保证员工的健康和安全等。通过建立有效的预防预案,保证员工身体健康和心理健康。在公司中建立有效沟通的渠道,是劳动关系管理的主要内容之一。

9. 职业生涯管理

职业生涯管理是企业根据员工的性格、气质、能力、兴趣、价值观等特点,同时结合组织的需要,为员工制订具体的事业发展计划,并不断开发员工的潜能。企业管理把员工个人的职业发展目标与企业发展目标统一起来,使员工不断成长,产生强烈的归属感、忠诚感和责任心,从而最大限度地发挥工作积极性。

重要信息 1-5

人力资源管理的发展与演进

人力资源管理的发展过程一般划分为以下三个阶段。

1. 科学管理阶段

19 世纪末 20 世纪初,以泰勒的科学管理理论——"科学管理原理"为代表,标志着企业管理由漫长的经验管理阶段步入科学管理阶段。泰勒提出的科学管理理论强调对组织中员工进行有目的的管理,提高企业的生产效率。泰勒主要提出以下管理方法。

(1) 设定工作定额。通过进厂观察、分析、记录等手段,了解各工序之间的协作关系、各工作岗位的工作内容,研究制定标准的操作方法,将掌握标准的操作方法作为培训员工的目标,让员工掌握最佳的工艺操作流程、操作动作,制定工作定额。

(2) 设定激励性的计件工资制。依据工作定额方法,制定出有差别的、有刺激性的计件工资制。依照奖励标准,鼓励工人完成较高的工资定额,奖励超额完成工作标准的员工,处罚没有完成正常工作量的员工。

(3) 管理职能与执行职能分开。以科学的工作方法,将日常事务授权部门负责,管理者只对例外事项保留处置权力。

科学管理的核心在于提高生产效率,忽视了员工的心理需求,简单地把员工看作"经济人"。

2. 人事管理阶段

随着管理者与员工的矛盾日益加剧,"经济人"的假设越来越不适应管理实践的发展。

20世纪二三十年代,学者们开始由科学管理转向对人的研究。这一时期的主要代表人物是梅奥。1924年,美国的西方电器公司在梅奥的组织下,在芝加哥附近的霍桑工厂进行了一系列实验,后来这一系列实验被多数专家命名为"霍桑实验"。通过实验得出如下结论:员工是"社会人",企业员工不是单纯追求物质和金钱的"经济人",他们还对友情、安全感等心理上和社会方面有情感需求,员工对自己受重视的感受可以有效地调动其工作积极性。另外,梅奥还提出了企业中除了正式组织外还存在着非正式组织的结论。这些研究结果形成了人际关系理论。此后,学者和企业管理者开始关注工人的需要,研究工人的行为特点,并试图在管理中突出人的重要性。

3. 现代人力资源管理阶段

20世纪50年代以后,人事管理开始向人力资源管理转变。其显著标志是怀特的人力资源职能理论和迈勒斯的人力资源模式理论,以及德鲁克对"人力资源"的界定。归纳起来,现代人力资源管理主要有如下特征:管理的视野更加开阔,培训与职业生涯管理成为人力资源部门的重要职责,管理的内容更具有系统性。

同步实训1.2 人力资源管理故事分享

实训目的:加深学生对人力资源管理工作的认识。

实训安排:

(1) 让学生收集并讲解一些古今中外的人力资源管理故事或案例,如三国中的"失街亭"。

(2) 分析故事中的人物对组织活动及目标实现所起的作用。

教师注意事项:

(1) 由生活事例导入对人力资源的认识。

(2) 提供一些人力资源的简单案例,供学生讨论。

(3) 参观企业或提供其他相应的学习资源。

资源(时间):1课时、参考书籍、案例、网页。

评价标准:

表现要求	是否适用	已达要求	未达要求
小组活动中,外在表现(参与度、讨论发言积极程度)			
小组活动中,对概念的认识与把握的准确程度			
小组活动中,PPT制作的艺术与美观程度			
小组活动中,文案制作的完整与适用程度			

1.3 人力资源管理职业认知

任务提示:这是人力资源管理认知学习的第三课。认识人力资源管理职业,特别是认识人力资源管理职业的发展前景及特征,在此基础上,为人力资源管理职业学习及未来就业定位打下良好的基础。

重点难点:认知人力资源管理职业岗位。

1.3.1　认识人力资源管理职业面向

人力资源管理职业是在各类企事业单位或其他社会组织中,为本组织或受托为其他组织专门从事工作分析与设计、人力资源规划、员工招聘选拔、绩效考核、薪酬福利、培训开发、劳动关系协调等工作。

在我国,政府部门对人力资源管理实行国家职业资格认证制度,人力资源和社会保障部组织的企业人力资源管理职业资格考试共设四个等级,分别为人力资源管理员(国家职业资格四级)、助理人力资源管理师(国家职业资格三级)、人力资源管理师(国家职业资格二级)、高级人力资源管理师(国家职业资格一级)。中华人民共和国企业人力资源管理师职业资格证书可在全国范围通用。人力资源管理职业面向主要有以下四种。

1. 工商企业

随着现代社会对人力资源管理认识水平的提升,目前,各类型工商企业内部管理职能一般都包括人力资源管理。这也是人力资源管理职业工作的重点领域。

2. 人才服务专业机构

人力资源管理职业的第二个大方向是在专门的人才服务机构从事咨询服务类工作,即以客户为服务对象,在专业的人力资源管理公司、人才市场、"猎头"公司、管理咨询(顾问)公司、培训公司从事人才招聘、档案托管、职业资格认证服务、咨询(顾问)、培训等工作。

3. 政府机关、公共事业单位、各种社会团体

各事业单位、社会团体也有人力资源管理工作。如有关部门的人事处、人事教育处、人事劳资处或相关办公室,主要从事工资计划、年报及有关统计的初审和汇总,机关工资统计、核定等工作。

4. 科研教学机构

普通高校以及相关的研究院所主要从事人力资源教学研究工作。但这类单位对人才的教育背景、研究能力要求较高。

重要信息 1-6

我国人力资源管理专业机构

(1) 综合型的中介咨询机构。这类机构包括一些国际型的咨询服务公司以及会计事务所,例如麦肯锡公司、德勤会计师事务所。这类机构的专业领域在于帮助客户企业进行人力资源的策略性规划。

(2) 专业的人才或人力资源服务机构。这类机构会进入多种细分市场,通常提供专业HR的配套服务,包括薪酬体系设计、员工培训、职业规划、政策咨询。市场上这类公司通常命名为"人力资源管理顾问有限公司""人才服务有限公司""职业人力资源服务中心""人才信息服务有限公司""人才咨询服务有限公司""人力资源开发中心""人力资源服务有限公司""人力资源有限公司"等。国际盛行的"猎头"公司,也属于这类公司。

(3) 人才市场和劳动力市场。这类机构依托政府支持和低成本运作,提供低端市场的招聘、行政管理、员工档案管理、劳动关系管理等服务。

(4) 新兴的科技公司。这类公司更多专注于高科技和传统行业的结合,如网络招聘等。

1.3.2 认识人力资源管理职业岗位

1. 人力资源管理职业工作职位

人力资源管理人员的职位名称和所属部门在不同组织中略有差异,但工作内容大致相同。人力资源管理职业工作职位主要有以下划分。

(1) 按从业者的工作性质划分,可分为两类:一是实际操作类,如在企事业单位担任人事助理、人事专员、人事主管等;二是人力资源咨询服务类,如职业规划师、心理咨询师、企业法律顾问(劳动关系、劳动争议类)等。

(2) 按职能模块划分,包括以下岗位类型:招聘、培训、考核、薪酬福利、劳动关系主管(专员、助理),以及负责综合业务的人力资源经理、人力资源总监。

(3) 按职位的级别、层次划分,从低到高分别为人力资源文员、助理、专员、主管、经理、总监(行政副总裁)。

2. 人力资源管理职业工作分类

在人力资源管理岗位上,管理人员从事的工作也可以分为以下三类。

(1) 战略性的管理活动。主要指人力资源规划、劳动关系管理、企业文化建设以及组织变革等。这些工作需要人力资源管理部门参与,从专业角度为企业高层提供决策参考。

(2) 业务性的管理活动。主要指工作分析与设计,人员招聘,培训与开发,员工使用与调配,绩效管理,薪酬管理,劳动关系管理和职业生涯管理等。

(3) 行政性的管理活动。主要指员工纪律监督、档案管理、各种手续的办理、人力资源信息保存、员工服务及福利发放等。

有些企业可能由于规模较小,所以不单独设置人力资源管理部门,而是将人力资源管理工作和行政工作合并,由行政部、行政人事部、办公室或综合部履行相关的人事管理职责。因此,这些企业中的行政主管、行政助理、办公室主任、文员等岗位也可被看作人力资源管理岗位。而在中等规模的企业中,通常会有专门的人力资源管理部门,与其他业务部门处于同级地位,如图1-4所示。

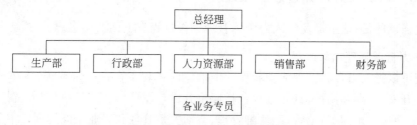

图1-4 企业组织中专门化的人力资源管理部门

3. 人力资源管理职业工作的意义

从不同角度讲,做好人力资源职业工作具有以下意义。

(1) 从国家角度看。知识经济的兴起使得国与国之间的竞争直接演变成了人才之间的竞争,做好人力资源管理工作,不断提升人才质量,不仅是一个国家当前发展经济、提高竞争力的需要,也是一个国家可持续发展的重要保证。

(2) 从企业角度看。做好人力资源管理工作,有利于调动员工的积极性,保证生产经营活动的顺利进行;有利于建立现代企业制度,不断提升经济效益。

(3) 从员工角度看。做好人力资源管理工作,可以使员工尽快了解自己适合做什么,企业组织的目标、价值观念是什么,岗位职责是什么,自己如何有效地融入组织,同时能够结合企业组织目标,开发自己的潜能、设计自己的职业人生等。

管理借鉴1-3

故事中的人力资源管理

据《战国策·燕策》记载:燕国国君燕昭王一心想招揽人才,而更多的人认为燕昭王只是叶公好龙,不是真的求贤若渴。于是,燕昭王始终找不到治国安邦的英才,整天闷闷不乐。

后来有个智者郭隗给燕昭王讲述了一个故事,大意是:某国君愿意出千两黄金去购买千里马,然而时间过去了三年,始终没有买到,又过去了三个月,好不容易发现了一匹千里马,当国君派手下带着大量黄金去购买千里马的时候,马已经死了。可被派出去买马的人却用五百两黄金买来一匹死了的千里马。国君生气地说:"我要的是活马,你怎么花这么多钱弄一匹死马来呢?"国君的手下说:"你舍得花五百两黄金买死马,更何况活马呢?我们这一举动必然会引来天下人为你提供活马。"果然,没过几天,就有人送来了三匹千里马。

郭隗说:"你要招揽人才,首先要从招纳我郭隗开始,像我郭隗这种才疏学浅的人都能被国君任用,那些比我本事更强的人,必然会闻风千里迢迢赶来。"

燕昭王采纳了郭隗的建议,拜郭隗为师,为他建造了宫殿,后来没多久就引发了"士争凑燕"的局面。投奔而来的有魏国的军事家乐毅、齐国的阴阳家邹衍、赵国的游说家剧辛,等等。落后的燕国一下子便人才济济了。自此一个内乱外祸、满目疮痍的弱国,逐渐成为一个富裕兴旺的强国。接着,燕昭王又兴兵报仇,将齐国打得只剩下两个小城。

显然,管理之道,唯在用人,人才是事业的根本。企业只有做到唯贤是举,唯才是用,才能在激烈的市场竞争中战无不胜。

讨论:做好人力资源工作对一个国家、企业的意义。

1.3.3 认识人力资源管理工作过程

需要强调的是,这里提及的人力资源管理工作过程有下面两层意思。

1. 人力资源管理抽象过程

我们可以把人力资源管理活动看作一个抽象的过程。在这一过程中,主体流程包括获取、保持、开发、奖酬和调控;具体过程包括职位分析与设计、人力资源规划人员招聘、培训与开发、员工使用与调配、绩效管理、薪酬管理、劳动关系管理和职业生涯管理。本书的结构安排也是以此为逻辑线索。

2. 人力资源管理学习过程

人力资源管理学习作为一种职业学习,应该以学习者为主体,进行学习与工作的安排。主体流程中的每一项具体任务都可以看作人力资源管理活动中的典型工作,完成这一工作的过程就是"资讯、计划、决策、实施、检查与评价"六步骤。学生应在教师指导下,通过掌握资讯,积极主动地完成各分项任务后面的"工作活动",这样才能实现学习目标。

我们知道,并非所有的高职院校都有完善的校外实训基地,因而,根据职业分析的结果,遵循职业学习规律,本书设计了大量的学习活动,希望能够从教材内容、教学设计等方面实现"学习就是工作,工作就是学习"的目标。

人力资源管理学习作为一种职业学习,一定是从学生个体的角度出发,即一个从业者在人力资源管理岗位上所从事的工作,所完成的典型工作任务才是我们学习的重点。于是,我们在完成每一个工作任务时,要经历"资讯、计划、决策、实施、检查与评价"这一过程,即使是小组工作也不例外。

显然,人力资源管理抽象过程是企业完成人力资源管理活动的过程,人力资源管理学习过程才是一个人力资源管理从业者完成工作任务时所经历的"工作过程"。在这一工作过程中,我们要注意总结人力资源管理工作的对象、工作方法、工具、工作组织、对专业工作的要求以及工作成果等过程要素,围绕这些要素,构建起自己的工作过程知识体系。

重要信息 1-7

人力资源管理理论

我们可以从管理学中找到人力资源管理的有关理论。

(1) 人际关系理论。该理论提出了与传统管理不同的四种观点:第一,传统管理都以事为中心,该理论"以人为中心,在鼓励人的积极性上下功夫"。第二,传统管理把人假设为"经济人",认为金钱是刺激人的积极性的唯一动力。"人际关系理论"认为,人是"社会人",除了物质金钱的需要以外,还有社会和心理学等方面的需要。第三,传统管理认为生产率单纯地受工作方法和工作条件的制约,"人际关系理论"则证明:生产率的上升和下降,很大程度上取决于职工的态度,即"士气"。第四,传统管理只注意"组织"对职工积极性的影响,"人际关系理论"认为,非组织因素也会影响职工的情感和积极性。

(2) 双因素理论。该理论认为,影响人的工作态度的因素有两种,一种是保健因素,另一种是激励因素。其理论根据是:第一,不是所有的需要得到满足就能激发人们的积极性,只有那些被称为激励因素的需要得到满足才能调动人们的积极性;第二,不具备保健因素时将引起人们强烈的不满,但具备时并不一定会调动其强烈的积极性;第三,激励因素是以工作为核心的,主要是在职工进行工作时发生的。

(3) 公平理论。该理论认为,一个人对他所得的报酬是否满意,不是只看其绝对值,而是进行社会比较或历史比较,看其相对值。即把个人的报酬与贡献的比值同他人的比值做比较,若比值相等,则个人认为公平合理而感到满意,从而心情舒畅,情绪高昂;若个人的比值小于他人的比值,个人就会感到不公平,从而情绪低落,怨气横生。这种比较,还包括与本人历史上的比值做比较。

(4) 期望理论。该理论的基本关系式是:激发力量(F)=期望值$(E)×$效价(V)。激发力量(F)是指动机的强度,即调动一个人的积极性,激发其内在的潜力的强度,它表明人们为达到设置的目标而努力的程度。效价(V)是指目标对于满足人们需要的价值,即一个人对某种结果偏爱的强度。期望值(E)是指采取某种行为可能导致的绩效和满足需要的概率,即采取的某种行为对实现目标可能性的大小。

(5) 强化理论。强化、改造、操作和学习是构成该理论的主要环节。所谓强化,是指通过刺激使某种行为得到加强或抑制。所谓改造,是说人的行为是可以改变的,通过一定的手段,使行为中的某些因素加强、某些因素削弱,于是人的行为也就得到了改变。所谓操作,是指对正负强化都不起作用的一类行为的控制引导。所谓学习,就是对可控行为的改变,即通过强化实践,使人的行为方式得到某种永久性的改变。

(6)需求层次论。该理论将人的需求从低到高分为生理、安全、归属、受尊重、自我实现五种类型,等级越低者越容易获得满足,等级越高者则获得满足的比例较小。这就促进了企业管理理论的进一步深化,迫使管理者在实际管理过程中,必须考虑如何更好地从心理上去满足员工的高层次需要,从文化上对员工加以调控和引导,帮助他们实现各自的愿望,使他们不仅感到自己是一个被管理者,同时也能够在安全感、感情归属、受尊敬、自我实现等方面,都能拥有很大的发展空间。

同步实训1.3　人力资源管理故事分享

实训目的:加深学生对人力资源管理职业的认识。

实训安排:

(1)让学生收集并讲解一些古今中外的人力资源管理故事或案例,如"士争凑燕"。

(2)体会人力资源管理职业的重要性。

教师注意事项:

(1)由生活事例导入对人力资源的认识。

(2)提供一些人力资源的简单案例,供学生讨论。

(3)参观企业或提供其他相应的学习资源。

资源(时间):1课时、参考书籍、案例、网页。

评价标准:

表现要求	是否适用	已达要求	未达要求
小组活动中,外在表现(参与度、讨论发言积极程度)			
小组活动中,对概念的认识与把握的准确程度			
小组活动中,PPT制作的艺术与美观程度			
小组活动中,文案制作的完整与适用程度			

小结

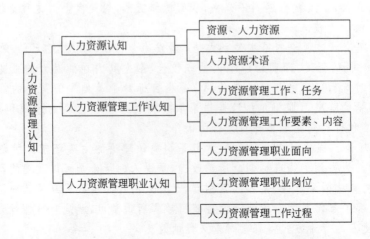

教学做一体化检测

重点名词

资源　人力资源　人力资源数量　人力资源质量　人力资源管理

课后讨论

1. 人力资源与劳动力资源的关系。
2. 人事管理与人力资源管理的关系。
3. 人力资源管理职业工作过程要素构成。
4. 如何理解"人力资源是第一资源"这句话。

课后自测

一、选择题

1. 下列选项中不包括在现实的人力资源数量内的是（　　）。
   A. 未成年就业人口　　　　　　　B. 暂不能参加社会劳动的人口
   C. 适龄就业人口　　　　　　　　D. 老年就业人口
2. 下列选项中是现实的人力资源数量的是（　　）。
   A. 失业人口　　　　　　　　　　B. 暂不能参加社会劳动的人口
   C. 老年就业人口　　　　　　　　D. 其他人口
3. 人口资源、人力资源和人才资源的关系正确的是（　　）。
   A. 人口资源＞人才资源＞人力资源
   B. 人力资源＞人口资源＞人才资源
   C. 人才资源＞人口资源＞人力资源
   D. 人口资源＞人力资源＞人才资源
4. 人力资源的特征有（　　）。
   A. 能动性　　　B. 时效性　　　C. 生物性
   D. 社会性　　　E. 双重性
5. 人力资源管理的主要任务有（　　）。
   A. 识才　　　　B. 用才　　　　C. 人才开发
   D. 激励人才　　E. 留住人才
6. 人力资源管理的工作内容有（　　）。
   A. 制订人力资源计划　　　　　　B. 招聘人员
   C. 培训与教育员工　　　　　　　D. 绩效考核
   E. 薪酬管理　　　　　　　　　　F. 劳动关系管理

二、判断题

1. 潜在的人力资源数量包括待业人口。　　　　　　　　　　　　　　　（　　）
2. 现实的人力资源数量包括待业人口。　　　　　　　　　　　　　　　（　　）

3. 非正式组织通常有利于管理措施的推行。（　　）
4. 科学管理学派认为除例外事项外应把日常事务授权给下级管理人员去处理。
（　　）
5. 视员工为成本、负担的管理视角是现代人力资源管理的视角。（　　）
6. 人力资源的数量可以替代质量。（　　）

三、简答题
1. 对于企业来讲，人力资源管理活动的意义是什么？
2. 人力资源管理的发展阶段及其特点。
3. 人力资源管理的任务有哪些？
4. 人力资源管理的工作内容有哪些？
5. 人力资源管理职业工作的专业要求有哪些？
6. 如何理解人力资源管理职业前景？

案例分析

古代人力资源管理智慧

智慧之一：王珪鉴才

在一次宴会上，唐太宗对王珪说："你善于鉴别人才，尤其善于评论。你不妨从房玄龄等人开始，都一一做些评论，评一下他们的优缺点，同时和他们互相比较一下，你在哪些方面比他们优秀？"

王珪回答说："孜孜不倦地办公，一心为国操劳，凡所知道的事没有不尽心尽力去做，在这方面我比不上房玄龄。常常向皇上直言建议，认为皇上的能力、德行比不上尧舜，在这方面我比不上魏征。文武全才，既可以在外带兵打仗做将军，又可以进入朝廷担任宰相，在这方面我比不上李靖。向皇上报告国家公务，详细明了，宣布皇上的命令或者转达下属官员的汇报，能坚持做到公平公正，在这方面我不如温彦博。处理繁重的事务，解决难题，办事井井有条，在这方面我也比不上戴胄。至于批评贪官污吏，表扬清正廉署，疾恶如仇，好善喜乐，这方面比起其他几位能人来说，我也有一日之长。"唐太宗非常赞同他的话，而大臣们也认为王珪完全道出了他们的心声，都说这些评论是正确的。

从王珪的评论可以看出，在唐太宗的团队中，每个人各有所长；更重要的是，唐太宗能将这些人依其专长运用到最适当的职位，使其能够发挥自己所长，进而让整个国家繁荣强盛。

智慧之二：张居正"看人""用人"和"调人"

张居正被称作"宰相之杰"。其二十三岁中进士，先后为国家效力十年。因其起用名将戚继光，提高行政管理效率等功绩载誉千古，谥号"文忠"。对于治理臣民众生，他的管理方法"工于谋国"而立等见效，令人称奇，我们不妨借鉴一下这位管理天才的"看人""用人""调人"方略。

看人：克服六大误差。张居正的名言是"世不患无才，患无用之道"。他在著名的《陈六事疏》的《核名实》一篇中，专门论述了用人方略。其间，总结了他前后主持十年国事的用人体验，提出看人容易出现的六大误差：徒眩于声名，尽拘于资格，摇之以毁誉，杂之以爱憎，以一事概其平生，以一眚掩其大节。也就是说，不听名声而看行为，不问资历而看潜力，不听闲言而看功实，不凭好恶而趋理性，不以一事论英雄，也不以一错定平生。

用人：讲究考核检查。考核与检查必须双管齐下。目前，企业管理者往往在考核和检查中有意无意地倾向于一种，有的倾向于考核，凭借人力资源部出台一套考核方法，实现用人以功实的管理。有的管理者倾向于检查，即以过程监督为主，进行事中管理而不是秋后算账，张居正则认为这两种方法必须兼顾。

调人：调动是一种提拔。巧用而不是滥用平级调动，通过把岗位轮换使员工认为这是一种提拔，可以化平凡为神奇。一般而言，岗位轮换都有其目的性，不外乎三个想法：一是锻炼人才，提高其综合素质，尤其到基层是一般的上升通道，因为这样符合中国人的老规矩"名将出身行武"；二是瓦解帮派，任职时间一久就形成了习惯势力，不便于全局管理，按明朝当时的祖宗旧制，"三、六年考"是规矩，也就是三年就有可能轮换岗位了，比现在通常使用的四年制任期还短；三是利用新人的加入产生新的制衡关系，以利于最高领导控制全体人员。因此，岗位轮换成为许多决策者的御人大法。

但张居正告诫了其中的不可为之处。首先，岗位差异太小的平级调动，不可过度频繁，正如《陈六事疏》所讲"不必互转数易"，因为这样的调动是为了调动而调动，会流于形式，前述三大功能都无法实现。第一项激励功能因岗位差异太小，对员工没有疗效；第二项分解功能因频繁调动根本就形不成威胁，所以失去了意义；第三项制衡功能因员工缺乏感恩之情，导致忠诚打折，别说去监视他人，连其本人也会因频繁调动而萌生去意。其次，岗位轮换之前要有合适的后备，以实现"人有专职，事可责成"，不能乱了自己、稳定了敌方。最后，最好是事出有因，把调动做出激励效果，给员工以"用人必考其终、授任必求其当"的良好形象，对管理者的资信水平提升有很大帮助。也就是说，对一些有功之臣、心怡之将，可以采取此类方略达到前述三个目的，最终使其走向绝对忠诚，而管理者也能得到张居正所谓"用人必考、授任以当"的好口碑。

阅读以上材料，回答问题：
（1）请用简短语言概括本案例的核心信息。
（2）古人的人力资源管理思想给我们什么启示？
（3）请总结人力资源管理工作的核心要点。

课程思政园地

2014年2月27日，中共中央总书记、国家主席、中央军委主席、中央网络安全和信息化领导小组组长习近平同志主持召开中央网络安全和信息化领导小组第一次会议并发表重要讲话。他强调，建设网络强国，要把人才资源汇聚起来，建设一支政治强、业务精、作风好的强大队伍。"千军易得，一将难求"，要培养造就世界水平的科学家、网络科技领军人才、卓越工程师、高水平创新团队。

"千军易得，一将难求"见于元代马致远的《汉宫秋》，意思是：成千上万的士兵可以轻易得到，但是一位将才却很难求得，强调了人才的重要性。

思考：你怎样理解"千军易得，一将难求"？

学生自我工作总结

通过完成任务 1,我能够作如下总结。

一、主要知识

完成本任务需掌握的主要知识点有:
1.
2.

二、主要技能

完成本任务需掌握的主要技能有:
1.
2.

三、主要原理

完成本任务涉及的管理原理有:
1.
2.

四、相关知识与技能

本任务的完成过程:
1. 人力资源管理的发展过程是:
2. 人力资源管理者应具备的素质有:
3. 人力资源管理职业发展前景是:

五、成果检验

本任务的成果:
1. 完成本任务的意义有:
2. 学到的知识与技能有:
3. 自悟的知识与技能有:
4. 你还了解哪些习近平总书记关于人才的论述:

任务2　职位分析与设计

学习目标

1. 知识目标
   - 能认识职位分析的含义。
   - 能认识职位分析的程序。
   - 能认识工作设计的内容与要求。

2. 能力目标
   - 能说明职位分析与设计的意义。
   - 会编写职位分析说明书。
   - 能对职位分析工作过程有整体的认识。

3. 课程思政
   - 激发学生的爱国情怀。
   - 培养学生的使命意识。
   - 帮助学生养成正确的职业观。

任务解析

根据人力资源管理职业工作活动顺序和职业教育学习规律,"职位分析与设计"可以分解为以下子任务。

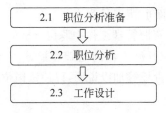

2.1　职位分析准备

2.2　职位分析

2.3　工作设计

管理故事

下面这个故事的主人公是三国时期的关羽。从《资治通鉴》看,关羽并非一时"大意"才丢掉了荆州,在这之前已经有了一连串的管理失误。首先,在外交上,与东吴的战略联盟伙伴关系是刘备最重要的资本。刘备进入四川后,实力大增,孙权怒不可遏。其间,孙权曾向关羽求亲,要为自己的儿子迎娶关羽的女儿,关羽却一口回绝,更让孙权气上加气,留下一个"虎女焉能嫁犬子"的典故。更糟糕的是,关羽北伐时,粮草不足就跑到吴国地界抢粮。之前,刘备借荆州不还,孙权十分不快,好不容易两方和解,才以湘水为界,平分荆州。关羽跨过湘水抢孙权的粮仓,等于撕毁和约,孙权有了出兵的借口,遂全军出动,对关羽给予致命一击。其次,关羽大军北伐时,把后方留给傅士仁等人,这些人能力有限,常常不能及时供应前方军需,关羽总是大骂"等我班师,军法伺候",两人遂生叛变之心。与此同时,驻守东吴荆州前线的吕蒙写信给关羽,对他歌功颂德,还暗示投靠之意。关羽看信,心花怒放,认为自己的后方十分安全,遂抽调全军支持北伐,导致后方空虚。万事俱备,吕蒙大军出动,一战未打,就占据了关羽的基地——江陵。最后,关羽得知基地被夺后,反而带着大军慢慢回程,还派使节与吕蒙谈判。吕蒙趁此机会,安定江陵城的治安,秋毫未犯,还让江陵城百姓写信给关羽军中的子弟报平安,结果关羽大军军心涣散,一路走一路散,又是一仗未打,关羽大军就被击溃。

管理感悟:从小说描写来看,关羽的性格中充满英雄主义色彩,是一个好将领,但是刘备把他放到了领导的位置。用现代人力资源管理的观点看,刘备没有做好人力资源管理中的职位分析与设计,直接导致了刘备集团管理层人员配备的不科学,因人设岗。

2.1 职位分析准备

任务提示:职位分析准备阶段的主要工作包括了解组织及岗位设置的相关情况,在此基础上制订分析方案,组建分析职位小组,确定调查和分析对象的样本,并对各项工作进行分解,以便做好进度计划。

重点难点:理解职位分析准备工作内容。

许多人在小时候就听说过"三个和尚的故事"。一个和尚挑水吃,两个和尚抬水吃,三个和尚没水吃。故事很简单,反映的道理却很深刻,本来人越多干活的人也越多,可是有三个和尚后,竟然没水喝? 其中蕴含的人力资源管理道理,你能说得清吗?

在这个故事中,挑水是和尚的一个职位。然而这个职位并没有被详细说明:是一项什么样的工作,工作内容有哪些,完成这项工作应具备的条件有哪些,什么样的人来完成这项工作,这个人为谁服务,对谁负责,他如何完成这项工作,等等。于是,出现了大小和尚不分先后、不分主次一起挑水、一块负责的局面。因为没有明确的责权划分,大家都有责任又都不负责任,三个和尚没水喝的局面也就不足为奇了。

故事中的工作说明就是人力资源管理工作中职位分析的成果之一。职位分析是人力资源管理的基础性工作,也是一个岗位开展工作的基础和指导,它通常对一个岗位的工作内容,职责范围,权力与利益,工作关系与责任等加以说明,以使该岗位的人员积极自主地开展工作。

重点名词 2-1

职位分析

职位分析又称工作分析、岗位分析或职务分析,是对组织中某个特定职务的工作目的、任务或职责、权利、隶属关系、工作条件、任职资格等相关信息进行收集与分析,以便对该职务的工作做出明确的规定,并确定完成该工作所需行为、条件以及人员的过程。

2.1.1 明确职位分析意图

职位分析与设计的主体可以是企业(组织)内部、自有的人力资源管理部门,也可以是企业(组织)聘请的社会上专业从事人力资源管理咨询的一些公司(也称管理咨询公司)。与律师事务所、会计师事务所一样,这些咨询公司通过向各类工商企业或其他类型的组织提供专业的人力资源管理策划与咨询服务,收取一定数额的服务费用。

不同的企业(组织),或者同一企业的不同发展阶段,职位分析的意图有所不同。一般情况下,即将成立的企业往往还处于筹办阶段,由于自身组织架构、运行体系还未完善,力量有限,这时,一些企业往往会聘请社会上专业的人力资源管理咨询公司,借助其经验,对企业所有工作进行分析,并初步设计出相应岗位,以便为员工招聘、选拔等后续工作提供依据。这也可能是企业所做的第一次职位分析。

例2-1 2022年5月,地处黄金地段的北京悦来国际商务酒店装修一新,根据筹办计划,拟定于圣诞节前后迎来第一批外国客人。为此,筹建委员会决定招聘工作人员。经聘请的中智人力资源管理咨询公司策划,酒店拟设置前台、客房、餐饮、洗浴、康乐、文秘中心等部门,并在每个部门职位分析的基础上,确定每个岗位的工作内容及所需人员的资格要求,据此开始制订人员招聘计划。

对于已成立的企业,职位分析是为了现有的工作内容与要求更加明确或合理化,或是对新工作的工作规范做出规定,或是为了应对某种危机而改善工作环境,提高企业的安全性和抵抗危机的能力,等等。对于企业来讲,这样的职位分析是具有重复性特征的管理行为,不可能一劳永逸。

例2-2 2022年5月以来,上海怡口食品有限公司出口美国的水产品数量增长迅猛,销售部原有的22名员工都感到前所未有的压力,节假日加班加点也成为常事。为此,公司决定增加销售人员。经公司内部人力资源管理部门分析研究,重新确定了国内市场华北区、东北区、华南区、中南区、西北区的职责权限划分,另设对美出口部。据此,拟招聘10名销售人员,补充到各个销售区域及对美出口部。

企业人力资源管理职业工作的对象是企业员工,人力资源管理人员在进行职位分析时,首先要弄清企业想要解决的问题是什么。

为此,职位分析人员首先要与企业管理层进行沟通,了解他们要求进行职位分析的意图。同时,职位分析人员也应及时分析企业遇到的人力资源问题,以便在职位分析活动中更具有针对性。

1. 分析企业管理层意图

在企业里,往往是相关管理人员首先发现人力资源中存在的问题,同时,也会对这些问题加以判断并试图解决。这些管理人员的意图或判断,对职位分析人员进一步准确确定分析目标及思路具有很高的参考价值。为此,职位分析人员必须首先与企业管理人员交流,获悉并确认企业进行该项工作的意图。

2. 分析人力资源问题

除了与企业管理者沟通外,职位分析人员应该对企业遇到的一些人力资源问题进行讨论与分析,以便能够发现问题的深层次原因。职位分析人员也可以通过和一些工作岗位上的员工面谈,来发现他们的工作任务、职责和原有工作说明的吻合度及存在的问题。

3. 确定职位分析目标

通过与企业管理层沟通、分析人员的初步研判,我们就可以确定职位分析的重点和目标,从而也知道了我们进行职位分析所得出的信息将被用作何种目的,即职位说明书用来干什么,解决什么管理问题。根据目的的不同,分析的侧重点也有所不同。例如,如果职位分析是为了明确工作职责,那么分析的重点在于工作范围、工作职能、工作任务的划分;如果目的在于选聘人才,那么工作重点则是工作责任、工作量、工作环境、工作条件等因素的界定。只有这样,职位分析人员才能确定采用何种方法、步骤去收集这些工作信息。

 重要信息 2-1

企业的职位分析

一般情况下,企业进行职位分析是因为出现了下列几种情形。

(1) 新建企业或新组建的部门为满足组织设计与人员招聘的需要必须进行职位分析。

(2) 由于战略调整和业务发展,工作内容、工作性质发生变化,需要进行职位分析。

(3) 企业技术创新带来劳动生产率的提高,需要重新进行定岗、定员。

(4) 建立完善新制度的需要,比如绩效考核、晋升、培训机制的研究需要进行职位分析。

简单来讲,职位分析是指对工作进行整体分析,以便确定每一项工作的 6 个"w"和 1 个"h",即用谁做(who)、做什么(what)、何时做(when)、在哪里做(where)、如何做(how)、为什么做(why)、为谁做(whom)。企业通过这一系列的工作信息收集、分析和综合,可以系统全面地确认工作整体,即解决了"某一工作是做什么事情"和"由什么样的人来做这些事情更合适"的问题,为管理活动提供各种有关工作方面的信息。

在这项工作中,通过对工作输入、工作转换过程、工作输出、工作的关联特征、工作资源、工作环境背景等的分析,形成职位分析的结果:工作描述书、工作规范书等。工作描述书(也称岗位说明书),主要包括该岗位的目的、职责、权限、隶属关系、工作内容、工作条件等内容。工作规范书(也称工作说明书),包括工作说明、工作概要,以及完成这些工作所需的知识、能力、行为及人员条件。

2.1.2 制订职位分析方案

职位分析方案一般应包括以下内容:前言、职位分析的目的和意义、职位分析的对象、职位分析的内容和具体项目、职位分析所采用的方法、职位分析时间进度安排、职位分析经费预算、职位分析结果的表达形式和附录等。

1. 前言

前言是职位分析方案的开头部分,应该简明扼要地介绍整个分析工作出台的背景及原因。

例 2-3 加多宝公司是我国一家以香港为基地的大型专业饮料生产及销售企业。随着业务的迅速发展,2015 年冬季以来,公司进一步增加了电视广告、各种方式售点的 POP 广告、印刷品广告等。为了有针对性地开展 2016 年度夏季旺销期的产品宣传推介工作，促进产品品牌形象的传播和产品销售量的进一步提高，公司拟对与产销推广销售有关的工作岗位职责重新进行分析，以便为这些部门的人员配置提供参考。

2．职位分析的目的和意义

这部分内容较前言部分稍微详细点，应指出职位分析的详细背景、拟研究解决的问题和可能的几种备选决策，指明该分析结果能给企业带来的决策价值、经济效益和社会效益，以及在日常管理上的重大价值。

例 2-4　通过本次职位分析，了解销售部门整体工作分布及运行状况，合理分工，重新打造国内销售大区、国外主要出口市场的销售团队，为完成 2022 年度 500 亿元的销售任务奠定坚实的人力资源基础。

3．职位分析的对象

这部分内容主要是说明向谁收集资料和由谁来具体提供资料的问题。分析对象就是根据分析目的、任务确定分析的范围以及所要分析的总体，它可以由某些性质相同的许多单位所组成。

例 2-5　本次职位分析的主要对象为公司销售部及下属各单位。拟发放问卷 100 份，国内大区 80 份，出口部 20 份。

4．职位分析的内容和具体项目

职位分析的主要内容和具体项目是依据所要解决的问题和分析目的所必需的信息资料来确定的。

例 2-6　本次职位分析的主要内容有：①销售部门的工作活动；②销售部门工作使用的相关工具及辅助设施；③销售部门的工作条件；④销售工作对员工的要求。

分析项目的选择要尽量做到"精"而"准"。具体而言，"准"就是要求反映的内容要与分析主题有密切的相关性，能反映要了解问题的信息；"精"就是所涉及的资料能满足职位分析的需要，不存在对分析主题没有意义的多余项目。盲目增加分析项目，会使资料统计和处理有关问题的工作量增加，既浪费资源，也影响分析的效果。

5．职位分析所采用的方法

职位分析方法的说明主要是详细说明选择什么方法去收集相关资料，具体的操作步骤是什么。一般来讲，应根据所分析企业及部门的实际情况，以及各种分析方法的比较，选择合适的方法进行分析。常用的方法有面谈法、观察法、问卷调查法、工作日志法、体验法等。

6．职位分析时间进度安排

职位分析时间进度受制于企业职位分析意图及时效性的要求。在实际分析中，根据分析任务、范围的大小，时间有长有短。基本要求是：保证资料收集的准确性、真实性，不走马观花；尽早完成分析活动，保证时效性，同时也节省费用。

通常，在安排各个阶段工作时，要详细安排需做哪些事项，由何人负责，并提出注意事项，以及制作时间进度表。职位分析时间进度表一般格式如表 2-1 所示。

表 2-1 职位分析时间进度表

工作活动内容	时间	参与单位和活动小组	主要负责人及成员	备注

7. 职位分析经费预算

职位分析费用根据分析工作的种类、范围不同而不同,当然,即使同一种类的分析,也会因质量要求不同而不同,不能一概而论。社会上专业的管理咨询公司经费预算一般包括:资料收集、复印费,问卷设计、印刷费,实地调查劳务费,数据输入、统计劳务费,计算机数据处理费,报告撰稿费,打印装订费,组织管理费,税收,利润。

职位分析经费预算表一般格式如表 2-2 所示。

表 2-2 职位分析经费预算表

分析主题:
单位与主要负责人:
分析时间:

经费项目	数量	单价	金额	备注
资料费				
复印费				
印刷费				
统计费				
打印费				
调查费				
劳务费				
杂费				
……				
合　计				

8. 职位分析结果的表达形式

确定职位分析结果的表达形式。如最终结果是工作描述书(工作说明书),还是工作规范书,是否要求有阶段性报告等。

重点名词 2-2
工作说明书与工作规范书

工作说明书是用文件形式来表达工作分析的结果,基本内容包括工作描述和任职者说明。工作描述一般用来表明工作内容、任务、职责、环境等,而任职者说明用来表明任职者所需的资格要求,如技能、学历、训练、经验、体能等。

工作规范书又称任职者资格,是指任职者要胜任该项工作必须具备的资格和条件。

9. 附录

列出职位分析项目负责人及主要参加者的名单,说明资料收集方法、数据处理方法的运用,列出需说明的职位分析过程性成果等。

2.1.3 组建职位分析小组

在大型组织中,由于职位分析可能涉及多个部门,在工作开展之前,建立一个工作小组非常有必要。小组成员确定之后,分别赋予他们进行分析活动的权限,以保证分析工作的协调和顺利进行。

1. 建立职位分析领导组

一般来讲,在一个企业内部,职位分析工作一般由人力资源管理部门主导进行。但是,在具体的工作开展过程中,会涉及企业内部多个部门。这时,为了工作能够顺利进行,需要由企业领导层出面进行协调。所以,在工作之前,应该建立职位分析领导组,成员通常包括企业领导层、职位分析分析专家。

职位分析必须有企业高层管理者的支持,以及经过专业训练的人才的分析技术,才能够顺利、有效地进行。

2. 组建职位分析小组

职位分析中,事务性的工作繁多。因此,必须组建相应的职位分析小组,保证充足的人员配置。职位分析小组人员一般由企业人力资源管理部门领导、人力资源管理专员、工作任职者及其上级等组成。一般而言,工作任职者最了解工作的信息,有可能提供关于工作最真实、可靠的信息。工作任职者的上级主管,观察任职者的工作,能够提供客观的评价。

确定分析小组成员后,首先要对小组进行职位分析,明确小组成员各自的分工、流程、时间表和阶段成果,建立工作规范和沟通制度,确保成员稳定、信息共享,并不断调整工作方式与方法。

2.1.4 选定分析样本

在职位分析实施中,究竟是对所有的职务都进行分析,还是仅对关键岗位进行分析?或者是仅针对新出现的、变化了的工作进行分析?如果只是针对部分工作进行分析,要注意该职务与其他职务的关系,从整体和系统的角度去把握相关职务的变化,避免前后矛盾和衔接脱节等情况的出现。

如果需要分析的工作较多,而这当中有些工作又具有较大的相似性,为节约成本,提高分析效率,不必对每个工作都进行分析,可以事先选定具有代表性的工作进行分析。例如,对流水线上的工人所做的工作进行分析,如果我们对他们所做的工作一个一个地进行分析,必然非常耗费时间。在这种情况下,选择典型工作进行分析显然是十分必要也是比较合适的。

2.1.5 组织宣传发动工作

在职位分析中,获得企业高层的支持和员工的配合是确保整个职位分析项目顺利开展的关键因素之一。所以,职位分析人员应该通过广泛动员,大力宣传职位分析的目的、价值和意义。在企业高层领导的支持下,要利用一切渠道与全体员工进行沟通,避免企业员工出现不必要的误解,争取各部门管理者和员工的参与配合。具体可以采取会议宣讲、发放资料等形式。

重要信息 2-2

企业职位分析的意义

职位分析是人力资源管理的基础性工作,人力资源管理的每项工作几乎都需要用到职位分析的结果。

(1) 职位分析是人力资源规划的基础。企业内各项工作责任的大小、任务的轻重、时间的约束、工作条件的限制等因素决定了企业所需的人员不同。通过对部门内各项工作的分析,得到各部门人员编制,继而得到人力资源需求计划。

(2) 职位分析对人员招聘具有指导作用。通过职位分析,可明确企业各项工作的目标与任务,规定各项工作的要求,同时提出各职位任职人的心理、生理、技能知识和品格等要求。在此基础上,企业可以确定人员的任用标准。

(3) 职位分析有助于员工培训与开发工作。职位分析明确规定了完成各项工作所应具备的知识、技术和能力及其他方面的素质与条件等要求。根据这些信息,企业可以针对不同的工作要求、任职人员的具体情况,设计不同的培训方案。

(4) 职位分析为绩效评价提供了客观的标准与依据。从人力资源管理程序上看,职位分析是绩效考核的前提,职位分析为员工的绩效评价内容、标准等的确定提供了客观依据。

(5) 职位分析有助于薪酬管理方案的设计。任职人员所获得的薪酬高低主要取决于其从事工作的性质、技术难易程度、工作负荷、责任大小和劳动条件等,而职位分析正是从这些基本因素出发,使各项工作在组织中的重要程度或相对价值得以明确。以此为依据制定的薪酬水平保证了工作和担任岗位职责的劳动者与劳动报酬之间的协调和统一。

(6) 职位分析有利于掌握员工的安全与健康信息。职位分析反映了完成各项工作的环境与条件,如说明某项工作是否具有危险性。而且在某些危险的工作中,工人为了安全完成工作,也需要了解一些有关危险的信息,从而有助于减少来自工伤事故的巨额赔偿责任和不合法的风险。

(7) 职位分析有利于改善员工的劳动关系。职位分析为每个工作岗位的任职者提供了客观标准,成为组织对员工进行提升、调动或降职的决策依据。职位分析保障了同工同酬,并使员工明确了工作职责及以后努力的方向,必然使员工积极工作、不断进取。职位分析获得其他有关信息,也使管理者更为客观地进行人力资源管理决策。

(8) 职位分析有利于职业生涯规划与管理。通过职位分析对组织中的工作要求和各项工作之间的联系进行研究,组织可制定出行之有效的员工职业生涯规划。同时,职位分析也使员工有机会或有能力了解工作性质与规范,制定出适合自身发展的职业道路。

(9) 职位分析有助于进行工作设计。职位分析通过人员测定和分析,不断对工作进行重新设计和改进,推动各工作在组织中的合理配置,以促进组织的科学化,保证生产过程均衡,协调生产要素配置的合理化、科学化,提高组织生产效率。

同步实训 2.1 职位分析准备认知

实训目的：加深学生对职位分析准备工作的认识。

实训安排：

(1) 学生收集并分析班级或学生会学生干部岗位设置的状况及存在的问题。

(2) 分析并体会职位分析对于组织人力资源管理所起的作用。

教师注意事项：

(1) 由生活事例导入对职位分析的认识。

(2) 提供一些人力资源职位分析的简单案例,供学生讨论。

(3) 参观企业或提供其他相应的学习资源。

资源(时间)：1 课时、参考书籍、案例、网页。

评价标准：

表 现 要 求	是否适用	已达要求	未达要求
小组活动中,外在表现(参与度、讨论发言积极程度)			
小组活动中,对概念的认识与把握的准确程度			
小组活动中,PPT 制作的艺术与美观程度			
小组活动中,文案制作的完整与适用程度			

2.2 职位分析

任务提示：本任务的主要工作内容包括根据分析目的,在确定所需信息的大致方向与范围的基础上,选择适当的方法,进行信息收集。做好各分析小组的沟通协调工作,编写出工作说明书。

重点难点：职位分析的操作。

2.2.1 确定职位分析信息

实施职位分析时,分析人员应该先根据分析目标、用途,确定工作信息的来源和内容。

1. 确定职位分析信息的用途

职位分析所获得信息的用途直接决定了需要收集何种类型的信息,以及使用何种技术来收集这些信息。因此,在职位分析开始时就要明确职位分析所获得的信息将用于何种目的。

2. 确定工作信息的来源

职位分析所需信息的类型和范围取决于分析的目的、分析的时间约束和预算约束等因素。资料的连贯性、精确性、可接受性是选择资料来源的决定性因素。因此相关工作的专家、执行者和管理监督者是主要的资料来源,而与待分析工作相关的下属和其他人员、顾客以及职位分析者则是对工作信息进行补充和筛选的来源,另外,还可以参阅相关的职位分析资料、职业分类辞典等。

3. 确定职位分析内容

一般来说,职位分析所需获得的信息主要包括以下内容:工作事项和工作方式,与他人的交往活动,工作标准,所使用的机器设备,工作条件,该职务对于他人所负责任与他人对该职务所负责任,所需知识、技能和能力(如受教育水平、工作经历、工作技能、个人能力、智力和体质等)。职位分析信息的主要内容如表 2-3 所示。

表 2-3 职位分析信息的主要内容

一、工作活动	三、工作条件
1. 工作任务的描述 工作任务是如何完成的? 为什么要完成这项任务? 什么时候完成这项任务? 2. 与其他工作和设备的关系 3. 完成工作的程序 4. 完成这项工作所需的行为 5. 动作与工作要求	1. 工作环境 是否在高温、灰尘和有毒的环境? 是在室内还是室外? 2. 组织的有关情况 3. 社会背景 4. 工作进度安排 5. 激励情况(财务和非财务的)
二、工作中使用的机器、工具、设备和辅助设施	四、对员工的要求
1. 所使用的机器、工具、设备及辅助设施的清单 2. 运用上述设施所加工处理的材料 3. 运用上述设施所生产的产品 4. 运用上述设施所完成的服务	1. 与工作有关的特征要求 2. 特定的技能 3. 特定的教育训练背景 4. 与工作有关的经验 5. 身体特征 6. 态度

具体来讲,职位分析所需获得的信息主要类型包括:①工作活动资料,即各项工作实际发生的活动类型,如清洗、打字等;②人类行为资料,即与个人工作有关的人类行为资料,如体能消耗情况、行走距离长短、写作能力等;③工作器具资料,即指工作中所使用的机器、工具、设备以及辅助器械的情况;④绩效标准,即用数量或质量来反映的各种可以用来评价工作成绩的方法;⑤相关条件,指工作环境、工作进度、组织行为规范以及各种财务性和非财务性奖励措施;⑥人员条件,指与工作相关的知识、技能以及个人特征等,包括学历、训练背景、工作经验、性格、兴趣和身体特征等。

2.2.2 选择信息收集方法

在进行职位分析时,收集职位分析信息的方法有很多,每种方法都有自己的优缺点。在分析实践中,应该多种方法相结合,才能收集到需要的足够完整的信息。

1. 面谈法

职位分析人员可以事先列好面谈提纲,通过个别谈话或小组访谈形式,进行面对面沟通来获取工作信息。提纲中典型问题应该包括:你做哪些工作?主要职责是什么?怎样完成?工作地点在哪里?工作所需的教育背景、经验、能力或职业资格是什么?绩效标准如何?工作环境和条件如何?

在进行面谈之前，分析人员要熟练掌握之前已获得的信息，如之前相关的面谈记录、有关该工作的文件记录等。除此之外，面谈之前我们往往需要确定以下几个方面的问题：面谈的对象有哪些，面谈对象的综合素质差异程度如何；面谈的目的是什么，要提取的工作信息有哪些；面谈的结构化程度（标准化程度）如何；所需的材料与工具有哪些；时间安排与地点安排如何。

运用这种方法，往往是因为分析人员遇到的工作内容比较复杂，如专业性、技术性较强，无法直接观察和亲身实践的工作。面谈法对职位分析人员的语言表达能力和逻辑思维能力有较高的要求。通过面谈法可以对被访人员的工作态度、动机等深层次内容有详细和比较深刻的了解。

2．观察法

职位分析人员也可以事先制作观察表，如表 2-4 所示，在分工的基础上，直接到现场，亲自对一个或多个工作人员的操作进行观察，并用文字或图表记录有关工作的内容、任务，工作关系，人与工作的作用，工作环境、条件等情况，并在此基础上通过比较、分析、汇总等方式来获取信息。

运用这种方法，分析人员遇到的工作往往是由一些明确的身体活动来完成的，多见于比较机械的体力职位分析。

表 2-4 职位分析观察表

被观察者姓名：	日期：
观察者姓名：	观察日期：
工作类型：	工作部门：
观察内容：	
什么时间开始正式工作？	
上午工作多长时间？	
……	

3．问卷调查法

职位分析人员可以事先制作调查问卷，通过访问，或由员工自行填写的方式，达到信息收集的目的。使用问卷法获得工作信息的质量，取决于问卷本身设计的质量，同时还受到被调查者文化素质的高低以及在填写时的态度等因素的影响。

使用问卷法可以快速而有效地从众多员工那里获得工作信息，但要强调的一点是，只有设计良好的问卷才能保证对各类信息进行有效的归纳和分析，并最终形成合格的岗位说明书。因此，用于职位分析的问卷最好请有关专家进行设计与编制，或者借鉴已经被广泛使用的岗位分析问卷来提取工作信息，并在问卷发放和填写时给出具体的说明和指导。

职位分析问卷应包括的内容有：作业者个人基本情况、工作目标、工作基本情况、工作活动程序、工作时间安排、工作基本特征、工作失误、工作压力、任职资格及要求、考核、建议等。

4．工作日志法

工作日志法是指由工作者本人在一段时间内连续每天记下工作的细节，包括任务、时间、方法、工作内容、工作程序等，以此为依据，达到收集工作信息的目的。

这种方法适用于管理工作或其他随意性大、内容复杂的职位分析。工作日志法与访谈法结合使用效果比较好。工作日志表如表 2-5 所示。

表 2-5　工作日志表

姓名		年龄		性别		所在部门		职务		上级负责人		编号		日期	
起始时间		工作内容		工具		地点		合作人		完成情况		未完成原因			
说明								签名							

5. 体验法

体验法也称工作实验法,是指职位分析人员亲自从事所需要研究分析的工作,由此掌握工作要求的第一手材料。

此类工作信息往往是难以用语言来表达的一些特殊岗位或须经验来证实的信息。

重要信息 2-3

职位分析方法汇总比较

在职位分析实践中,各种分析方法都有其优缺点,分析人员应该学会比较,从而选择更适合的方法,或者多种方法结合使用,才能在信息收集中收到事半功倍的效果。职位分析方法汇总比较如表 2-6 所示。

表 2-6　职位分析方法汇总比较

方　法	适　用	优　点	缺　点
面谈法	任务周期较长,工作作业行为不易被直接观察到	能迅速、具体地收集到作业者的态度、动机等深层次信息	对访谈者要求较高,须培训;费时,成本高;信息易失真
观察法	任务周期较短且标准化,体力活动居多的工作	分析人员能够较为全面、直观地了解工作要求	不能适用于脑力劳动和紧急处理的间歇性工作
问卷调查法	多个类型的工作,选取样本数量较多的情形	适用范围广、成本低、速度快、分析结果可量化	问卷设计要求高,调查者与员工沟通不够
工作日志法	任务周期较短,状态比较稳定的工作	能获得工作职责、内容与关系,劳动强度等信息,对复杂职位分析比较经济有效	注重过程而非结果,信息整理量大,易存在误差
体验法	任务周期较短,状态比较稳定、专业性不强的工作	可以深入了解工作职责、内容与关系,劳动强度等信息	易因分析人员的差异导致对工作认识的差异

2.2.3　收集与分析信息

职位分析人员应在查阅现有文件资料,了解职位分析的主要任务、主要职责的基础上,准备职位分析调查提纲,设计职位分析调查表,开始工作信息的收集。

1. 第一次现场考察

职位分析人员的第一次现场考察的主要目的是广泛深入地搜集有关工作岗位的各种数据资料,了解岗位所使用的工具、设备、机器,一般的工作条件及主要的职责,对复杂或不熟悉的设备要进行详细的观察与记录;对工作岗位的工作内容,工作程序,工作职责,劳动负荷,疲劳与紧张程度,工作任务的生理和心理要求,工作环境和工作条件等需要直接观察。这一工作需要选择合适的任职人员的上级陪同考察,以便可以随时咨询。

2. 面谈

面谈的对象最好是基层的管理者,他们能更好地提供有关工作的情况,并能将职责与职务很好地联系起来。每天的谈话对象尽量不要超过两人,每人不超过一小时;面谈的对象应该选择那些具体职务的实际担任者和具有代表性的员工,因为他们是完成该职位所规定的各项任务的主要完成人,对一线情况最了解,所反映的问题更具有代表性。

3. 第二次现场考察

第二次现场考察的目的是对第一次现场考察和面谈的结果进行进一步的澄清和明确。通过这次考察,可以更加具体地掌握所获得工作信息的真实性和可靠性。这次考察一般需要首次观察与访谈时的同一位基层管理者陪同。

4. 信息的综合处理

工作信息的综合处理是对书面材料、现场观察、与基层管理者及任职人员谈话中获得的信息进行分析、归类,为编制职务说明书做准备。这个阶段的工作相当繁杂,需要大量的时间对材料进行分析和研究。必要时,还需要用到适当的分析工具与手段,尤其是在职位分析过程中遇到问题时,需要随时得到基层管理者的帮助,最后需要重新审查一下最初列出的主要任务与职责清单,从而确保所有的问题都能得到解决。

管理借鉴 2-1

炮筒下的士兵

一位年轻的炮兵军官上任后,到下属部队视察操练情况,发现有几个部队操练时有一个共同的情况:在操练中,总有一个士兵自始至终站在大炮的炮筒下,纹丝不动。经过询问,得到的答案是:操练条例就是这样规定的。原来,条例因循的是用马拉大炮时代的规则,当时站在炮筒下的士兵的任务是拉住马的缰绳,防止大炮发射后因后坐力产生的距离偏差,减少再次瞄准的时间。现在大炮不再需要这一角色了。但条例没有及时调整,出现了不拉马的士兵依然站在炮筒下的情形。于是,这位军官向上级提出建议,改变这一情形。最终,操练条例也进行了更改,这位军官受到了表彰。

显然,从职位分析的角度看,工作环境发生了变化,士兵的工作行为却没有跟着变化。

讨论:工作环境变化对工作行为的影响有哪些?

2.2.4 编写工作说明书

职位分析的最终结果是需要产生每个岗位的工作说明,仔细规定每个岗位的职责、任职条件、工作环境和对劳动者的具体要求。

1. 工作说明书编写准备

这个阶段需要召集整个职位分析调查中所涉及的基层管理者及任职人员,讨论由职位分析制定的工作说明书的基本框架是否完整、准确。讨论时,一般将工作说明书的初稿复印,并分给每位到会人员,讨论过程中,需要仔细讨论、斟酌工作说明书中的每一行内容,甚至每一个词语,由职位分析的相关人员进行详细的书面记录。

2. 编写工作说明书

工作说明书的内容没有固定的模式。每个企业都可以根据自身的工作特征和工作需要,根据职位分析的特点、目的与要求具体确定编写的条目。从形式上讲,工作说明书可以是文字描述,也可以是表格形式。典型的工作说明书一般需要有以下内容。

> **重要信息 2-4**
> **工作说明书的编写原则**
>
> (1) 统一规范。工作说明书的具体形式可能有多种,但其核心内容却不应当改变。对于工作说明书中的重要项目,如工作概要、职责、任职资格等,必须建立统一的格式要求,否则工作说明书难以发挥工作管理的作用。
>
> (2) 清晰具体。工作说明书作为任职者的工作依据和具体要求,内容必须具体明了,对任职者或监管者而言,是可理解、可操作、可反馈的。对工作的描述准确,语言精练,简短扼要,应尽量选择具体、恰当的用词,便于任职者把握。
>
> (3) 范围明确。在界定职位时,要确保指明工作的范围和性质,如用"为本部门""按照经理的要求"这样的语句来说明。此外,还要把所有重要的工作关系也纳入在工作说明书中。
>
> (4) 共同参与。工作说明书的编写不应当闭门造车,而应由承担该工作的任职人员、上级主管、人力资源专家共同参与,进行分析协商。只有将各方面的意见全面考虑在内,制定出来的工作说明书才可能为有关各方所接受。

(1) 工作描述的编写。工作描述包括以下基本内容。

① 工作识别,又称工作标识、工作认定,包括工作名称和工作地位。其中工作地位主要指所属的工作部门、直接上级职位、工作等级、工资水平、所辖人数、定员人数、工作地点、工作时间等。

② 工作编号,又称岗位编号、工作代码。一般按工作评估与分析的结果对工作进行编码,目的在于快速查找所有的工作。企业中的每一种工作都应当有一个代码,这些代码代表了工作的一些重要特征,比如工资等级等。

③ 工作概要,又称职务摘要,是指用简练的语言概述工作的总体性质、中心任务和要达到的工作目标。

④ 工作关系,又称工作联系,是指任职者与组织内外其他人之间的关系。包括此工作受谁监督,可晋升的职位、可转换的职位及可迁移至此的职位,与哪些部门的职位发生联系等。

⑤ 工作职责,又称工作任务,是工作描述的主体。逐条指明工作的主要职责、工作任

务、工作权限及工作结果（工作的绩效标准）等。为使信息最大化，工作职责应在时间和重要性方面实行量化，指出每项职责的分量或价值。

⑥ 工作条件与工作环境。工作条件主要包括任职者主要应用的设备名称和运用资料的形式。工作环境包括工作场所、工作环境的危险性、职业病、工作的时间、工作的均衡性（一年中是否有集中的时间特别繁忙或特别闲暇）、工作环境的舒适度等。

例2-7 人力资源招聘专员的工作描述（文字说明）

职务名称：招聘专员。
所属部门：人力资源部。
直接上级职务：人力资源部经理。
职务代码：XL—HR—012。
职务等级：9～15。
工作目的：为企业招聘优秀人才。
工作要点：
① 制订和执行企业的招聘计划。
② 制定、完善和监督执行企业的招聘制度。
③ 安排应聘人员的面试。
工作要求：有计划性、认真负责、热情周到。
工作责任：
① 根据企业发展情况提出人员招聘计划。
② 执行企业招聘计划。
③ 制定、完善和监督执行企业的招聘制度。
④ 制定企业招聘工作流程。
⑤ 安排应聘人员的面试工作。
⑥ 应聘人员的资料管理。
⑦ 应聘人员的资料、证件审核。
⑧ 负责企业人才数据库的建立与维护。
⑨ 完成直接上级交办的各项工作任务。
衡量标准：
① 上交的报表和报告的时效性和建设性。
② 工作档案的完整性。
③ 应聘人员资料的完整性。
工作难点：提供详尽的工作报告。
工作禁忌：工作粗心，不能有效地向应聘者介绍本企业的情况。

（2）工作规范的编写。工作规范，又称任职说明，是一个人为了完成某种特定的工作所必须具备的知识、技能、能力及其他特征的一份目录清单。知识是指为了成功地完成某项工作任务而必须掌握的事实性或程序性信息；技能是指一个人在完成某项特定的工作任务方面所具备的熟练水平；能力是指一个人所拥有的、比较通用的且具有持久性的才能；其他特征主要是指一些性格特征，例如一个人达到目标的动力或持久性等。这些特征都是不能被直接观察到的与人有关的特点，只有当一个人实际承担起工作的任务、职责和责任的时候，才有可能对这些特点进行观察。需要注意的是，这里所说的知识、技能、能力及其他特征是对该项工作的任职者的最低要求，而不是最理想的任职者的形象。

工作规范主要包括以下方面的内容。

① 一般要求，包括年龄、性别、学历、工作经验等。

② 生理要求，包括健康状况、力量与体力、运动的灵活性、感觉器官的灵敏度等。

③ 心理要求，包括观察能力、集中能力、记忆能力、理解能力、学习能力、解决问题的能力、创造性、数学计算能力、语言表达能力、决策能力、交际能力、性格、气质、兴趣、爱好、态度、事业心、合作性、领导能力。

④ 考核项目与标准。

例 2-8 人力资源招聘专员的工作规范（表格说明）如表 2-7 所示。

表 2-7 人力资源招聘专员的工作规范

职务名称	招聘专员	职务代码	XL—HR—012	所属部门	人力资源部
直接上级	人力资源部经理	管辖人数	3	职务等级	6
晋升方向	人力资源部经理	轮换岗位	薪资专员	薪资标准	5 000～9 000 元
资格要求	生理要求	年龄：23～35 岁；性别：不限 身高：女性，1.55～1.70 米；男性，1.60～1.85 米 体重：与身高成比例，在合理的范围内即可 听力：正常；视力：矫正视力正常 健康状况：无残疾、无传染病 外貌：无畸形，出众更佳 声音：普通话发音标准，语音和语速正常			
	知识技能要求	学历要求：本科，大专以上需从事本专业工作 3 年以上 工作经验：3 年以上大型企业工作经验 专业背景要求：曾从事人力资源招聘工作 2 年以上 英文水平：达到大学英语国家四级（CET-4）水平 计算机：熟练使用 Windows 和 MS-Office 系列			
	特殊才能要求	语言表达能力：能够准确、清晰、生动地向应聘者介绍企业情况，并准确、巧妙地解答应聘者提出的各种问题 文字表达能力：能够准确、快速地将希望表达的内容用文字表达出来，对文字描述很敏感 工作认真细心，能认真保管好各类招聘材料			
	其他要求	能够随时准备出差 假期一般不可超过一个月			
相关说明					
编制人员		审核人员		批准人员	
编制日期		审核日期		批转日期	

重要信息 2-5

职位分析中的基本术语

（1）工作要素。工作要素是指工作活动的基本单位，包括工作过程中的身体动作、工作中涉及的一般特征,比如工作环境和工作条件等。

(2) 工作任务。工作任务是指为了达成组织目标所进行的工作活动,是一系列工作要素的集合。如上级安排给下属的一项一项具体的工作,由营销部门指派销售人员去完成的营销任务。

(3) 工作职位。工作职位是指员工在岗位上必须完成的一组任务。例如,市场营销人员需要做的工作是发现市场需求,在和客户的沟通过程中适应客户的需求,介绍产品的特征从而完成营销任务。工作职位的多少是根据某项工作所需要的人数来确定的,即有多少职位就有多少人员。如某办公室需2名秘书,则设2个秘书职位。

(4) 工作职务。工作职务由许多工作要求相同、岗位任务类似的职位所组成,这些职位的性质、类别完全相同,完成工作所需条件也一样。如秘书就是一个职务。

(5) 职务分析。职务分析指通过与职工交谈、工作日志记录、实地观察等方法去考察一项工作,明确其责任、工作范围及任职资格的过程。也可表述为:职务分析是通过对工作岗位的考察,明确员工责任、工作范围和任职资格的过程。

(6) 职务描述。职务描述是指根据职务分析的结果,用书面的形式加以描述、整理成文的过程。

(7) 职务规范。职务规范主要描述完成某一职务所应具备的能力、技巧、知识、学历和工作经验。

(8) 工作关系。工作关系是指在工作中,上、下级之间以及同级别的工作者之间的关系。包括监督关系、汇报关系和同事之间的关系。

(9) 工作岗位。工作岗位是指在生产技术组织中,一定的时间内,由一名员工完成若干工作任务,并具有一定的工作职务、工作责任和相关权限。岗位和职位类似,只不过人们在使用过程中,更多的使用"岗位"一词,从实践上看,岗位更加具有使用上的习惯性。

(10) 工作岗位分析。工作岗位分析是指对组织中某个特定的工作岗位的目的、职责、隶属关系、劳动环境、任职资格等相关信息进行调查研究与分析,研究完成该工作的人员所应该具备的条件的过程。工作岗位研究的根本目的是写出每个岗位的工作说明书。

(11) 职业。职业是指不同时间、不同地点,内容相似的一系列工作的总称,比如教师、律师、医生等。在就业人员中,职业体现的是劳动者从事工作的种类。

同步实训2.2 职位分析认知

实训目的:加深学生对职位分析的认识。

实训安排:
(1) 学生试着分析班级或学生会学生干部岗位工作。
(2) 分析并体会职位分析的技能要求,写出一些学生干部岗位工作说明书。

教师注意事项:
(1) 由生活事例导入对职位分析的认识。
(2) 提供一些人力资源职位分析的简单案例,供学生讨论。
(3) 参观企业或提供其他相应的学习资源。

资源(时间):1课时、参考书籍、案例、网页。

评价标准：

表 现 要 求	是否适用	已达要求	未达要求
小组活动中，外在表现（参与度、讨论发言积极程度）			
小组活动中，对概念的认识与把握的准确程度			
小组活动中，PPT制作的艺术与美观程度			
小组活动中，文案制作的完整与适用程度			

2.3 工作设计

任务提示：在职位分析中，常常会发现企业原有的工作内容、工作职责和工作关系方面的一些问题。通过设计，将这三个方面进行安排或重新安排，使企业的工作岗位与人力资源更加匹配，实现事得其人、人尽其才和人事相宜。

重点难点：工作设计的操作。

在职位分析中，我们会发现这样一些问题，如原有的工作规范已经不能适应企业发展目标、任务和管理体制等方面的需要，或现有人力资源在一定时期内难以达到工作规范的要求，或员工中出现了抱怨、消极怠工，"三个和尚没水吃"的情形，影响了原有工作规范下的工作效率。这时，企业就应该开始组织进行工作设计或再设计。

2.3.1 工作设计准备

工作设计是为了有效地达到组织目标与满足个人需要而进行的工作内容、工作职能和工作关系的设计，所要解决的主要问题是企业向其员工分配工作任务和职责的方式，是通过满足员工与工作有关的需要来提高工作绩效的一种管理方法。因此，工作设计是否得当，对激发员工的工作动机、增强员工的工作满意度以及提高生产率都有重大影响。

 重点名词 2-3

工 作 设 计

工作设计又称岗位设计，是指根据组织的需要，并兼顾个人的需要，规定每个岗位的任务、责任、权力以及组织中与其他岗位关系的过程。工作设计把工作内容、工作资格条件和报酬结合起来，目的是满足员工和组织的需要。

也就是说，工作设计是一个根据企业及员工个人的需要，规定某个岗位的任务、责任、权力以及在组织中工作的关系的过程。

工作设计的切入点有两个：其一，一个新企业的建立最终会导致一批工作的出现，而这些工作的内容、性质、关系需要根据企业目标进行设计；其二，通过常规或特定的职位分析，企业也会发现一些"人""事"配置方面的问题，这时，就需要做工作设计或再设计。

工作设计的准备阶段，设计人员应该做好以下工作。

1. 需求分析

进行工作设计,设计人员应在职位分析的基础上,首先对企业原有工作状况进行调查诊断,以决定是否应进行工作设计,应着重在哪些方面进行改进。一般来说,出现员工工作满意度下降和积极性较低、工作情绪消沉等情况,都是需要进行工作设计的现象。

2. 可行性分析

在确认必须进行工作设计之后,还应进行可行性分析。一是应考虑该项工作是否能够通过工作设计改善工作特征;从经济效益、社会效益上看,是否值得投资。二是应该考虑员工是否具备从事新工作的心理与技能,如有必要,可先进行相应的培训学习。

3. 评估工作特征

在可行性分析的基础上,正式成立工作设计小组负责工作设计,小组成员应包括工作设计专家、管理人员和一线员工,由工作设计小组负责调查、诊断和评估原有工作的基本特征,分析比较,提出需要改进的方面。

> **重要信息 2-6**
>
> **工作设计的主要内容**
>
> 工作设计主要包括工作内容、工作职责和工作关系的设计三个方面。

1. 工作内容

工作内容的设计是工作设计的重点,一般包括工作的广度、工作的深度、工作的完整性、工作的自主性以及工作的反馈五个方面。

(1) 工作的广度。即工作的多样性。工作设计得过于单一,员工容易感到枯燥和厌烦,因此在进行工作设计时尽量使工作多样化,使员工在完成任务的过程中能进行不同的活动,保持对工作的兴趣。

(2) 工作的深度。设计的工作应具有从易到难的一定层次,对员工工作的技能提出不同程度的要求,从而增加工作的挑战性,激发员工的创造力和克服困难的能力。

(3) 工作的完整性。保证工作的完整性能使员工有成就感,即使是流水作业中的一个简单程序,也要是全过程的,让员工见到自己工作的成果,感受到自己工作的意义。

(4) 工作的自主性。适当的自主权能增加员工的工作责任感,使员工感到自己受到了信任和重视。认识到自己工作的重要,使员工工作的责任心增强,工作的热情高涨。

(5) 工作的反馈性。工作的反馈包括两方面的信息:一是同事及上级对自己工作意见的反馈,如对自己的工作能力、工作态度的评价等;二是工作本身的反馈,如工作的质量、数量、效率等。工作反馈信息使员工对自己的工作效果有一个全面的认识,能正确引导和激励员工,有利于工作的精益求精。

2. 工作职责

工作职责设计主要包括工作的责任、权力、方法以及工作中的相互沟通和协作等方面。

(1) 工作责任。工作责任设计就是员工在工作中应承担的职责及压力范围的界定,也就是工作负荷的设定。责任的界定要适度,工作负荷过低,无压力,会导致员工行为轻率和低效;工作负荷过高,压力过大,又会影响员工的身心健康,导致员工的抱怨和抵触。

(2) 工作权力。权力与责任是对应的,责任越大、权力范围越广,否则二者脱节会影响员工的工作积极性。

（3）工作方法。包括领导对下级的工作方法，组织和个人的工作方法的设计等。工作方法的设计具有灵活性和多样性，不同性质的工作根据工作特点的不同采取的具体方法也不同，不能千篇一律。

（4）相互沟通。沟通是一个信息交流的过程，是整个工作流程顺利进行的信息基础，包括垂直沟通、平行沟通、斜向沟通等形式。

（5）协作。整个组织是有机联系的整体，是由若干个相互联系、相互制约的环节构成的，每个环节的变化都会影响其他环节以及整个组织的运行，因此各环节之间必须相互合作、相互制约。

3. 工作关系

组织中的工作关系，表现为协作关系、监督关系等各个方面。

2.3.2 工作设计方式选择

在工作设计的准备阶段，职位分析人员根据工作调查和评估的结果，对工作状况以及出现的问题做出初步判断，并以此为依据，确定工作设计的大方向。工作设计的方式一般有工作轮换、工作扩大、工作丰富和工作再设计等。

1. 工作轮换

工作轮换是将员工定期地从一种工作岗位轮换到另一种工作岗位，以使员工对不同的工作有更多的了解，并改变员工长期从事单一工作的枯燥乏味的感觉，达到提高员工工作兴趣，进而提升生产效率的目的。工作轮换还有一些其他的好处，如增加分配工作任务的灵活性，如派人顶替缺勤的员工、支援瓶颈岗位等。员工相互交换工作岗位，可以体会到不同工作岗位的难处，有利于员工之间的相互理解、相互体谅，使整个生产运作系统更完善、更和谐、更高效。

2. 工作扩大

工作扩大是指工作的横向扩大，即扩大员工的工作范围或领域，增加工作的内容，以改变员工对常规性的、重复性的简单工作感到单调乏味的状况，以改善工作和生活质量。工作扩大可以提高员工工作的兴趣，从而提高劳动生产率。工作扩大希望增加每个人工作任务的种类，使其能够完成一项完整工作的大部分程序，让员工感受到工作的意义和挑战，提高工作积极性。

3. 工作丰富化

工作丰富化是指工作的纵向扩大，包括增加员工在工作计划、决策参与、进度控制乃至考评奖励方面的内容，使员工介入工作管理之中，增大其工作的自主性，以获得成就感、责任感和满足感。如对生产第一线的工人，使其负责制订作业计划、检验产品、决定设备保养和维修等工作，从而满足员工个人发展和自我实现的需求。工作丰富化较工作扩大更注重工作的内涵和性质，更注重高级心理需求的满足；而工作扩大则侧重于一般工作范围或领域的扩展和较低级的心理需求的满足。

4. 工作再设计

工作再设计就是重新设计员工的工作职责、内容和方式，以及所要完成的具体任务及方法,同时确定该工作如何与其他工作相互联系起来的过程。工作再设计必须进行整体考虑,在主要设计工作开始前,要考虑组织本身、环境因素和工作设计本身的因素(如工作内容、工作自主、工作难度、信息流程、责任、职权关系、协作要求、与其他人交往建立友谊的机会、集体合作的要求等),听取员工的建议,设计关注的目标在于绩效成果因素(如生产率、员工反应、满意度、出勤率、离职率)和员工的个人特征(如个人需求、价值观倾向、个性及学习等)。工作再设计在很多情况下是改善员工工作生活质量的工具。

管理借鉴 2-2

不同命运的猴子

加利福尼亚大学的学者曾做过这样一个实验:把六只猴子分别关在三间空房子里,每间房子里两只猴子,房子里分别放置一定数量的食物,但放的位置高度不一样。第一间房子的食物放在地上,第二间房子的食物分别多次从易到难悬挂在不同高度的位置,第三间房子的食物悬挂在屋顶。数日后,他们发现第一间房子的猴子一死一伤,第三间房子的两只猴子死了,只有第二间房子的两只猴子活得好好的。原来,第一间房子里的猴子一进房子就看到了地上的食物,为了争夺唾手可得的食物大动干戈,结果一死一伤。第三间房子的猴子虽做了努力,但因食物太高,够不着,活活饿死了。只有第二间房子的两只猴子先按各自的本事取食,最后随着悬挂食物高度的增加,一只猴子托起另一只猴子跳起取食。这样,两只猴子每天依然可以取得足够的食物。

从工作设计的角度讲,岗位难度过低,人人能干,体现不出能力与水平,反倒促进内耗;而岗位的难度太大,虽努力却不能及,最后人才也被埋没抹杀。只有岗位难易适当,并循序渐进,才能真正体验出人的能力与水平,发挥人的能动性和智慧。

讨论:本案例能给出的主要信息有哪些?

2.3.3 制订工作设计方案

根据工作调查和评估的结果,由工作设计小组制订可供选择的工作设计方案。一般来讲,工作设计方案中包括工作状况以及出现问题的简要描述、工作特征的改进对策以及新工作体系的工作职责、工作规程与工作方式等方面的安排,工作涉及的时间要求、经费预算等内容。

2.3.4 工作设计方案试行

在方案确定后,可选择适当部门与人员做试点,以便检验设计效果。评价主要集中于三个方面:员工的态度和反应,员工的工作绩效,企业的投资成本和效益。如果工作设计效果良好,应及时在同类型工作中进行推广应用,在更大范围内进行工作设计。

同步实训 2.3　工作设计认知

实训目的:加深学生对工作设计的认识。
实训安排:
(1) 学生试着找出班级或学生会学生干部岗位职责不清或冲突的情形。
(2) 分析并试着为这些学生干部设计一份新的工作职责,或为"三个和尚"设计一份工作职责。

教师注意事项：
（1）由生活事例导入对工作设计的认识。
（2）提供一些人力资源工作设计的简单案例，供学生讨论。
（3）参观企业或提供其他相应学习资源。
资源（时间）： 1 课时、参考书籍、案例、网页。
评价标准：

表 现 要 求	是否适用	已达要求	未达要求
小组活动中，外在表现（参与度、讨论发言积极程度）			
小组活动中，对概念的认识与把握的准确程度			
小组活动中，PPT制作的艺术与美观程度			
小组活动中，文案制作的完整与适用程度			

小结

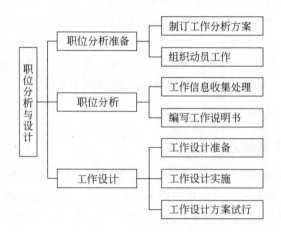

教学做一体化检测

重点名词

职位分析　工作说明书　工作规范书　工作设计

课后讨论

1. 企业组织职位分析的意义。
2. 做好职位分析的要点。
3. 职位分析与工作设计的关系。
4. 工作说明书对于企业人力资源管理各环节工作的意义。

课后自测

一、选择题

1. 企业进行职位分析是因为出现了（　　）情形。
   A. 新建企业或新组建的部门为满足组织设计与人员招聘的需要
   B. 企业的工作内容、工作性质发生变化
   C. 企业劳动生产率的提高
   D. 企业想重新制定薪酬激励制度
   E. 企业想完善员工培训机制

2. 工作说明书的内容包括（　　）。
   A. 工作内容　　　B. 工作职责　　　C. 工作环境
   D. 工作任务　　　E. 任职者所需的资格要求

3. 工作规范一般包括（　　）。
   A. 一般要求,包括年龄、性别、学历、工作经验等
   B. 生理要求,包括健康状况、力量与体力、运动的灵活性、感觉器官的灵敏度等
   C. 心理要求,包括观察能力、集中能力、记忆能力、理解能力等
   D. 工作任务要求
   E. 考核项目和标准

4. 工作说明书编写的原则有（　　）。
   A. 统一规范　　　B. 清晰具体　　　C. 范围明确　　　D. 共同参与

5. 工作设计的主要内容包括（　　）。
   A. 工作内容　　　B. 工作职责　　　C. 工作关系　　　D. 工作效率

二、判断题

1. 工作说明书和工作规范是职位分析的两个重要结果文件。　　　　　　（　　）
2. 工作规范主要是对某一职位或岗位工作职责、任务的说明。　　　　　（　　）
3. 职位分析中,观察法适用于高层管理职位或一些研究职位的分析。　　（　　）
4. 职位分析中,问卷调查法的优点是对在职人员的知识水平要求不高。　（　　）
5. 大多数的职位分析是在以前已经设计过的现存工作基础上进行的,同时,企业也可根据新近职位分析结果进行重新设计。　　　　　　　　　　　　　　（　　）
6. 工作再设计时需要考虑到组织因素（企业实际）、环境因素（外界影响）和行为因素（员工需要）。　　　　　　　　　　　　　　　　　　　　　　　（　　）

三、简答题

1. 职位分析的意义有哪些?
2. 职位分析的程序包括哪些内容?
3. 工作说明书和工作规范书的关系是怎样的?
4. 怎样对人力资源现状进行分析?
5. 职位分析与工作设计的关系是怎样的?
6. 如何对工作设计方案进行评价?

案例分析

三个和尚的职位分析与设计

三个和尚没水喝的故事还有一个版本,说的是山上有座小庙,庙里有个小和尚。小庙的住持安排他每天挑水、念经、敲木鱼,夜里不让老鼠来偷东西。不久,又来了个和尚,水的需求量也增加了,小和尚心想一个人去挑水太吃亏了,便要新来的和尚和他一起去抬水,这样总算还有水喝。后来,又来了个胖和尚,大家都在打着自己的小算盘,虽然很渴,但谁也不愿意主动提打水的事情。大家各念各的经,各敲各的木鱼。花草枯萎了,夜里老鼠出来偷东西,谁也不管。结果老鼠猖獗,打翻烛台,燃起大火,将他们赖以生存的寺庙焚毁了,三个和尚发现得早,逃出来了,但老住持就没那么幸运,被大火烧死了。

这是一个富于悲剧色彩的故事,我们在感慨几个和尚的不协作、自私自利的同时,是不是也觉得那个老住持很悲哀呢?其实,从人力资源管理的角度看,没有差劲的员工,只有差劲的管理者。在三个和尚没水喝的故事中,如果年老的住持不是"睁只眼,闭只眼,只念阿弥陀佛"的话,也就不会造成没水喝的局面了。从人力资源管理的角度来看问题,管理者应该在做好职位分析与设计的基础上,从规范化管理角度入手。

职位分析:第一,将需要和尚做的事情全部列举出来,如挑水、洗衣服、砍柴、做饭、扫地、接待客人、念经等。第二,实行值日制度,规定每人多长时间轮换一次挑水。第三,规定每天必须挑多少担水,为了防止有人在挑水时投机取巧,要对挑水桶的大小、水满程度做出规定。类似的其他事情如做饭、扫地等也有相应的标准和制度。这相当于编写工作说明书。第四,将"工作说明书"公开,使每个和尚都有自己的"工作说明书",起到明确工作职责的作用,也为住持对他们进行绩效考核提供了依据。这样,"没水吃"的情形不再出现了!

工作设计:没多久,随着寺庙影响的扩大,又招聘了一些和尚,成立了寺庙人力资源管理部、寺庙工会。同时,为了更好地开展工作,寺庙提拔了十几名和尚分别担任副住持、住持助理,并在每个部门任命了部门小住持、副小住持、小住持助理。新的问题又来了。前台负责念经的和尚总抱怨口渴水不够喝,后台挑水的和尚也抱怨人手不足,水的需求量太大而且没个准儿,不好伺候。为了更好地解决这一矛盾,经开会研究决定,成立一个新的部门:喝水响应部,专门负责协调前后台的矛盾。为了便于沟通、协调,每个部门都设立了对口的联系和尚。然而,还是无济于事。有的和尚在拼命挑水、有的和尚在拼命念经、有的和尚在拼命协调、有的和尚在拼命分析……忙来忙去,水还是不够喝。

显然,三个和尚内心清楚:原因在于人浮于事,闲人太多。在工作设计的基础上,裁减富余人员就成为必然。于是,寺庙聘请人力资源管理公司,针对寺庙的发展阶段及未来前景,做了工作设计和再设计。

阅读以上材料,回答问题:
1. "三个和尚"的职位分析解决了什么问题?
2. 寺庙工作设计前遇到了哪些问题?案例给我们什么启示?

课程思政园地

《江西日报》2022年1月7日消息,记者从省教育考试院获悉:2022年我省继续实施"未来工匠培育计划",采取统一考试、单列计划、提前批次、单独划线的考试录取办法,设立航空强省班和交通强省班两个项目,分别确定南昌航空大学、华东交通大学为培养高校。每个项目计划招生60人,报名时间自即日起至1月10日17时。

今年"未来工匠培育计划"的招生对象为参加省级及以上技能竞赛工科类赛项并获奖的江西省高校普通高职(专科)优秀应届毕业生。交通强省班分为车辆工程和铁道工程两个专业;航空强省班分为材料成型及控制工程和焊接技术与工程专业。

报考"未来工匠培育计划"的考生除选报航空强省班和交通强省班其中一个项目外,还须参照《江西省2022年普通高校专升本考试对应专业(类)指导目录》,填报07理学、08工学、22资源环境与安全大类(职教本科)、26装备制造大类(职教本科)、31电子与信息大类(职教本科)专业门类中的其他普通类计划志愿,并参加相应的公共基础科目和专业基础及技能知识科目统一考试。

据了解,我省"未来工匠培育计划"于2021年启动,旨在培育适应产业发展需要的高素质创新型技术技能人才。

思考:
1. 我国为什么要倡导"工匠精神"?
2. 江西省的做法对其他的地方有哪些启示?

学生自我工作总结

通过完成任务2,我能够作如下总结。

一、主要知识

完成本任务需了解的主要知识点有:
1.
2.

二、主要技能

完成本任务需掌握的主要技能有:
1.
2.

三、主要原理

完成本任务涉及的管理原理有:
1.
2.

四、相关知识与技能

本任务的完成过程：
1. 工作分析的意义是：
2. 工作说明书的作用：
3. 工作设计的意义是：

五、成果检验

本任务的成果：
1. 完成本任务的意义有：
2. 学到的知识与技能有：
3. 自悟的知识与技能有：
4. 你认为职位分析对人力资源管理工作的意义是：

任务3　人力资源规划

 学习目标

1. 知识目标
- 能认识人力资源规划的含义。
- 能认识人力资源管理供需预测的方法。
- 能认识人力资源管理规划编制的程序。

2. 能力目标
- 能说明人力资源管理规划的意义。
- 能举例说明人力资源管理规划的作用。
- 能对人力资源管理规划制定有整体的认识。

3. 课程思政
- 培养学生的家国情怀。
- 培养学生的团队意识。
- 使学生具备正确的求职观。

 任务解析

根据人力资源管理职业工作活动顺序和职业教育学习规律,"人力资源规划"任务可以分解为以下子任务。

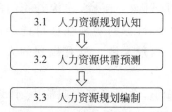

3.1　人力资源规划认知

3.2　人力资源供需预测

3.3　人力资源规划编制

 管理故事

《礼记·中庸》这部典籍中有这么一句话:"凡事预则立,不预则废。"意思是说,无论做什么事,事先有准备,才可能取得成功,不然就会失败。在这里强调了做事之前先制订一个切实可行的计划的重要性。事实上,做事有计划对一个人来说,不仅是一种做事的习惯,更重要的是反映了他做事的态度,这是能否取得成功的重要因素。

人生之旅从选定方向开始。没有方向的帆永远是逆风,没有方向的人生不过是在绕圈子。在很久以前,西撒哈拉沙漠中的旅游胜地——比赛尔是一个只能进、不能出的贫瘠地方。在一望无际的沙漠里,一个人如果凭着感觉往前走,他只会走出许多大小不一的圆圈。后来,一位青年在北斗星的指引下,成功地走到了大漠边缘。这位青年成了比赛尔的开拓者,他的铜像被竖立在小城的中央,铜像的底座上刻着一行字:新生活是从选定方向开始的。

1953年,耶鲁大学对毕业生进行了一次有关人生目标的调查。当被问及是否有清楚明确的目标以及达成的书面计划时,结果只有3%的学生选择了肯定回答。20年后,通过跟踪调查发现,那3%有达成目标书面计划的学生,在财务状况上远高于其他97%的学生。

美国企业家理查·史罗马(Richard S.Sloma)在《无谬管理》一书中指出:"对一个方案,宁可延误其计划之时间以确保日后执行之成功,切勿在毫无适切的轮廓之前即草率开始执行,而最终导致错失该方案之目标。"对于一个企业来讲,人力资源计划的制订往往关系到整个企业的兴衰存亡。

管理感悟:对一个企业来讲,人力资源计划的制订往往关系到整个企业的兴衰存亡。

3.1 人力资源规划认知

任务提示:人力资源管理学习者应从整体的角度认识人力资源规划的重要性及其内容,特别是应从系统化工作角度,认识人力资源规划与其他各项具体管理工作活动的关系,进而理解人力资源管理活动过程。

重点难点:人力资源规划的内容与作用。

人力资源规划也被称作人力资源计划,是人力资源管理的一项基础性工作。管理学家戴尔·麦康基有一句名言:计划的制订比计划本身更为重要。由此可见,计划在管理活动中具有特别重要的地位和作用。

3.1.1 认识规划

在每个人的成长过程中,规划像一座桥,连接着我们的现在和未来。在人短暂的一生中,如果没有很好的规划,人生目标的实现往往可能会成为一句空话;即使有规划,如果不可行,那么,在执行中也会出现失败。没有规划的人生杂乱无章,看似忙碌,分量却轻了许多。

通过管理学的学习,我们知道,在众多管理职能中,计划职能是其他各项职能的先导。这里的计划是指在对组织外部环境与内部条件进行分析的基础上,提出在未来一定时期内所要达到的组织目标以及实现目标的方案和途径。这就是对未来工作目标及实现途径的一种整体规划。在日常生活中,我们也常常会遇到一系列规划,如国家中长期教育规划、"十四五"规划等,甚至在我们手头的教材中,封面上也会印有"普通高等教育'十四五'规划教材""'十四五'职业教育国家规划教材"等字样。这些"规划"体现的是组织以及组织内不同部门和不同成员,在未来一定时期内关于行动方向、内容和方式的总体安排。从企业的角度来看,规划意味着对企业的长远发展战略及近期任务做出系统安排。

3.1.2 认识人力资源规划

与人们的人生规划类似,企业也有自己的计划。具体来讲,企业计划工作就是要解决实现组织目标的六个方面的问题,包括:为什么要做?做什么?谁去做?在什么地方做?在什么时候做?怎样做?由于企业是在一定的外部环境(市场竞争)条件下运行的,自身资源有限,计划工作实际是在外部环境和内部条件的约束下,确定企业在一定时期内要达到的目标,制定实现目标的措施,包括对企业内部的人力、物力、财力在数量上的综合平衡,在时间上的合理安排,在结构上的科学配置,以使企业内部结构、企业行为与外部环境之间相互协调,促进经营目标的实现。

可见,企业的计划工作本身就是一种管理方式和手段。作为一个组织,企业都会有自己的总体规划,由人、财、物等多个方面的子规划组成,人力资源规划即是众多子规划之一。

1. 人力资源规划的含义

对企业来讲,人力资源规划工作是根据其发展战略目标及外部具体环境,结合工作分析与设计成果,对人力资源需求和供给进行预测分析,在此基础上,编制相应的吸引、留住、使用、激励人力资源的方案,为企业的发展提供其所需要的员工,以促进企业发展目标的实现。

重点名词 3-1

人力资源规划的概念

人力资源规划是指根据企业的发展战略、目标及企业内外环境的变化,运用科学的方法对企业人力资源的需求和供给进行预测,制定相宜的政策和措施,从而使企业人力资源供给和需求达到平衡,实现人力资源合理配置、有效激励的过程。

要做好人力资源规划工作,必须把握以下 3 个要点。

(1) 人力资源规划工作是在企业总体发展战略和经营规划的统领下进行的。人力资源管理是企业众多管理规划中的一个子规划,其目的是为企业经营发展提供充足的人力资源支持。因此,人力资源规划工作必须以企业的总体规划为出发点,应具备整体性和全局性。

(2) 人力资源规划工作包括两个部分的活动。一是对企业在特定时期内人员供给和需求情况进行预测;二是根据预测的结果采取相应的措施以实现供需平衡。这两项工作,前者是基础,后者是目的。

(3) 人力资源规划工作应该数量与质量兼顾。人力资源规划工作是以企业人力资源数量和质量两个方面来进行供给和需求预测的,也就是说,供给和需求不仅要在数量上平衡,还要在结构上匹配。

重要信息 3-1

企业制定人力资源规划的目的

对企业来讲,人力资源规划这项工作可以解决下面几个问题。

(1) 了解自身在某一特定时期内对人力资源的需求是什么,避免出现人员配置相对过剩或不足的情况。如果出现冗员(超过需要的员工),企业就会因工资成本过高而影响经营效益;反之,则可能出现因人员配备不足而不能满足现有的产品或服务的需求,造成经营业绩的下滑。

(2) 保证企业在适当时间、地点有适当数量和质量的员工。根据工作分析与设计,把所需员工的技能水平、员工个人与企业的适应程度、培训、工作体系、计划需求等多个因素结合起来考虑,才能做好人力资源规划。在此基础上,企业才可能招聘到需要的员工。

(3) 动态了解一定时间段内的企业人力资源供给和需求比较结果。企业经营环境的变化会影响到其人力资源的供给与需求,如国内或地区经济的持续增长或停止收缩都会给企业的经营、用人带来较大影响,企业应当及时预测并制定相应措施,以达到人力资源供需的平衡。

2. 人力资源规划工作的内容

人力资源规划工作包括总体规划和业务规划。总体规划是指在一定计划期内企业人力资源的大目标、大规划;业务规划是指总体规划统领下这一计划期的各项专业规划,如图 3-1 所示。

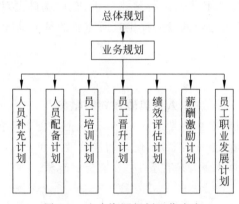

图 3-1　人力资源规划工作内容

(1) 总体规划。人力资源总体规划是指企业根据一定时期内人力资源的总目标而制定的总体人力资源数量、质量、岗位供需状况及其预算的安排。在总体规划中,最主要的工作就是人力资源供给和需求的情况预测。具体包括需求和供给的预测值分别是多少,预测依据是什么,得出人力资源净需求,即需求与预测比较的结果怎样,采取什么样的指导原则和总体政策实现企业人力资源供需平衡等。在编写时,要阐明计划期内企业各种人力资源需求和配置的总框架;阐明与人力资源具体管理工作有关的重大原则、方针和政策,如人才的招聘、晋升、降职、培训与发展、奖惩和工作福利等政策,确定人力资源的投资预算等。

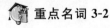 重点名词 3-2

人力资源净需求

人力资源净需求是指在企业人力资源规划工作中,运用科学的方法对企业人力资源的需求和供给进行预测,得到的人力资源供给和需求量化的比较结果。很大程度上,进行人力资源规划的目的就是希望得出这一结果。

(2) 业务规划。业务规划是指在总体规划指导下的各种专项业务规划,每一项业务规划都应包括目标、任务、政策、实施步骤以及预算等。业务规划具体包括人员补充计划、人员配备计划、人员培训开发计划、薪酬激励计划、员工晋升计划、绩效评估计划、员工职业发展计划等内容。这些业务规划的每一项都应当设定目标、任务和实施步骤,有效实施这些规划是总体规划得以实现的重要保证。

① 人员补充计划。在企业存续过程中,经常会出现员工退休、辞职、被解雇等常规性人事变动,由于企业的规模扩大和事业发展,往往也需要增加人力资源数量。为此,企业必须做好人力资源补充规划,在预测基础上,对未来一定时期所需人力资源的类别、数量及补充方式进行事先安排。要做好这项工作,必须在人员招聘、安排和使用上用发展的观点来看问题,才能制订出合理的人员补充计划,使企业在每一个发展阶段都有恰当的人选胜任工作的要求。与人员补充计划相关的人力资源政策与措施包括员工退休政策、工作分析、新员工的招聘、冗员及不适应岗位者的解聘。

② 人员配备计划。人员配备计划是根据企业发展需要,在工作分析基础上,制订企业经营活动需要设立的职位、用人数量及人员的标准等计划。其目的是提高人力资源使用效率,因人设位,使企业内部人力资源合理流动,以适应企业的发展。当企业要求某种职务的人员同时具备其他职务的经验或知识时,就应使之有计划地流动,以培养高素质的复合型人才;当上层职位较少而等待提升的人较多时,通过人员配备计划进行人员的水平流动,可以减少员工的不满,等待上层职位空缺的产生;当企业人员过剩时,通过人员配备计划可改变工作分配方式,对企业中不同职位的工作量进行调整,解决工作负荷不均的问题。与该计划相关的人力资源政策和措施包括岗位轮换制度、岗位责任制度与资格制度和企业内部员工流动制度。

③ 员工培训计划。员工培训计划是通过内部的努力为企业发展准备所需人才。如企业通过对现有人员有计划、有步骤地进行分门别类的培训,充分挖掘现有人力资源的潜力,培养出企业发展所需要的人才,更好地人尽其才。企业的员工培训计划有普通员工培训计划、管理员工培训计划和专业技术人员培训计划。员工培训计划包括接受培训的人员、培训目标、培训内容、培训方式、培训费用等项目的设计和预算。

④ 员工晋升计划。员工晋升计划是根据企业的需要和人员分布状况,制订员工提升方案,其目的是选拔后备人才,形成人才群体,对于调动员工的工作积极性和提高人力资源的利用率都是非常必要的。晋升计划一般由晋升条件、晋升比例、晋升时间等指标表示,企业的晋升计划是分类制订的,每一类都可以用指标清楚地表示出来。与该计划相关的人力资源政策与措施包括管理者与技术工作者的岗位选拔制定、提升职位的确定、未提升资深人员的安排和员工职业生涯计划。

⑤ 绩效评估计划。绩效评估计划是指根据思想品质、知识水平、各种能力、实际业绩等,对企业员工进行科学、合理的评价,从而为其合理使用、晋升、培训和奖励提供科学依据,目的是提高绩效,增强组织凝聚力,改善企业文化。与绩效评估计划相关的人力资源政策与措施,包括奖罚制度和沟通机制。

⑥ 薪酬激励计划。对企业来说,薪酬总额取决于企业组织内员工不同的分布状况和工

作绩效。企业通过薪酬激励计划,可以在预测企业发展的基础上,对未来薪酬总额进行测算和推测,并确定未来时期内的激励政策,如激励方式的选择、激励倾斜的重点等。与该计划相关的人力资源政策与措施包括薪酬制度、奖励计划和福利计划。

⑦ 员工职业发展计划。员工职业发展计划是企业对员工的职业发展做出安排。企业通过员工职业发展计划,能够把员工个人的职业发展和企业需要结合起来。特别是对于有发展前途的员工,企业要设法将其保留下来,就必须有计划地使他们在工作中得到成长和发展。否则,就会导致人才的流失,不利于企业的发展。与该计划相关的人力资源政策和措施包括员工职业计划、员工培训计划。

重要信息 3-2

人力资源规划的分类

企业人力资源规划可以按时间、范围、重要程度等,进行以下不同的分类。

1. 根据规划的时间跨度划分

人力资源规划可以分为短期规划、中期规划和长期规划。短期规划时间为1年之内,这种规划目的明确,内容具体,并具有一定的灵活性;中期规划时间一般为3~5年,这种规划一般是企业较长一个时间段内的总体发展目标、方针、政策,措施的内容比较多,但不具体;长期规划在5年以上10年以下,这种规划是企业长期的总体发展目标,是对企业有关人力资源开发和管理体制的总战略、总方针和总目标等进行的系统筹划,具有战略性和指导性,直接为人力资源短期和中期规划的制定与实施提供框架和基础。

2. 根据规划的层次划分

人力资源规划有两个层次:一是总体规划;二是业务规划。总体规划是关于企业在规划期内人力资源开发和利用的总的战略目标、总的政策措施及总的预算。业务规划都有其特定的目标和任务,并与其他专门的人力资源政策与措施相关联,是企业各项人力资源管理活动的依据。

3. 根据规划是否独立划分

人力资源可以分为独立的人力资源规划和从属的人力资源规划。独立的人力资源规划是一份单独的人力资源规划,类似于职能部门的职能性规划。从属的人力资源规划是作为整体规划的一部分而存在的。独立的人力资源规划内容比较详细,而从属的人力资源规划内容比较简单。

3. 人力资源规划与其他工作的关系

人力资源规划作为人力资源管理的一项重要职能,与人力资源管理的其他工作之间有着非常密切的联系。

(1) 人力资源规划与工作分析。工作分析是整个人力资源管理的基础,自然也是预测人员需求、编制人力资源规划的基础。通过工作分析,企业才能够编制出适应企业发展目标的人力资源规划。

(2) 人力资源规划与员工招聘。人力资源规划是员工招聘的重要依据之一。人力资源规划预测的企业员工供给小于需求,而企业内部的供给又无法满足这种需求时,就要到外部进行招聘。

(3) 人力资源规划与员工配置。人力资源规划是员工配置的重要参照因素之一。随着企业规模的变化、组织架构的变动及员工绩效的表现,企业员工经常出现晋升、调动和降职等情形。这些变动中,人力资源规划也是其中一个重要的影响因素。

(4) 人力资源规划与绩效管理。人力资源规划中,绩效考核是进行人员需求和供给预测的一个重要基础,通过对员工工作业绩、态度及能力的评价,企业可以对员工的状况作出判断,如果员工不符合职位的要求就要进行相应的调整,这时的职位空缺就形成了需求预测的一个来源。同时,对具体的职位来讲,通过绩效考核可以发现企业内部有哪些人能够从事这一职位,这也是内部供给预测的一个重要方面。

(5) 人力资源规划与薪酬管理。人力资源需求的预测结果可以作为企业制订薪酬计划的依据。需求的预测包括数量和质量,企业可以根据预测期内人员的分布状况,并结合自身的薪酬体系进行薪酬总额的预测,或者根据预先设定的薪酬总额调整薪酬的结构和水平。另外,企业的薪酬体系也是预测供给时需要考虑的一个重要因素。进行外部供给预测时,需要衡量企业自身的吸引力,而薪酬水平就是企业吸引力的一个重要指标。

(6) 人力资源规划与员工培训。人力资源规划与员工培训的关系更多地体现在员工的质量方面。在企业培训工作中,一项重要内容就是确定培训的需求,而人力资源规划中,供需预测的结果是培训需求确定的一个重要来源,通过比较现有员工的质量和所需员工的质量,就可以确定出培训的需求,这样通过培训就可以提高内部供给的质量,增加内部供给。

(7) 人力资源规划与员工解聘。人力资源规划与员工解聘的关系是比较明显而直接的,在长期内,如果需求小于企业内部供给,就可能出现人员的解聘,以实现人力资源的供需平衡。

重要信息 3-3

人力资源规划的作用

对一个组织来讲,人力资源规划具有以下作用。

1. 有利于组织确立战略目标和发展规划

人力资源规划的编制要以组织总体战略目标为依据,而组织总体战略发展规划的编制也将人力资源状况作为一个重要变量加以考虑,二者双向互动。所以,人力资源规划是组织发展战略的重要组成部分,同时也是实现组织战略目标的重要保证。

2. 确保组织生存发展过程中对人力资源的需求

人力资源部门必须分析组织人力资源的需求和供给之间的差距,制定各种规划来满足对人力资源的需求。

3. 有利于人力资源管理活动的有序化

人力资源规划是企业人力资源管理的基础,它由总体规划和各种业务计划构成,为管理活动(如确定人员的需求量、供给量、调整职务和任务、培训等)提供可靠的信息和依据,进而保证管理活动的有序化。

4. 有利于调动员工的积极性和创造性

人力资源管理要求在实现组织目标的同时,也要满足员工的个人需要(包括物质需要和精神需要),这样才能激发员工持久的积极性,只有在人力资源规划的条件下,员工对自己可满足的东西和满足的水平才是可知的。

5. 有利于控制人力资源成本

人力资源规划有助于检查和测算出人力资源规划方案的实施成本及其带来的效益。要通过人力资源规划预测组织人员的变化,调整组织的人员结构,把人工成本控制在合理的水平。

同步实训 3.1　人力资源规划工作认知

实训目的：加深学生对人力资源规划工作的认识。

实训安排：

(1) 学生可以从网络上收集并分析一些企业人力资源规划实例并讨论。

(2) 分析并体会人力资源规划在组织人力资源管理所起的作用。

教师注意事项：

(1) 由生活事例导入对人力资源规划的认识。

(2) 提供一些人力资源规划的简单案例供学生讨论。

(3) 参观企业或提供其他相应的学习资源。

资源(时间)：1 课时、参考书籍、案例、网页。

评价标准：

表现要求	是否适用	已达要求	未达要求
小组活动中,外在表现(参与度、讨论发言积极程度)			
小组活动中,对概念的认识与把握的准确程度			
小组活动中,PPT 制作的艺术与美观程度			
小组活动中,文案制作的完整与适用程度			

3.2　人力资源供需预测

任务提示：人力资源规划的编制建立在对人力资源供需状况做出预测分析的基础之上。这项工作要求人力资源管理人员了解人力资源供需的影响因素,在分析现有人力资源的基础上,采取科学的方法,对人力资源需求状况做出预测。

重点难点：人力资源供需预测操作。

为了做好人力资源规划编制工作,人力资源管理人员还必须先分析企业现有人力资源情况,然后对规划期内的企业人力资源供需情况做出预测。

3.2.1　现有人力资源情况分析

现有人力资源情况一般分布在人力资源管理部门不同的岗位和管理人员手中,为了做好整体的人力资源规划,往往需要对这些情况进行汇总、整理与分析。

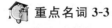

重点名词 3-3

现有人力资源情况分析

现有人力资源情况分析是指在企业人力资源规划工作中,对现有人力资源情况,包括员工岗位、素质、员工年龄结构、冗员情况和员工队伍稳定状况等,进行客观分析整理,以此作为人力资源的需求和供给预测的基础。

1. 整理现有企业和员工资料

(1) 整理现有企业资料。现有企业资料包括企业的工作分类、岗位及职务,公司现有员工数量,每个岗位人员数量,表现评价,岗位任期,工作的变化和重新分配等。

(2) 整理现有员工资料。现有员工的资料包括员工基本情况(主要指姓名、年龄、性别、籍贯、宗教、婚姻、家庭情况、健康状况等),员工工作情况(主要指参加工作时间、用工方式、就职岗位和服务时间、最近的评价资料等),员工技术与能力(主要指受教育状况、参加各种学习项目的情况、最近的培训经历、各种资格证明、以前的工作经验、工作以外的爱好和活动等)。

2. 分析员工岗位配置和年龄结构

(1) 员工岗位配置。从员工岗位配置上看,应该能级对应,否则可能出现"大材小用"而埋没人才,或"小材大用"难以胜任工作的情形。

一般可以这样操作:首先,将现有员工人数与编制定员数相比较,看人员配置数量如何。其次,将实际工作率与标准工作率作对比,判断工作潜力。最后,分析时要对不同人员进行分类。一般将一线、二线、三线人员分类对比。对于一线人员,可以从劳动时间使用情况的统计报表中获取;对于二、三线人员,通过"工作记录"或"工作抽样"的方法,取得一次性工时研究资料进行分析计算。

计算工作潜力可用以下公式:

$$工作潜力(人数) = |P_1 - P_0| H$$

式中:P_1 表示实际工作率;P_0 表示标准工作率,即企业主管部门要求达到的或企业确定的目标工作率;H 表示分析期期末人数。

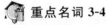

重点名词 3-4

工时利用率

工时利用率是指制度工作时间的实际利用程度。工时利用率可以反映劳动者劳动时间的利用情况,并可通过对缺勤工时、停工工时、非生产工时等的分析,有针对性地解决影响工时利用率的主要问题,不断提高工时利用率。

工时利用率的计算公式如下:

$$工时利用率 = \frac{实际工作工时 + 加班工时}{制度工作工时} \times 100\%$$

公式中:实际工作工时 = 制度工作工时 − (缺勤工时 + 非生产工时 + 停工工时) + 停工工时中被用工时 + 停工工时中加班工时

(2) 分析员工年龄结构。分析员工年龄结构,主要是观察企业员工整体年龄是否老化。

① 计算平均年龄。企业员工的平均年龄从经验、能力、体力、效率兼顾的角度考虑,25~40 岁为最佳。若平均年龄大于 40 岁,则应该采取更新措施,否则会有难以为继的后果。

② 按年龄组统计分析各类员工、各工种及各类职务人员的年龄结构。企业理想的员工年龄结构应为梯形,顶端接近退休年龄,底端为年轻员工。

③ 可将年龄组的统计资料用表格的形式或在坐标轴上以曲线图的形式表示出来,从而使企业的员工年龄结构、年龄分布状况一目了然,并可以此为基础,预测企业以后年龄结构的发展趋势。

3. 分析员工素质

人力资源的素质分析,主要分析以下几个指标。

(1) 员工的知识技能水平。员工的知识水平主要指员工的文化知识、专业知识和工作经验等;员工的技能水平则包括智能、操作技能、表达能力及管理技能等。员工个人的知识技能水平,可以用员工所获得的专业技术职称及最终学历来表示;企业整体的知识技能水平,可以用专业技术人员占全部员工的比重、中高级职称人数占全员的比重、大中专毕业生占全员的比重、员工的平均文化程度等指标来表示。

(2) 员工的思想素质和企业文化价值观。这些内容主要从员工的绩效考评与工作表现中观察:员工是否认同企业文化、价值观,是否有"效率第一"及雷厉风行的工作作风,是否有消费者至上的信念及热情服务的职业道德,群体是否有开拓创新和勤奋拼搏的意识,企业是否具有凝聚力等,这些对于企业战略目标的实现起着至关重要的作用。优秀的企业文化能对员工形成向心力。

(3) 员工群体的知识技能层次结构。员工群体的知识技能层次结构,指的是企业所拥有的高、中、初级职称人员的比例关系,一般通过计算各类人员的比重来进行分析。企业人力资源中高、中、初级人员应与其生产经营的项目未来的发展前景及市场竞争状况相适应。

4. 分析冗员情况和员工队伍稳定状况

(1) 冗员情况分析。企业的冗员就是超出企业正常生产经营活动实际需要的人员,包括正常的后备人员。后备人员是为保证生产经营和企业长远发展的需要而进行的适量的人员储备,如替补人员和在职培训人员。所以企业冗员计算可用下列公式:

$$企业的冗员 = 全部职工 - 实际需要 - 合理储备$$

企业的冗员一般可分为两大类:一类是本身素质与工作不相适应的人员,包括老、弱、病、残人员,知识技能不符合工作要求的人员,思想素质低下的人员;另一类是指素质与工作相适应但超过实际需要的富余人员,包括只愿干本职工作和希望调换工作的人员。

冗员分析主要是了解企业冗员的具体构成和具体情况,以便制订切实可行的冗员利用与处理方案。对于第一类情况可以采取提前退休、自动下岗、培训再上岗、辞退等措施;对于第二类情况可采取部门内升迁、岗位轮换等办法。

(2) 员工队伍稳定状况分析。考察员工队伍稳定状况通常用人力资源流动率来衡量,人力资源流动率是一定时期内某种人力资源变动(离职与新进)与员工总数的比例,适度的人力资源流动率是保证企业新陈代谢的条件。人力资源流动率受很多因素的影响,经常采用下面两种方式,即人力资源流出率、人力资源新进率来反映人力资源流动情况。

从人力资源流动率可以看出企业内部的稳定程度。若流动率过大,则表明人员不稳定、劳资关系存在较为严重的问题,同时会降低企业生产效率、增加企业挑选、培训新员工的成本;如果流动率太小,则不利于企业的创新和活力的保持。

3.2.2 人力资源需求预测

人力资源的需求预测就是指对企业在未来某一特定时期内所需人力资源的数量、质量及结构进行预测。这里所说的需求是在不考虑企业现有人力资源状况和变动情况下的完全需求。做出供给预测后,就可以得出净需求。

1. 分析人力资源需求的影响因素

企业对人力资源的需求受多种因素的影响。这些因素大致分为两类:外部环境和内部条件。

(1)企业外部环境。企业外部环境主要包括政策环境、经济环境、技术环境、竞争对手等。政策环境、经济环境会影响企业规模、经营方向和劳动力市场的变化,技术环境会影响企业的技术和装备水平,间接影响人力资源的需求。竞争对手、行业发展状况的变化会影响人才流动。

(2)企业内部条件。企业内部条件主要包括企业目标、规模、组织方式及经营方向的变化、自身技术管理水平、人员流动率以及职位的工作量等。企业目标、规模、组织方式及经营方向的变化会直接影响企业人力资源需求的数量和质量;自身技术水平提升,生产效率提高,可能会带来高技术人员需求的增加;人员流动率是由于辞职、被解雇或合同到期等原因引起的职位空缺,意味着也会出现人力资源需求;职位工作量的饱和度,也会影响人力资源需求。

重要信息 3-4

人力资源需求预测的要点

第一,预测要在外部环境和内部条件的基础上做出,必须符合现实情况。

第二,预测是为企业的人力资源规划服务的,这是预测的目的。

第三,应该选择恰当的预测技术,预测要考虑科学性、经济性和可行性,综合各方面做出选择。

第四,预测的内容是未来人力资源的数量、质量和结构,应该在预测结果中体现。

人力资源需求预测所涉及的变量与企业经营过程所涉及的变量是共同的。与人力资源需求预测相关的变量包括:顾客的需求变化、生产需求、劳动力成本趋势、可利用的劳动力(失业率)、每个工种所需要的员工人数、追加培训的需求、每个工种员工的流动情况、旷工趋向(趋势)、方针政策的影响、劳动力费用、工作小时的变化、退休年龄的变化、社会安全福利保障等。在明确员工(包括一线员工和管理者)的技能和数量需求时,必须根据企业的特殊环境,认真考虑上述变量,应该把预测看成完善周围的人力资源需求决策的一个工具。

2. 选择人力资源需求预测方法

进行人力资源需求预测可以采用定性预测和定量预测两类方法。

(1)定性预测。

① 经验预测法。经验预测法是利用现有的信息和资料,根据企业管理人员的经验,结

合本企业特点,对企业人员需求进行预测。在实际操作中,一般采用两种方式,一是自下而上,即由直线部门经理向自己的上级主管提出用人要求和建议,征得上级同意;二是自上而下,即由公司经理先拟定出公司总体用人目标和建议,然后由各级部门自行确定用人计划。

② 描述法。描述法是指人力资源规划人员通过对本企业组织在未来某一时期的有关因素的变化进行描述或假设,从描述、假设、分析和综合中提出企业的人力资源预测规划。由于这是假定性的描述,因此人力资源需求就有几种备选方案,目的是适应和应对环境因素的变化。

③ 德尔菲法。德尔菲法又称专家评估法,一般采用问卷调查的方式,听取专家对企业未来人力资源需求量的分析评估,并通过多次重复最终达成一致意见。第一轮:提出预测目标和要求,确定专家组,准备有关资料,征求专家意见。第二轮:简明扼要地以调查表的方式列出预测问题(25个左右为宜),交付专家组讨论评价,然后由预测组织统计整理。第三轮:修改预测结果,充分考虑有关专家的意见。第四轮:进行最后预测,在第三轮统计资料的基础上,请专家提出最后意见及其依据。

这种方法既可用于企业整体人力资源需求量的预测,也可用来预测部门人力资源需求,其目标是通过综合专家的意见来预测某一领域的发展状况,适用于对人力需求的长期趋势预测。

管理借鉴3-1

出版公司的德尔菲法预测

某出版社有限公司是一家大型图书出版商。它对公司出版的一本科普专著的销量运用德尔菲法进行了预测。

公司首先选择若干名书店经理、书评家、读者、编审、销售代表和海外公司经理组成专家小组。将该专著和一些相应的背景材料发给各位专家,要求大家给出该专著最低销售量、最可能销售量和最高销售量三个数字,同时说明自己做出判断的主要理由。

三天后,公司将这些专家的意见收集起来,归纳整理后返回给各位专家,然后要求各位专家参考他人的意见对自己的预测重新考虑。专家们完成第一次预测并得到第一次预测的汇总结果以后,除书店经理王先生外,其他专家在第二次预测中都做了不同程度的修正。按照上面的程序进行第三次预测,在第三次预测中,大多数专家又一次修改了自己的看法。

在第三次预测的基础上又进行了第四次预测,结果所有专家都不再修改自己的意见。因此,专家意见收集过程在第四次以后停止。最终预测结果为最低销售量15万册,最高销售量50万册,最有可能的销售量是32万册。

一年后,公司对采用德尔菲法预测的结果进行核实,这本专著的销量达到了30万册,和预测的结果基本相符。

讨论:预测过程组织的科学与预测结果的关系。

(2) 定量预测。

① 趋势预测法。趋势预测法是一种基于统计资料的定量预测方法,一般是利用过去几年时间里雇用员工数量来推算未来的员工需求量。这一方法假设人力需求与企业产出水平(可用产量和劳动生产率表示)成比例关系:员工需求量＝产量÷劳动生产率。

趋势预测法一般只适合中期预测或比较稳定时的预测。

例 3-1 某高职院校过去 8 年的教职工人数如表 3-1 所示,请预测现在起算的第二年和第四年人力资源的需求是多少。

表 3-1 某高职院校过去 8 年教职员工数量　　　　　　　　　单位:人

年度	1	2	3	4	5	6	7	8
人数	450	455	465	480	485	490	510	525

解:首先根据过去 8 年的人员数据来分析其变化趋势。先假定这是一种线性变化($Y=a+bx$),人数是变量 Y,年度是变量 X,那么,根据公式可以计算出 a 和 b。

$$a = \frac{\sum Y}{n} - b\frac{\sum X}{n}$$

$$b = \frac{n\sum XY - \sum Y \cdot \sum X}{n\sum X^2 - (\sum X)^2}$$

即 $a=435.357, b=10.476$。

直线趋势就可以表示为 $Y=435.357+10.476X$,也就是说,每过一年,该高职院校人力资源需求就要增加 10.476 人,取整约为 11 人。这样,就可以做以下预测:

第二年人力资源需求 $=435.357+10.476\times(8+2)=540.117\approx541$(人)

第四年人力资源需求 $=435.357+10.476\times(8+4)=561.069\approx562$(人)

② 回归预测法。回归预测法是一种建立在统计技术上的人力资源需求预测法。与趋势预测法不同的是,回归预测法不只考虑时间或产量等单个因素,还考虑了两个或两个以上因素对人力资源需求的影响。多元回归预测法运用事物之间的各种因果关系,根据多个自变量的变化来推测各变量的变化,而推测的有效性可以通过一些指标来控制。

例 3-2 由于某市医疗资源整合,某医院的病人数将急剧增加,为此,2023 年医院拟将床位增加到 1 000 个,预测 2023 年护士的需求数量。护士数和病床数如表 3-2 所示。

表 3-2 某医院护士数与病床数

护士数量/人	180	270	345	460	550	620	710
病床数量/张	200	300	400	500	600	700	800

根据医院人力资源管理人员分析,病床数量与护士需求之间具有较高的相关关系。因此,假设病床数为自变量 X,护士数为因变量 Y,二者之间的关系可以表述为 $Y=a+bX$,其中,a 和 b 的计算如例 3-1 所示。$a=2.375, b=0.891$,回归方程就是 $Y=2.375+0.891X$,即床位增加一张,护士就需增加 0.891 人。

2023 年所需的护士数 $=2.375+0.891\times1\,000=893.375\approx894$(人)

③ 工作负荷法,又称比率分析法。工作负荷法考虑的是企业目标和完成任务所需人力资源数量之间的关系,以及每个人的工作负荷和企业目标间的比率。企业的目标通常是指生产量和销售量等易量化的目标。每个人的工作负荷则是指某一特定时间每个人的工作量。预测未来一段时间里企业要达到的目标,如要完成的产量或销售量,再结合每个人的工作负荷就可以确定出企业未来所需的人员数量。这里的比率一般是一个经验数据,具有较高的可靠性。

3. 组织人力资源需求预测

人力资源需求预测应按如下步骤来操作。

（1）确定预测目标。人力资源需求预测目标一般包括：预测时间段、范围、各种指标及其准确性要求等。

（2）收集并整理信息。正式预测前应收集整理相关信息，为预测做准备。

（3）选择预测方法。根据预测目标和掌握的信息情况，选择可行的预测方法。用定性与定量的方法同时进行预测，或以多种预测相互比较来印证预测结果，这样可以使预测的准确度提高。

（4）评价与判断预测结果。预测的结果未必完全符合未来的情况，必须对预测结果进行分析、评价和检验。

（5）分析预测误差，修正预测值。找出并分析产生误差的原因，修正预测结果，选出较理想的数值作为规划的依据。

3.2.3 人力资源供给预测

对企业来讲，人力资源供给预测是对未来某一特定时期内能够供给企业的人力资源数量、质量以及结构进行的预测估算。人力资源供给的来源包括内部供给和外部供给，供给预测只针对有效供给，超越企业能力的人力资源供给对企业没有实质意义。相对于内部供给，外部人力资源供给具有许多不可控因素，因此，人力资源供给预测主要是侧重企业内部供给的预测。

1. 分析人力资源供给的影响因素

企业人力资源的供给受外部环境和内部条件两种因素的影响。

（1）外部环境。一般来说，影响企业人力资源外部供给的因素主要有外部劳动力市场的状况、人们的就业意识、企业的吸引力等。当社会劳动力市场紧张时，外部供给的数量就会减少；而当社会劳动力市场宽松时，供给的数量就会增多。在人们的就业意识中，如果企业不属于人们择业的首选行业，那么外部供给量自然就比较少，反之就比较多。当企业对人们的吸引力比较强时，人们都会愿意到这里来工作，供给量也就会比较多；如果企业不具有吸引力，人们都不愿意到这里来工作，那么供给量就会减少。此外，国家政策、竞争对手动态等也会影响一个企业的劳动力供给。所以，在分析企业的吸引力时，不仅要看绝对的水平，还要看相对的水平，也就是与竞争对手相比较而言企业的吸引力如何，这对吸引专业性较强的人力资源来说更有意义。

（2）内部条件。人力资源的内部供给来自组织内部，组织在预测期内所拥有的人力资源就形成了内部供给的全部来源，因此内部供给的分析主要是对现有人力资源的情况及其在未来的变化情况做出判断。影响内部供给的主要因素有：企业现有人力资源状况，企业员工的自然损耗（包括辞退、退休、伤残、死亡等），企业员工的内部流动（包括晋升、降职、平职调动等），内部员工的跳槽，企业总体经营战略改变导致的人力资源政策变化等。

2. 选择人力资源供给预测方法

进行人力资源供给预测可以采用以下方法。

（1）人事资料清查法。人事资料清查法也称作技能清单法，是通过对组织现有人力资源质量、数量、结构和在各职位上的分布状况进行检查,掌握组织拥有的人力资源状况。通过一些记录员工信息的资料,可以反映员工的工作经验、受教育程度、特殊技能、竞争能力等与工作有关的信息,以帮助人力资源规划人员估计现有员工调换工作岗位的可能性大小和决定哪些员工可以补充目前空缺的岗位。这一方法常作为一种辅助性的方法,为管理人员轮换、人力接续等提供更详细的质量上的参考,如表3-3所示。

表3-3 人事资料样表

姓名		部门		科室		工作地点		填表日期	
到职日期		出生年月				婚姻状况		工作职称	
教育背景	类别		学位		毕业日期		学校	专业	主修科目
培训背景		培训主题			培训机构			培训时间	
技能	种类					证书			
志向									
你认为自己需要的培训	类别								
	形式								
你认为自己现在就可以接受的工作安排									

(2)人员接替法。人员接替法是指将每一个岗位都看成潜在的工作空缺,该岗位下的每一位员工均是潜在的供应者。根据绩效评价,当某位员工的绩效过低时,企业将采取辞退或调离的方法;而绩效很高时,他将被提升替代他上级的工作。这两种情况都会出现职位空缺,其工作都可以由其下属替代。在现有人员分布状况、未来理想人员分布和流失率已知的情况下,由待补充职位空缺所要求的晋升数和人员补充数即可知人力资源供给量。人力资源供给预测人员可以将这些情况制作成卡片的形式,如图3-2所示。

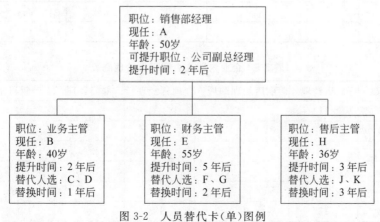

图3-2 人员替代卡(单)图例

管理借鉴 3-2

北京华夏文化公司的人员接续预测

北京华夏文化公司人员职务定编为 50 人,根据绩效评估和经验预测,称职的有 32 人,需要培训的有 10 人,3 人需淘汰,而人员流动大约 5 人。根据数据,公司就可以确定合适的人员补充数量,晋升 3 名优秀人员,对绩效稍差的人员进行培训,淘汰不合格人员,并通过人才库,从内部选拔合适人才 6 人,从外部招聘人员 5 人,从而保证公司有充足的人员供给。预测模型如图 3-3 所示。

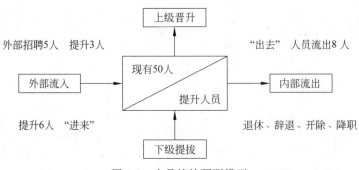

图 3-3 人员接续预测模型

（3）马尔科夫分析法。马尔科夫分析法主要用作预测具有相等时间间隔的时刻点上各类人员的分布状况。基本思路是通过寻找企业内部员工流动的规律,推测未来人事变动的趋势。其基本假设是企业过去和未来员工的流动情况大致相同,依据人员流动的历史趋势,建立人员转换概率矩阵,来计算曾在某一职位上工作过、流动到另一职位或在某一个特定时期后离开本企业的员工的概率。这一方法可以分析员工在不同工作之间的流动轨迹和趋势,并以此判断企业内部人力资源可能的供应量,如表 3-4 和表 3-5 所示。

表 3-4 企业员工流动矩阵表　　　　　　　　　　　　　　　　单位:%

企业员工	商店经理	商店经理助理	地区经理	部门经理	销售班组	离职
商店经理	90					10
商店经理助理	11	83				6
地区经理		11	66	8		15
部门经理			10	72	2	16
销售班组				6	74	20

表 3-5 企业内部人力资源供给预测表　　　　　　　　　　　　单位:人

计划初期人数	商店经理	商店经理助理	地区经理	部门经理	销售班组	离职
12	11					1
36	4	30				2
96		11	64	8		15
288			29	208	6	47
1 440				87	1 066	288
供给预测数	15	41	93	303	1 072	353

分析：从表3-4可以看出，在过去任何一年内，平均有90％的商店经理留任原职，10％的商店经理离职；11％的地区经理成为商店经理助理，66％的地区经理留职，8％的地区经理成为部门经理，15％的地区经理离开企业。用这些数据代表每个岗位人员变动的概率，就可以算出这些岗位未来人员供给情况。将计划初期每个岗位人数乘以每个岗位人员变动概率，然后纵向相加，就可以得到整个企业内未来人力资源的净供给量。

同步实训3.2　人力资源供需预测认知

实训目的：加深学生对人力资源供需预测方法的认识。

实训安排：

（1）学生选择人力资源供需预测方法中的一种，分组进行讨论，并尝试运用。

（2）分析并体会这些方法的适用性与特点。

教师注意事项：

（1）由生活事例导入对人力资源供需预测的认识。

（2）提供一些人力资源供需预测的简单案例，供学生讨论。

（3）参观企业或提供其他相应的学习资源。

资源（时间）：1课时、参考书籍、案例、网页。

评价标准：

表现要求	是否适用	已达要求	未达要求
小组活动中，外在表现（参与度、讨论发言积极程度）			
小组活动中，对概念的认识与把握的准确程度			
小组活动中，PPT制作的艺术与美观程度			
小组活动中，文案制作的完整与适用程度			

3.3　人力资源规划编制

任务提示：在了解人力资源的框架及编制程序的基础上，根据前期人力资源供需预测与平衡的结果，编写人力资源规划并做出相应预算。经过规划人员认真审核、讨论，定稿后，人力资源规划才能用于人力资源管理实践。

重点难点：人力资源规划编制操作。

3.3.1　人力资源供需平衡

在企业人力资源供需预测的基础上，接下来的工作就是进行人力资源的综合平衡，这是企业人力资源规划工作的核心和目的所在。企业人力资源的综合平衡主要从以下三个方面来进行。

1. 人力资源供大于求

当人力资源供大于求时，企业可以采取的应对方式有：①开拓新的经营业务方向，扩大对人力资源的需求；②撤销、合并臃肿的机构，减少冗员，提高人力资源的利用率；③利用优惠措施，鼓励员工提前退休和内退；④冻结人员补充，也即当出现空闲岗位时不进行新人员补充；⑤加强培训工作，使员工掌握更多的技能，增强其择业能力，为员工自谋职业提供便利。同时，通过培训，也可为企业的发展储备人力资本。

2. 人力资源供不应求

当人力资源供不应求时，企业可以采取的应对方式有：①企业内部重新调配，包括对现有员工进行技能培训，使他们适应更高层次的工作；②最有效的方法是通过激励和培训来提高员工的业务技能，以及改进工艺设计来调动员工的积极性，提高劳动生产率，从而减少对人力资源的需求；③外部招聘；④聘用非全日制临时工，如返聘已退休者或小时工。

3. 人力资源供求总量平衡，结构不平衡

结构性失衡是企业人力资源供需中较为普遍的一种现象，在企业的稳定发展状态中表现得尤为突出。平衡的办法一般有技术培训计划、人员接任计划、晋升和外部补充计划。其中外部补充主要是为了抵消退休和流失人员的空缺。

3.3.2 编写人力资源规划

具体来说，人力资源规划的制定主要包括以下八个步骤。

1. 明确企业经营目标

明确企业经营目标和环境是制定人力资源规划的前提。不同的产品组合、生产技术、生产规模、资金情况以及不同的市场等对企业人员必然会有不同的要求。这里既有数量方面的要求，也有结构方面和质量方面的要求。

2. 了解企业经营环境

企业面临的宏观环境，本行业的发展态势与前景，劳动力市场的结构、择业心理以及相关的政策法规都会对企业人力资源供需构成影响。人力资源规划就是要根据经营环境的变化，对企业的人力资源进行预先的统筹安排，以确保企业经营战略的有效实施。

3. 分析企业现有的人力资源状况

企业现有的人力资源是人力资源规划的基础，企业经营目标的实现首先要立足于开发现有的人力资源。因此，必须对企业现有的人力资源状况有一个全面和充分的认识。利用一定的方法，对企业现有的人力资源的数量、质量、分布、利用状况等进行认真的统计分析是企业人力资源规划的一项基础性工作。

4. 预测企业的人力资源需求

这是企业人力资源规划的关键性工作。主要是根据企业发展战略和经营目标，以及具备的内外条件，对人员需求的结构、数量和质量进行估算。

5. 预测企业人力资源供给

这也是企业人力资源规划的关键性工作。主要是对未来某一特定时期内能够供给企业的人力资源数量、质量以及结构进行预测估算。人力资源供给的来源包括内部供给和外部供给。

6. 编写人力资源总体规划和各专项业务计划

这是人力资源规划中比较具体细致的工作,也是整个人力资源规划工作成果的表现阶段。它要求在对企业战略、经营环境和企业人力资源现状分析研究的基础上,对企业计划期内人力资源的供需进行预测,提出企业人力资源管理方面的各项具体要求、目标、措施及步骤等,以便有关部门能照此执行。这一步骤中,还应该做出人力资源费用预算。人力资源费用包括人工成本和人力资源管理费用。

7. 审核、评估人力资源规划

为了保证人力资源规划的科学性和有效性,在人力资源规划制定完成之后,应组织相关管理人员、员工对其进行审核、评估。为此,应该预先制定标准,以方便对照进行。经审核、评估后,应有相应的措施,监督人力资源规划的实施。

8. 人力资源规划的反馈

人力资源规划的反馈可以采取事前反馈、事中反馈和事后反馈三种形式。事前反馈是在规划编制完成后,经多方审核、评估,对规划做出修改;事中反馈是指规划实施中发现了不足之处,可对其进行动态的修改,以使其更符合实际;事后反馈是指人力资源规划实施完成之后,收集相关建议和意见,对其进行投入产出分析,为未来的人力资源规划编制积累经验。

同步实训 3.3 人力资源规划内容认知

实训目的:加深学生对人力资源规划内容的认识。
实训安排:
(1)学生从网络上收集人力资源规划实例,分组进行讨论。
(2)分析并体会人力资源规划的内容及编写方法与要求。
教师注意事项:
(1)由生活事例导入对人力资源供需平衡的认识。
(2)提供一些人力资源规划的简单案例,供学生讨论。
(3)参观企业或提供其他相应的学习资源。
资源(时间):1 课时、参考书籍、案例、网页。
评价标准:

表 现 要 求	是否适用	已达要求	未达要求
小组活动中,外在表现(参与度、讨论发言积极程度)			
小组活动中,对概念的认识与把握的准确程度			
小组活动中,PPT 制作的艺术与美观程度			
小组活动中,文案制作的完整与适用程度			

小结

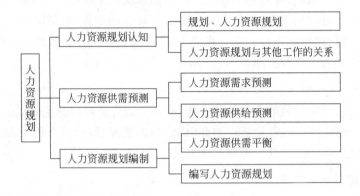

教学做一体化检测

重点名词

人力资源规划　人力资源净需求　人力资源现有状况分析　工时利用率　马尔科夫法　技能清单　人员替换

课后讨论

1. 编制人力资源规划的意义。
2. 做好人力资源规划的要点。
3. 人力资源规划与其他管理工作的关系。
4. 如何理解"人力资源规划的战略性和主动性"这句话。

课后自测

一、选择题

1. 业务规划是指在总体规划指导下的各种专项业务规划,具体包括(　　)等内容。

　　A. 人员补充计划　　B. 人员配备计划　　C. 人员培训开发计划

　　D. 薪酬激励计划　　E. 员工职业发展计划

2. (　　)属于企业人力资源中期规划。

　　A. 1年期规划　　B. 4年期规划　　C. 6年期规划　　D. 10年期规划

3. 人力资源需求的影响因素不包括(　　)。

　　A. 企业外部环境　　　　　　　　B. 企业内部环境

　　C. 管理者个人偏好　　　　　　　D. 人力资源自身

4. 现有企业资料包括(　　)等。

　　A. 企业的工作分类、岗位及职务

　　B. 公司现有员工数量

  C. 每个岗位人员数量，表现评价，岗位任期

  D. 工作的变化和重新分配

5. 人力资源费用预算包括（　　）。

  A. 人力资源成本   B. 人力资源管理费用

  C. 企业财务费用   D. 企业生产费用

6. 当人力资源供大于求时，企业可以采取的应对方式有（　　）。

  A. 开拓新的企业业务方向，扩大对人力资源的需求

  B. 撤销、合并臃肿的机构，减少冗员，提高人力资源的利用率

  C. 利用优惠措施，鼓励员工提前退休和内退

  D. 冻结人员补充，也即当出现空闲岗位时不进行新人员补充

  E. 加强培训工作，使员工掌握更多的技能，增强其择业能力，为员工自谋职业提供便利

二、判断题

1. 在企业人力资源规划总体规划中，最主要的工作就是人力资源供给和需求情况的预测。（　　）

2. 与绩效评估计划相关的人力资源政策与措施，不包括奖罚制度和沟通机制。（　　）

3. 收集整理企业现有人力资源信息与做好人力资源供需预测关系不大。（　　）

4. 冗员就是超出企业正常生产经营活动实际需要的人员，包括正常的后备人员。（　　）

5. 相对于外部供给，企业对内部人力资源供给具有许多不可控因素，因此，人力资源供给的预测主要是侧重于外部供给的预测。（　　）

6. 人力资源规划实施完成之后，收集相关建议和意见，可以为未来的人力资源规划编制积累经验。（　　）

三、简答题

1. 人力资源规划的内容包括哪些？

2. 人力资源需求的影响因素有哪些？

3. 人力资源供给的影响因素有哪些？

4. 怎样对人力资源现状进行分析？

5. 预测人力资源供需的方法有哪些？

6. 怎样平衡人力资源的需求与供给？

案例分析

北京 ABC 科技开发有限公司 2023 年人力资源计划

  根据公司整体经营方针，人力资源部会同有关部门制订了 2023 年人力资源计划，工作重点是职位设置与人员配置、人员招聘、人事政策调整。本计划实施时间：自 2023 年 1 月 1 日始至 2023 年 12 月 31 日止。

一、职务设置与人员配置计划

  2023 年，公司将划分为 9 个部门，其中行政副总经理负责行政部和人力资源部，财务总

监负责财务部,营销总监负责销售一部、销售二部和产品部,技术总监负责开发一部和开发二部。具体职务设置与人员配置如下。

1. 决策层(5人)

总经理1名、行政副总经理1名、财务总监1名、营销总监1名、技术总监1名。

2. 行政部(8人)

行政部经理1名、行政助理2名、行政文员2名、司机2名、接线员1名。

3. 财务部(4人)

财务部经理1名、会计1名、出纳1名、财务文员1名。

4. 人力资源部(4人)

人力资源部经理1名、薪酬专员1名、招聘专员1名、培训专员1名。

5. 销售一部(19人)

销售一部经理1名、销售组长3名、销售代表12名、销售助理3名。

6. 销售二部(13人)

销售二部经理1名、销售组长2名、销售代表7名、销售助理3名。

7. 开发一部(19人)

开发一部经理1名、开发组长3名、开发工程师12名、技术助理3名。

8. 开发二部(19人)

开发二部经理1名、开发组长3名、开发工程师12名、技术助理3名。

9. 产品部(5人)

产品部经理1名、营销策划1名、公共关系2名、产品助理1名。

二、人员招聘计划

1. 招聘需求

根据2022年职务设置与人员配置计划,公司人员数量应为96人,到目前为止公司只有83人,还需要招聘13人,具体职务和数量:开发组长2名、开发工程师7名、销售代表4名。

2. 招聘方式

开发组长:社会招聘和学校招聘。

开发工程师:学校招聘。

销售代表:社会招聘。

3. 招聘策略

学校招聘主要通过参加应届毕业生洽谈会、在学校举办招聘讲座、发布招聘广告、网上招聘四种形式;社会招聘主要通过参加人才交流会、刊登招聘广告、网上招聘三种形式。

4. 招聘人事政策

略。

5. 风险预测

(1) 由于今年本市应届毕业生就业政策有所变动,本科生招聘难度可能会增加,但由于公司待遇较好并且属于高新技术企业,可以基本回避该风险。另外,由于优秀的本科生考研的比例很大,所以在招聘时,应该留有备选人员。

(2) 由于计算机专业研究生愿意留在本市的较少,所以研究生招聘将非常困难。应重点通过社会招聘来填补"开发组长"空缺。

三、选拔方式调整计划

2022年开发人员选择实行面试和笔试相结合的考查办法,取得了较理想的结果。在2023年首先要完善非开发人员的选择程序,并且加强非智力因素的考查,另外在招聘集中期,可以采用"合议制面试",即总经理、主管副总经理、部门经理共同参与面试,以提高面试效率。

四、绩效考评政策调整计划

2022年已经开始对公司员工进行绩效考评,每位员工都有了考评记录。另外,在2022年对开发部进行了标准化的定量考评。

在2023年,绩效考评政策将做以下调整。

(1) 建立考评沟通制度,由直接上级在每月考评结束时进行考评沟通。

(2) 建立总经理季度书面评语制度,让员工及时了解公司对他的评价,并感受到公司对员工的关心。

(3) 在开发部试行"标准量度平均分布考核方法",使开发人员更加明确自己在开发团队中的位置。

(4) 加强考评培训,减少考评误差,提高考评的可靠性和有效性。

五、培训政策调整计划

公司培训分为岗前培训、管理培训、技术培训三部分。

岗前培训在2010年已经开始实施,管理培训和技能培训从2012年开始由人力资源部负责。在2023年,培训政策将做以下调整。

(1) 加强岗前培训。

(2) 管理培训与公司专职管理人员合作开展,不聘请外面的培训人员。该培训分成管理层和员工两个部分,重点对公司现有的管理模式、管理思路进行培训。

(3) 技术培训根据相关人员申请进行,采取公司内训和聘请培训教师两种方式。

六、人力资源预算

1. 招聘费用预算

(1) 招聘讲座费用:计划本科生和研究生各4个学校,共8次,每次费用1 000元,预算8 000元。

(2) 交流会费用:参加交流会4次,每次平均1 000元,共计4 000元。

(3) 宣传材料费:2 000元。

(4) 报纸广告费:6 000元。

2. 培训费用

2022年实际培训费用35 000元,依据20%递增,预算为42 000元。

3. 社会保障金

2022年社会保障金共交纳××元,按20%递增,预计2023年社保金总额为××元。

北京ABC科技开发有限公司人力资源部
2022年12月25日

阅读以上材料,回答问题:

1. 从时间上看,这个计划属于哪一类别?
2. 这个人力资源计划中包括了哪些内容?
3. 你还可以给这一计划做哪些补充?

课程思政园地

新华社"两会民生直通车"栏目2021年3月7日播发了"追踪制造业用工"《制造业用工难,咋破解?——追踪制造业用工问题》《人都去哪儿了?——企业、员工、专家、官员共话制造业用工问题》等一组专题报道,引发网民和两会代表反响评论。

网友"行走天涯解读人生"跟帖说,招工难的根本问题是劳动强度、劳动时间与劳动待遇不匹配造成的。

网友"沧海桑田一笑"留言感叹道:"工资也不高,把人当机器用,你说为什么找不到人?"

全国人大代表、山河智能装备股份有限公司工会办副主任张晓庆说,一些地方的制造企业出现"招工难"问题,部分劳动力又面临着"就业难"问题,这个结构性矛盾在我国劳动力市场越来越明显,已经成为影响招工和就业的一大突出问题。

"要缓解这一矛盾,建议企业练好'内功',提高效益,在条件允许的情况下尽量改善劳动条件,提升福利待遇,拓宽员工成长空间,让员工与企业共同成长。"张晓庆说,劳动者也要加强学习培训,提升自身技能,发挥"工匠精神",做一行、钻一行、爱一行,在为企业创造价值的同时也实现自身价值。

全国人大代表、武汉锐科光纤激光技术股份有限公司副董事长闫大鹏介绍,锐科作为高科技企业,招工比较容易。"工资较高,有一定的吸引力;提供劳动培训;提供住宿和午餐等。针对员工不愿意倒班,企业已经把三班制改成了两班制。"他说。

全国人大代表、湖北天门纺织机械股份有限公司董事长沈方勇认为,企业用工规范,要在骨子里让员工在企业组成一个大家庭,让员工在厂里过得愉快。他还特别强调,要全方位提高企业技能工人的社会地位。

"制造业是立国之本、强国之基,制造业从业人员是支撑中国制造的重要基础,新发展格局下加快建设制造强国,必须拥有一支稳定而强大的制造业从业者队伍。"中国电子信息产业发展研究院规划所专家孙海尧说。

孙海尧认为,目前我国制造业从业人员呈现出整体下降快、低端失量多、高端供给难、供求缺口大、人员老龄化等趋势变化,需要加紧全面谋划系统施策,稳定和优化制造业从业人员队伍,为实现制造强国目标提供坚实的人力资源保障。

(记者王优玲、姜琳、赵文君、张辛欣、刘良恒)

思考:

(1) 怎样才能破解这种难题?
(2) 从我国跨越"制造强国"目标角度看,应该怎样做好人力资源规划?

学生自我工作总结

通过完成任务 3,我能够作如下总结。

一、主要知识

完成本任务需了解的主要知识点有:
1.
2.

二、主要技能

完成本任务需掌握的主要技能有:
1.
2.

三、主要原理

完成本任务涉及的管理原理有:
1.
2.

四、相关知识与技能

本任务的完成过程:
1. 人力资源规划的意义是:
2. 人力资源供需预测的作用:
3. 人力资源规划编写的要求是:

五、成果检验

本任务的成果:
1. 完成本任务的意义有:
2. 学到的知识与技能有:
3. 自悟的知识与技能有:
4. 你认为人力资源规划对人力资源管理工作的意义是:

任务4　员工招聘

 学习目标

1. 知识目标
- 能认识员工招聘的原因。
- 能认识员工招聘的方法。
- 能认识人员招聘的程序。

2. 能力目标
- 能说明企业员工招聘的意义。
- 能组织小型面试项目。
- 能对人员招聘与选拔有整体的认识。

3. 课程思政
- 培养学生正确的价值导向。
- 提高学生的职业道德修养。
- 提升学生的社会责任感。

 任务解析

根据人力资源管理职业工作活动顺序和职业教育学习规律，"员工招聘"任务可以分解为以下子任务。

4.1 招聘准备

4.2 员工选拔

4.3 员工录用

 管理故事

《贞观政要》中记载，贞观三年，唐太宗问吏部尚书杜如晦："近来朕看见吏部择人，只重视其言词文笔，却不知其品行。过了数年之后，恶行渐渐败露，虽然加以刑戮，但百姓已受其害。如何才能获得人才？"杜如晦回答说："两汉取人，都是从乡间着手经由州郡推荐，然后启用。所以当时可以说人才济济。现在每年选集，为数千人，大家虚饰外貌文辞，人品不可知悉,考选当局只能依据其阶品分派而已,这样的考诠选录,道理实未精辟,所以不能得到好人才。"

唐太宗曾和魏征讨论用人的问题,唐太宗说:"为事择官,不可轻率,用一好人,别的好人都来了,用一坏人,别的坏人都跟着来了。"魏征说:"这是对的。天下未定,主要用人的才干,顾不得德行;天下已定,那就必须才德兼备才可用。"他基本上遵守这个原则来用人。

当代日本工商界特别推崇《贞观政要》。日本企业非常重视人才的发现和选拔。松下有句格言:"从普通人中得到非凡的成绩。"松下非常鼓励经理人员在员工中间去发现人才和有潜力的人,并将他们安排在适合他们的岗位上,松下告诫他的经理们说:"一名经理应从多方面来了解下属人员的潜力,以便在如何充分发挥他的潜力上做出正确的判断。"的确,要治理好企业,创出名牌,必须选拔贤能之才、杰出人才,越有才能越好。要想得到真正的人才,首先要有爱慕贤才之心,要善于去发现人才,挖掘人才,同时还要求领导者有容人之量,有聚集人才的本领,有正确的择才标准。

管理感悟:现代企业选拔录用人才大多采取考核的方式。从积极方面看,通过考核可以了解一个人的知识修养、才干和能力,以作为录用的依据。从消极方面看,考核可能助长一些人作假。在这方面,企业也许应该学习唐太宗的高明做法。

4.1 招聘准备

任务提示:员工招聘准备工作包括根据人力资源规划确定人员的净需求,并根据人员录用政策和工作说明书要求,确定员工招聘的来源,在此基础上,编制具体的招聘计划。同时,还应制作好招聘工作所需的相关表格及其他文件资料。

重点难点:理解员工招聘准备工作的内容。

员工招聘是人力资源管理的重要环节,也是企业吸收与获取人才的重要渠道。招聘包括两个相对独立的过程,即招募和选拔聘用。招募是聘用的基础,聘用是招募的目的。招募主要通过宣传来扩大影响,树立企业形象,达到吸引人应征的目的;而聘用则是使用各种技术测评和选拔方法挑选合格员工的过程。企业应该重视招募计划的制订,招募时间、宣传、渠道选择等方面的工作,从而达到节约选拔与培训成本,提高人与职位匹配性的目标。

企业在进行招聘时,外部环境因素(包括经济条件、劳动力市场状况、法律法规等)会对这项活动产生影响。此外,企业发展战略、企业文化、企业发展阶段也会影响招聘的开展与结果。员工招聘准备阶段,一些事务性的工作通常由人力资源部门的招聘专员负责完成。

4.1.1 招聘需求分析

市场的竞争归根结底是人才的竞争,企业发展经营的各个阶段都必须有合格的人才作为支撑,而员工流动是当今企业经常面临的共性问题,因此,员工招聘工作是企业人力资源管理活动中的一项经常性工作。人力资源管理部门要做好这项工作,首先必须分析员工招聘需求。

1. 分析员工招聘原因

通过"职位分析与设计"和"人力资源规划的编制"两项工作,人力资源管理部门已经为企业进行员工招聘做了大量的准备工作。但是，在具体的员工招聘活动前，管理人员仍然应该根据具体原因，做出有针对性的招聘安排。

企业进行员工招聘的原因，一般来讲，主要基于以下几种情况：①新建一个组织或企业，为了满足企业的目标、技术、生产、经营需要招聘合适的员工；②现有的企业业务规模扩大导致人手不足；③现有的组织人员结构不合理，需要进行人员配置的调整，裁减不符合组织工作要求的人员，吸纳组织需要的特殊人才；④组织内部由于员工调任、离职、退休或升迁等原因造成的职位空缺；⑤为改造企业文化而引入高层管理人员和专业人才。

2. 了解工作分析与人力资源规划成果

员工招聘需要建立在"工作分析与设计"和"人力资源规划的编制"两项工作的基础之上。在具体招聘活动之前，管理人员还应该再一次熟悉或完善工作分析与人力资源规划的成果，以便作为招聘活动的依据。

工作分析与设计工作重点解决了"企业有哪些工作"和"什么样的人才能完成这些工作"的问题；人力资源规划工作则重点解决了"企业需要多少个这样的人"的问题。由于企业的发展和人员的流动，这两项工作常常是动态化的。企业人力资源管理人员应该在不断完善这两项工作的基础上，将这二者相结合，为招聘工作做准备。

3. 确定员工招聘需求

根据工作描述、任职说明、人力资源规划以及企业用人部门提出的人员招聘计划，企业人力资源管理部门通过调查、分析和内部综合平衡，以及与用人部门的负责人进行沟通、协商，就可以确定人员招聘的净需求。在此基础上，确定具体的人员招聘数量。

重要信息 4-1

企业员工招聘的意义

企业进行员工招聘，其意义并非只是人员的增加那么简单，还具有以下意义。

1. 招聘活动是企业发展的重要条件

企业招聘员工的目的是为企业寻找适合工作的必要人选，从而实现人与工作的相互适应。它要求企业所招聘的员工在技术、心理、身体等各方面都要适合工作的需要。企业招聘的合格人选对于实现组织目标来说作用是不言自明的。成功的招聘，为组织引进了人才、开阔了思路、提高了工作效率，形成了新的竞争优势。

2. 招聘活动可以降低企业成本

有效的成本控制是企业竞争力的重要支撑之一。有效的员工招聘可以使组织避免引入素质较差或不能融入组织的员工，并避免由此而发生的培训成本和风险。如招聘员工不合格而导致的员工离职的成本，同时为了维持企业的正常运转，企业仍需花费费用寻找合适的人选。

3. 招聘活动可以提高企业的绩效水平

利用规范的招聘程序和科学的选拔手段，可以将那些愿意在企业中工作并且符合录用条件的应聘者长时间地留在组织内。优秀员工的共同特点就是能够很快地转换角色，进入状态，能够在很短的时间内创造工作佳绩而无须对他们进行长时间的培训。可以说，创造员工的高绩效，推动组织整体绩效水平的提高，是一个组织追求有效招聘管理的最高境界。

4. 招聘活动有利于人力资源的合理流动

一个科学有效的招聘系统,可以促进人员的合理流动,帮助人们找到适合的工作岗位。做到工作职责匹配,调动人的积极性、主动性和创造性,让人们的潜能得以充分发挥,达到人力资源有效配置的目的。

5. 招聘活动能够扩大组织的知名度

人员招聘是招聘组织与应聘者直接接触的过程,是招聘组织向市场展示自己的过程。招聘人员的素质、招聘工作的组织、招聘材料的介绍、面试过程的专业化过程及接待应聘者的方式等,都从不同侧面展示了招聘组织的文化、风格和工作效率,让外界更多地了解了企业,扩大了企业的知名度。

4.1.2 确定员工招聘来源

在确定了招聘需求人数的基础上,人力资源管理人员还应该根据岗位及资格要求,决定员工招聘的来源,即从内部招聘还是对外招聘,是通过"制造"还是"购买"员工(即是通过内部培训来加强员工的技术和专业性,还是从外部招聘相应技术和专业的人员)。

企业可以从多个渠道获得人力资源。概括起来讲,招聘通常可以分为两类:内部招聘和外部招聘。内部招聘主要包括内部晋升、工作轮换、工作调换与内部人员重新聘用等;外部招聘主要包括广告、职业介绍机构、猎头公司、员工推荐、自荐、校园招聘与网络招聘等。

1. 内部招聘

内部招聘就是从企业内部现有员工中选拔合适的人才来补充空缺或新增的职位,实际上是企业内部的一种人员调整。在进行人员招聘工作中,企业内部调整应先于企业外部招聘,尤其对于高级职位或重要职位的人员招聘工作更应该如此。

一般来说,企业要进行内部招聘基本要具备这样一些条件:数量条件,即企业内有充足的人力资源储备,也就是"人才蓄水池";质量条件,即内部的人员质量能够满足组织发展的需要;制度保障,即有完善的内部选拔机制。内部招聘的来源有以下三种情形。

(1)内部晋升和工作轮换。内部晋升是从企业内部提升员工来填补高一级职位空缺,促使企业的人力资源垂直流动,激发组织内其他员工的士气,保持组织的工作效率不断提高。工作轮换主要是组织内人员的横向流动,一般是指职务级别不变的情况下,在组织内轮换工作岗位。工作轮换有助于员工扩展自己的知识面,得到更多的实际经验。

内部晋升和工作轮换是建立在系统有序基础上的内部职位空缺补充方法。内部晋升一般适用于中层管理人员,而且在时间上可能是较长时间的,甚至是永久的。而工作轮换则适用于一般员工,它既可以使有潜力的员工在各方面积累经验,为晋升做准备,又可以减少员工因长期从事某项工作而带来的枯燥。

(2)工作调换。工作调换主要是指企业内劳动力的横向流动,在职务级别保持不变的前提下,调换员工的工作岗位。这样一来不仅填补了职位空缺,还使员工对不同工作有了更广泛的了解,既充实了工作本身,又拓展了员工的知识面。参加过工作调换的员工能将相关岗位的知识技能结合起来,从而更有效地工作。知识的丰富化、系统化还能有效地激发员工的创造力,为企业的技术创新、产品创新作出贡献。

(3)内部人员重新聘用。有些企业由于市场变化的原因,一段时间经营效果不好,会暂时让一些员工下岗待聘,当企业情况好转时,再重新聘用这些员工。由于员工对企业的了解,对工作岗位能够很快适应,为此可以节省大量的培训费用。同时,又可以以较小的代价获得有效的激励,使组织具有凝聚力,促使组织与员工共同发展。

重要信息 4-2

企业内部招聘的方法

在企业内部招聘中,可以采取的方法主要包括推荐法、档案法及布告法等。

推荐法是由企业员工根据单位和职位的需要,推荐其熟悉的合适人员,供用人部门进行考核和选择。

档案法是指企业人力资源管理人员从员工档案中了解员工的各种信息,进而帮助用人部门寻找合适的人员补充空缺的职位。

布告法是指人力资源部门将空缺职位信息以发布的形式公布于企业中,再通过面试选拔出最合适的申请人。

管理借鉴 4-1

著名企业的内部招聘

有一天,索尼董事长盛田昭夫按照惯例在职工餐厅与职工一起就餐、聊天。忽然发现一位年轻人郁郁寡欢,满腹心事。于是,盛田昭夫就主动坐在这名员工对面,与他攀谈。

这个员工说道:"我毕业于东京大学,进入索尼之前,对索尼公司非常崇拜。但是,现在才发现,我不是在为索尼工作,而是为课长干活。坦率来说,这位科长不但无能,而且对员工的一些小发明与改进不仅不支持、不解释,还挖苦打击。对我来说,这名课长就是索尼。我十分泄气,心灰意冷。这就是索尼?这就是我的索尼?我居然放弃了那份优厚的工作来到这种地方!"

这番话令盛田昭夫十分震惊,于是产生了改革人事管理制度的想法。之后,索尼公司开始每周出版一次内部小报,刊登公司各部门的"求人广告",员工可以自由而秘密地前去应聘,他们的上司无权阻止。

另外,索尼原则上每隔两年就让员工调换一次工作,特别是对于那些精力旺盛、干劲十足的人才,不是让他们被动地等待工作,而是主动为他们提供施展才能的机会。

讨论:你怎样看待索尼公司的内部招聘?这种制度能否在中国企业行得通?

2. 外部招聘

外部招聘是根据一定的标准和程序,从企业外部的众多人选中选拔出空缺职位工作所需的人员。有时候,企业仅有内部招聘是不够的,必须借助于外部的劳动力市场,采用外部招聘的方式来获得所需的人员。

企业进行外部招聘往往出于以下考虑:为了获取内部员工不具备的技术、技能等;企业出现职位空缺,内部员工数量不足,需要尽快补充;企业需要能够提供新思想、新观念的创新型员工;企业为了建立自己的人才库;和竞争对手竞争所需的一些具有特殊性、战略性的人才。

外部招聘的来源主要有:熟人介绍、主动上门求职、职业介绍所推介、学校推荐、其他企业的员工等。

重要信息 4-3

企业外部招聘的方法

企业在外部招聘中可以借助以下一些方法。

(1) 广告招聘。广告招聘是利用各种宣传媒介发布企业招聘信息的一种方法,也是宣传企业形象的常用方法。招聘广告的内容包括:广告题目、审批机关、公司介绍、职位介绍、人才政策,应聘方式和联系方式。

(2) 职业中介机构。我国职业中介机构的主要种类有劳务市场、人才交流中心(或人才市场)、人才咨询公司、高级人才咨询公司等。企业没有设立人力资源部门或者急需在短期填补空缺时,可以借助职业中介机构。

(3) 猎头公司。猎头公司是指为组织寻找高级人才的服务机构,是一种与职业中介机构类似的就业中介。猎头公司一般都拥有自己的人才数据库,他们通晓各种行业、组织对特殊人才的需求,同时能根据市场的变动及时收集大量的人才信息,熟悉各类组织对特殊人才的需求,因此,利用猎头公司进行招聘的成功率较高。

(4) 员工推荐。员工推荐,又叫熟人介绍,是常见、有效的推荐方式。在外部招聘的方法中,员工推荐的有效性较高。因为员工对应聘者与所空缺职位都比较了解,再加上举荐会涉及其声誉,所以,员工总是举荐高质量的求职者。同时,企业节省了招聘人才广告费和付给职业介绍所的费用。

(5) 自荐。自荐是指在没有得到公司内部人员推荐的情况下,应聘者直接向招聘单位提出求职申请,求职者在某种程度上已经做好了到企业工作的充分准备,并且确信自己与空缺职位之间有足够的匹配程度,然后才会提交求职申请。

(6) 校园招聘。学校是人才高度集中的地方,对大多数组织来说,面向校园招聘员工也是一种普遍的招聘方法。大型组织可以通过举办大型的专场招聘会的方式进行招聘,而一般组织会选择校园广播、网络、公告栏或学院推荐等方式进行招聘。

(7) 网络招聘。利用互联网进行人员招聘也越来越多地为公司所采用。这些企业通过专业的招聘网站、网上人才库或自己的网站发布招聘信息,吸引应聘者前来应聘。

4.1.3 制订招聘计划

在确定了员工招聘来源的基础上,企业人力资源管理部门就可以制订人员招聘计划,用来指导招聘活动的进行。

重要信息 4-4

招聘计划的内容

招聘计划由用人单位根据部门发展需要而制订,然后由人力资源部门对其进行审核,特别是对人员需求量、费用等项目进行严格的复查,签署意见后交上级主管审批。招聘计划的具体内容包括以下方面。

(1) 招聘岗位和岗位要求,包括招聘的职务名称、人员需求量、任职资格要求等内容。

(2) 招聘信息发布的时间和渠道。

(3) 招聘渠道和方法的选择。

(4) 招聘小组人选,包括小组人员姓名、职务、各自的职责。

（5）应聘者的考核方案，包括考核的场所、大体时间、题目设计等。

（6）招聘的截止日期。

（7）新员工的上岗时间。

（8）招聘费用预算，包括资料费、广告费、差旅费和人才交流会费用等。

（9）完整、详细的招聘工作时间表。

（10）招聘广告样稿。

一般来说，招聘计划没有固定的格式，主要包括以下内容。

1. 说明拟招聘的岗位名称、数量及任职要求

招聘计划首先应该说明企业招聘的具体目标是什么，即招聘的岗位、数量，招聘要求，即应聘人员的性别、年龄、学历、专业背景、从业经历等。根据工作说明书与人力资源规划，对拟聘的岗位和条件做出充分说明，便于应聘人员选择。特别是聘用条件，应当尽量详细具体，比如，有的岗位可能适合女性，有的岗位可能适合男性，应当在条件中列明，具有可操作性。

2. 说明招聘信息的发布时间与招聘日期

招聘计划中，招聘信息的发布时间和招聘日期与企业的整体经营管理计划有关。一般情况下，根据企业的整体运营安排，人员招聘工作不能如期进行，就会影响企业的整体经营，从而带来较大的经济损失。因此，招聘信息的发布时间和招聘日期的确定应该考虑能够及时招聘到员工，并能够预留培训时间。如北京某国际大酒店拟在 2023 年 10 月初正式开业，要求招聘员工在 2022 年 6 月底到岗，以便至少有 3 个月的培训时间。如果招聘与选拔工作需要 1 个月的时间，那么招聘信息至少应该在 5 月初就发布。如果还有宣传企业形象的考虑，则可以在 3 月或 4 月发布招聘信息。招聘选拔日期可以定在 6 月初或中旬。

3. 说明招聘的范围及渠道

招聘计划中，根据招聘对象要求的来源和素质要求，人力资源部门可以确定从多个渠道进行招聘。如招聘高端管理人才，可以借助国内或国际的猎头公司；招聘一般文员、秘书、市场调查员等实际工作经验要求不高的职位，则可以通过校园招聘来达到目的。

4. 说明招聘组成员构成

招聘计划中，根据招聘对象的来源，招聘组的组成人员也不同。招聘一般员工，由企业人力资源管理部门会同用人部门负责人组成招聘小组；招聘重要岗位或中高层管理人员，由公司领导和人力资源管理部门组成招聘小组，有时也会邀请一些行业专家加入面试小组。

5. 说明招聘方式

招聘计划中，还需说明对应聘者的面试、笔试、实际操作等测试安排，考核的场所、时间、管理人员以及题目设计者姓名等。

6. 列出招聘预算

在招聘计划中列出招聘费用预算可以对招聘过程、结果起到控制作用。费用包括广告费用、印刷宣传资料、面试场地租赁、布置、人才交流会费用、差旅费等。

例 4-1 ××公司员工招聘计划书

一、招聘目标

招聘目标如表 4-1 所示。

表 4-1 招聘目标

职务名称	人员数量	其他要求
软件工程师	8	本科以上学历,35 岁以下
销售代表	10	大专以上学历,相关工作经验 3 年以上
行政文员	3	专科以上学历,女性,30 岁以下

二、信息发布时间和渠道

1．××日报　　　　　　　　　5 月 18 日
2．××招聘网站　　　　　　　5 月 18 日

三、招聘小组成员名单

组长：成功（人力资源部经理）　对招聘活动全面负责
成员：成才（人力资源部薪酬专员）具体负责应聘人员接待、应聘资料整理
　　　成人（人力资源部招聘专员）具体负责招聘信息发布、面试、笔试安排

四、选拔方案及时间安排

1．软件工程师
资料筛选　　　　　由开发部经理负责,至 5 月 25 日截止
初试（面试）　　　由开发部经理负责,至 5 月 27 日截止
复试（笔试）　　　由开发部命题小组负责,至 5 月 29 日截止

2．销售代表
资料筛选　　　　　由销售部经理负责,至 5 月 25 日截止
初试（面试）　　　由销售部经理负责,至 5 月 27 日截止
复试（面试）　　　由销售副总负责,至 5 月 29 日截止

3．行政文员
资料筛选　　　　　由行政部经理负责,至 5 月 25 日截止
面试　　　　　　　由行政部经理负责,至 5 月 27 日截止

五、新员工的上岗时间

预计在 7 月 1 日左右。

六、招聘费用预算

1．《北京青年报》广告刊登费　　　14 000 元
2．南方招聘网站信息刊登费　　　　7 800 元
合计：　　　　　　　　　　　　　　21 800 元

七、招聘工作时间表

5 月 11 日：撰写招聘广告
5 月 12—13 日：进行招聘广告版面设计
5 月 14 日：与报社、网站进行联系
5 月 18 日：在目标报社、网站刊登广告

5月19—25日：接待应聘者、整理应聘资料、对资料进行筛选
5月26日：通知应聘者面试
5月27日：进行面试
5月29日：进行软件工程师笔试（复试）、销售代表面试（复试）
5月30日：向通过复试的人员通知录用
7月1日：新员工上班

4.1.4 制作招聘资料

企业招聘资料一般包括招聘广告、应聘申请表、面试评价表等。

1. 制作招聘广告

企业招聘广告应该充分显示其对人才的吸引力和企业自身的魅力。撰写广告词要求语言简明清晰，招聘对象的条件一目了然。措辞既要实事求是，又要热情洋溢，充分体现出企业对人才的渴求和尊重。

一份完整的招聘广告词一般包括四部分。第一部分是标题或启事；第二部分是公司的性质、经营业务范围、规模、业绩成果情况，以及未来的发展战略等内容；第三部分是广告词的正文内容，即拟招聘的职位名称、数量及任职要求、工作职责以及工作地点等；第四部分是结尾部分，即公司的地址、邮编、网址、邮箱以及联系人、联系（咨询）电话、应聘截止日期等。

为了达到较好的视觉效果，提高招聘质量，可聘请专业设计公司对招聘广告版面进行设计，将公司的商标或有标志性的办公大楼、重大庆典活动场面等放在广告版面上（或作为背景），借此宣传公司，提高公司的知名度，以吸引更多的求职者前来应聘。

例4-2 ABC汽车集团招聘广告

ABC汽车集团诚聘合资企业高级管理及技术人才！

ABC汽车集团为香港上市公司。应国内合资企业的用人需求，经国家人事部门全国人才流动中心同意，现招聘总经理、资深会计师、总工程师、总工艺师各5名。

总经理及资深会计师条件详见2013年9月19日和26日、10月4日和12日ABC汽车集团刊登在《人民日报》（海外版）上的招聘广告。

总工程师：男性，大学本科以上学历，在工业企业工作五年以上，具有汽车行业的生产管理经验者优先。

总工艺师：机械、金属材料类专业本科以上学历，在汽车生产企业工作五年以上。

以上应聘人员需身体健康，年龄在45岁以下，可长期在汽车产区工作。具有中级以上英语水平者优先。

上述招聘人员的工作地点是ABC汽车集团的合资生产企业。

欢迎您加盟ABC汽车集团。请将个人中英文简历、求职意向、身份证、学历及职称证书的复印件、两张近照及联系地址、电话等寄到ABC汽车集团有限公司行政人事部。

地址：北京市朝阳区××街××号××饭店×××房间 邮编：100021

谢绝来人及电话来访。所寄材料恕不退还。

2. 设计应聘申请表

在对外招聘中，企业的每个职位都有具体的任职要求，如专业、学历、年龄、性别、从业经

历及业绩、职称或职业资格等要求。为了阅读审查方便，人力资源管理部门应该事先设计应聘申请表。回收表格后，招聘人员就能从内容符合要求、格式统一的应聘申请表中轻松地挑选到符合条件的应聘者。

应聘申请表一般应包括如下信息：一是应聘者的姓名、性别、年龄、学历、专业、职称、职业资格等基本信息；二是应聘者的教育背景、工作经历及工作业绩，能从事何种工作等情况；三是应聘者的婚姻状况、主要社会关系情况；四是应聘者的住址、联系电话等信息。应聘申请表样如例 4-3 所示。

例 4-3 应聘申请表样

ABC 公司应聘申请表如表 4-2 所示。

表 4-2　ABC 公司应聘申请表

应聘职位：						填表时间：	年　月　日
姓名		性别		出生年月		民族	
最高学历		最高学位		职称		职业资格	照片
籍贯		政治面貌		婚姻状况		健康状况	
户口地		户口性质		毕业院校		毕业专业	
应聘信息来源		原单位		原职务		联系电话	
个人学习工作简历							
工作业绩							
离职原因				原工资水平		应聘原因	
家庭成员							
我承诺：本人所填内容属实，如有虚假，愿接受相应处分或辞退处理。							
申请人签名：						日期：	

3. 设计面试评价表

各个用人单位的招聘流程可能有所不同，但有一步是基本相同的，即人力资源部（或用人部门）对应聘者的初步面试。初步面试合格，应聘者方能进入下一轮的复试。面试中，招聘人员需要根据面试过程中对应聘者的观察、语言答问表现，收集相关信息，从而对应聘者的素质特征及工作动机、工作经验等进行价值判定。因此，需要事先设计好面试评价表，以便能够应用预先设计好的评价量表对应聘者做出正式的评价或评级，从而决定是否进入复试。例 4-4 为某公司的面谈评价表样。

例 4-4 公司面试评价表样

ABC 公司面试评价表样如表 4-3 所示。

表 4-3 ABC 公司面试评价表样

姓名		性别		出生年月		民族	
毕业院校				所学专业			
毕业时间				应聘职位			

说明：在适当的格内打"√"，不能确定不打"√"。

评价项目	分　值				
	5	4	3	2	1
仪态举止					
体格					
表达反应					
人际沟通					
协作意识					
稳定性					
应聘意愿					
与职位对口					

综合评价：

录用建议	□拟录用	□可考虑	□不予考虑

重要信息 4-5

企业员工招聘工作的内容

企业员工招聘工作主要是由招募、选拔、录用和评估四个阶段组成的、系统性的管理过程。

(1) 招募。招募是组织发布招聘信息，吸引求职者并建立求职者"蓄水池"的过程，主要包括招聘计划的制订与审批，招聘渠道的选取，招聘信息的设计与发布，组织应聘申请者到现场。

(2) 选拔。选拔是从职位申请者中筛选符合组织需要人员的过程，也就是组织对申请者作出分析考察的过程，包括资格审查、初选、测试、体验、背景调查等内容。

(3) 录用。录用阶段主要包括上岗引导、新员工访查等工作内容。目的在于促进员工了解组织的文化和价值观，培养员工的态度；满足他们进入群体过程的需要；打消新员工不切实际的期望；提供新员工需要的专门信息；降低文化冲击的影响，提高新员工队伍的稳定性。

(4) 评估。评估是招聘过程中必不可少的一个环节。评估包括两个方面的内容：一方面是对招聘结果的成效进行评估，如成本与效益评估，录用员工数量与质量评估；另一方面是对招聘方法的成效进行评估，如对所采取的选拔方法的信度与效度加以评估。

同步实训 4.1　员工招聘计划认知

实训目的：加深学生对员工招聘计划的认识。

实训安排：

(1) 学生可以从网络上收集并分析一些企业员工招聘计划或招聘广告实例。

（2）分析并讨论员工招聘计划工作的要点和意义。

教师注意事项：
（1）由生活事例导入对员工招聘的认识。
（2）提供一些员工招聘计划编写的简单案例，供学生讨论。
（3）参观企业或提供其他相应的学习资源。

资源（时间）： 1课时、参考书籍、案例、网页。

评价标准：

表现要求	是否适用	已达要求	未达要求
小组活动中，外在表现（参与度、讨论发言积极程度）			
小组活动中，对概念的认识与把握的准确程度			
小组活动中，PPT制作的艺术与美观程度			
小组活动中，文案制作的完整与适用程度			

4.2 员工选拔

任务提示： 编写员工招聘计划后，开始发布招聘信息，收取应聘人员投递的简历或应聘申请表，经过初选之后，开始组织符合条件的应聘人员进行笔试、面试与其他测试，从而选拔出优秀者。

重点难点： 员工选拔的具体操作。

4.2.1 发布招聘信息

为了尽快招聘到合适的员工，企业人力资源管理部门应该及时向可能应聘的人群传递企业的招聘信息。无论采取哪种招聘方法，招聘信息发布的及时与否会直接影响招聘的效果。招聘信息发布的时间、方式、渠道与范围是根据招聘计划来确定的。由于需要招聘的岗位、数量、任职者要求的不同，招聘对象的来源与范围的不同，以及新员工上岗工作时间和招聘预算的限制，招聘信息发布的时间、方式、渠道与范围也是不同的。

1. 确定信息发布范围

信息发布的范围是由招聘对象的范围决定的。在招聘成本一定的前提下，发布信息的范围应尽可能广。发布信息的范围越广，接收到该信息的人就越多，可能招聘到合适人选的概率就越大。如希望招聘到具有国际工作经验的人员，那么，信息发布范围就不能局限于国内。

2. 选择信息发布方式

发布信息的渠道通常有报纸、杂志、电视、网络、布告栏和新闻发布会等形式。不同的渠道覆盖面、影响力、发布成本差异较大。人力资源管理人员应结合企业的实际情况、职位的特点以及应聘者获悉信息的方式渠道来确定信息发布的渠道。

3. 选择信息发布时间

在条件允许的情况下，招聘信息应该尽早向外界发布，这样有利于缩短招聘进程，有利于更多的人获取信息，吸引更多的应聘者。

4. 区分招聘对象层次

为提高招聘的成功率，节约招聘成本，应该根据招聘职位的要求和特征，有针对性地向特定层次的潜在应聘者发布招聘信息，从而避免信息发布的盲目性，提高人员招聘的效率。

4.2.2 筛选应聘简历

发布招聘信息之后，企业招聘小组通常可以收到大量的应聘者简历或应聘申请书。这时，招聘小组的人力资源管理部门的相关人员应该会同用人部门的负责人共同对这些资料进行初步筛选，以确定哪些应聘者初步入围。

人力资源管理部对应聘人员的资料进行整理、分类，定期交给各主管，由主管筛选出初步具有资格的人员，然后确定参加面试的人选和初步面试时间，最后由主管填写面试通知，并将应聘人员的资料及面试通知送交人力资源部门，由人力资源部通知面试人员。应聘人员简历筛选的重点如下。

1. 审查应聘者基本情况

对应聘者简历资料进行审查和筛选是企业所使用的一种初始筛选工具。主要包括个人基本信息是否符合招聘要求，如年龄、性别、籍贯、学历、婚姻状况、健康状况、家庭住址等。

2. 审查工作经历与求职态度

应聘者的工作经历审查主要包括应聘者所取得的成绩、担任的职务和运用的知识及技能等。通过审查，可以观察应聘者以前工作中的知识、经验、技能的相关性。如果发现那些频繁更换工作的应聘者要慎重考虑。

此外，渴望得到工作、态度端正的应聘者都会认真填写申请表，填写潦草或填写不完整的应聘者可以不予考虑。

3. 审查应聘申请表的真实性

如果发现应聘申请表中有一些可疑的地方，人力资源管理人员一定要进行核查。如内容前后矛盾、出现逻辑错误等，就意味着这份简历的可信度降低。

4.2.3 组织笔试与面试

在进行简历初选的基础上，人力资源管理人员组织入围人员进行笔试与面试。

1. 组织笔试

招聘中的笔试是一种基本的人员甄选方式，也称作专门性考查。笔试主要用来测试应聘者的知识和能力，一般包括两个层面：一般知识和能力；专业知识和能力。

一般知识和能力包括一个人的社会文化知识、智商、语言理解能力、理解速度和记忆能力等；专业知识和能力即与应聘岗位相关的知识和能力，如财务会计知识、管理知识、人际关系能力、观察能力等。性格和兴趣通常要运用心理测试的专门技术来测试，仅靠笔试中的一部分题目很难得出准确的结论。

笔试的优点在于花费的时间少、效率高、成本低，对应聘者的知识、能力、技术的考察可信度较高，成绩评价比较客观。笔试的缺点在于它不能全面地考察应聘者的工作态度、品德修养及其他一些隐形能力。因此,笔试往往作为人员选拔的初步筛选方法。

笔试试题应该根据岗位要求科学设计,内容可以是多方面的,如一般性知识、案例分析、综合设计、领导能力测试、价值观和道德观等内容。

2. 组织面试

面试是经过事先筹划安排的应聘者与面试考官的正式面谈,目的在于在短时间的直接交谈中,面试考官根据应聘者在面试中的回答情况和行为表现来判断其素质与能力。在面试过程中,应聘者通过面试问题的回答来最大限度地展现自己对工作岗位的理解和认识,而面试考官要能够在面试短暂的时间里对应聘者的表现和超越应聘者言谈之上的信息来预测他是否能够满足工作岗位的具体要求,从而作出判断是否考虑录用。面试具有直观、深入、灵活、互动的特点,可获取应聘者的直接第一手材料。

面试开始之前,招聘工作人员应做好各项准备工作,如设计面试问题、面试评分表,编写面试提纲和答案,安排面试地点、布置会场,面试官分组等。面试小组一般由5~7人组成,并设组长,负责主持面试工作。面试开始后,一般让应聘者作简单的自我介绍,然后各位面试考官提出问题,由应聘者一一作答。

 重要信息 4-6

面试的形式

面试的形式有结构化面试、非结构化面试等。

(1) 结构化面试。结构化面试是主考官提前准备好面试题目、面试实施程序、面试评价、考官构成等内容,严格按照事先设计好的程序对每个应试者进行相同内容的面试。这种面试最大的优点是所有的被面试者都必须回答同样的问题,一般不会发生漏掉重要问题的情况,而且对所有的被面试者有统一的评分标准,便于分析和比较,一般适用于初步面试。但其缺点是缺乏灵活性,谈话的深度受到限制,主考官不能就应聘者的答案展开追问,很难做到因人而异,无法深刻、全面地了解应聘者。

(2) 非结构化面试。非结构化面试是指没有固定的模式,面试考官随意提出一些问题,目的是考核应聘者的随机应变等能力。面试考官可以和应聘者进行一种开放式、任意的谈话,可以根据应聘者对上一个问题的具体回答来决定下一个问题问什么,还可以根据应聘者的回答进行追问,以了解更深入的信息。非结构化面试最大的优点是可以根据应聘者的陈述内容灵活地提出相关问题,谈话过程比较自然,主考官可以更加全面地了解应聘者的情况;缺点是对不同应聘者可能提出不同的问题,主观性比较强,没有统一的标准,可能影响面试的可信度和效率。由于非结构化面试的优缺点相对明显,因此它往往作为其他甄选方式的前奏和补充。

在面试过程中,面试考官要重点了解应聘者的仪容、仪表等举止、姿态及精神面貌,专业知识和特长,工作经验和以往业绩的情况,求职动机,个人的兴趣与爱好,人际交往与沟通技巧,应变能力,分析判断能力等情况,并从上述各项考核项目中对应聘者做出综合评价。

管理借鉴 4-2

像对待客户那样招聘大学生

中国民营企业的成长需要广纳人才。20世纪90年代的中国人才市场中还有国家对大学生包就业的政策,怎么样能够吸引到名牌大学的优秀人才也深深困扰着华为。

早在1997年,华为就成立了以常务副总裁为组长的校园招聘工作组,针对重点院校、对口专业主动开展校园招聘活动。

为了吸引学生来深圳参观公司和选择加入公司,华为对于愿意来深圳参观的学生提供了往返两张机票的条件,并且开出了本科生4 500元、研究生5 500元的高工资,这个工资水平一直保持了12年,并一度成为中国企业校招工资的标杆。

评析:从今天的维度来看,华为年轻干部层出不穷,快速成长为各个组织的中坚力量,这与当年积极布局校招有着直接的关联。

4.2.4 组织其他测试

除了笔试和面试之外,根据职务工作的性质,有的企业或组织还会进行一些特殊的素质与能力测试,以了解应聘者对特殊工作的适应性。

1. 劳动技能测试

如果某些岗位有劳动技能方面的要求,就必须进行这种测试。如教师除了须具备专业的知识和技能外,其语言表达和组织教学能力是非常重要的,学校在招聘教师时,都要安排试讲(特别是对没有讲课经验的应届毕业生)。通过一节课的试讲,考查其是否能将知识讲清楚,学生能否听懂,是否具备教师的素质和能力。

2. 心理测试

心理测试是运用心理测量技术了解被试者的智力水平和个性特征的一种方法。目前,这种方法在外资企业人员招聘中运用比较广泛。测试的主要内容包括:能力测试、人格测试和兴趣测试。心理测试弥补了笔试中对性格和兴趣测试的技术性不足。

3. 管理能力测试

管理能力测试也称公文处理测试。面试单位提供文件、备忘录、邮件、请示、报告、申诉信等文件,模拟管理人员日常处理公文的情景。被试者根据自己的经验、知识、能力、性格、风格去处理一系列文件。本测试可以用于测试被试者的组织与规划能力、分析能力、判断能力和决策能力等。

4. 领导能力测试(无领导小组)

测试人员给出一个与工作有关的题目,让几个应聘者组成一组,进行自由讨论,从而观察每个人的主动性、权力欲望、综合分析决策能力、时间控制能力、容忍力、说服力、口头表达能力、自信心、心理压力的耐受力、精力和人际交往能力等。

4.2.5 组织背景调查

为了提高招聘效率,降低用人风险,对于一些重要岗位的应聘者,进行背景调查也是招聘过程中一个非常必要的环节。通过背景调查,会更清楚应聘者以前的真实信息,从而在最短的时间内发现问题。

背景调查可以从三个方面展开:身份背景调查、学历背景调查、工作背景调查,其中最有价值和最有难度的是工作背景调查。

身份背景调查可以通过收取应聘人员的身份证、户口簿、护照等个人信息证件来进行；学历背景调查目前有多种途径，如审核毕业证原件、到教育部学历验证中心的网站上去验证、电话咨询所在院校的学籍管理部门；工作背景调查可以采取通过熟人、电话询问调查、派人上门调查、发行调查等方式。

同步实训 4.2　员工选拔工作认知

实训目的： 加深学生对员工选拔工作的认识。
实训安排：
（1）学生分组各选择一种员工选拔测试方法。
（2）分析并讨论该种测试方法的适用性及测试重点。
教师注意事项：
（1）由生活事例导入对员工选拔的认识。
（2）提供一些员工选拔测试的简单案例，供学生讨论。
（3）参观企业或提供其他相应的学习资源。
资源（时间）： 1课时、参考书籍、案例、网页。
评价标准：

表现要求	是否适用	已达要求	未达要求
小组活动中，外在表现（参与度、讨论发言积极程度）			
小组活动中，对概念的认识与把握的准确程度			
小组活动中，PPT制作的艺术与美观程度			
小组活动中，文案制作的完整与适用程度			

4.3　员工录用

任务提示： 对应聘者测试完毕，进行背景调查后，招聘小组制定拟录用人员名单，交企业领导审批确定之后，人力资源管理部门就要发出录用通知，组织体检，正式录用员工。同时对本次招聘活动做出评价。

重点难点： 理解员工录用工作内容。

员工录用是依据选择的结果做出录用决策并进行安置的活动。如决定录用人员后，应通知录用人员，组织体检，进行试用合同的签订，对员工进行初始工作安排，试用，正式录用等。

4.3.1　做出录用决策

员工录用决策是指通过对选拔过程中获取的信息进行综合评价与分析，确定每一位应聘者的能力特点，并根据预先设计好的人员录用标准进行挑选，从而实现人适其岗、岗得其人的合理匹配过程。人员录用决策做得成功与否，对招聘有着极其重要的影响，如果决策失误,则可能使整个招聘过程功亏一篑,不仅企业蒙受重大的经济损失,还会因此延误企业的发展。

在许多企业,录用决策是由人力资源管理部门具体负责的。在这一过程中,一是应以岗位为标准,按照岗位要求选择最合适的人选;二是应以人员为标准,将人员安置到最合适的岗位上,实现人尽其才,才尽其用。通常这两种标准结合起来使用,可以互为补充,以便提高组织的整体资源配置效率。

在这一工作中,要求人力资源管理人员避免主观武断和不正之风的干扰,把选拔阶段多种考核和测验结果组合起来,进行综合评价,从中择优确定录用名单。

重要信息 4-7
录用决策的标准及注意事项

在全面了解所有应聘人员的情况后,人员录用的标准是衡量应聘者能否被组织选中的一个标尺。从理论上讲,它是以工作描述与工作说明书为依据而制定的录用标准,又称因事择人。这应该是录用效果最佳的方法。但在现实中,它将随着招聘情况的不同而有所改变,有可能出现人选工作和人与工作双向选择的现象。

(1) 以人为标准。即从人的角度,按每人得分最高的一项给其安排职位,这样做会带来一个问题,即可能出现同时多人在该项职位上得分都最高,结果因只能选择一个而将优秀人才拒之门外。

(2) 以职位为标准。即从职位的角度出发,每位职位都挑选最好的人来做,但这样做可能会导致一个人同时被好几个职位选中。尽管这样做的组织效率最高,但只有在允许职位空缺的前提下才能实现,因此常常是不可能的。

(3) 以双向选择为标准。由于单纯以人为标准和单纯以职位为标准,均有欠缺,因此结合使用这两种方法,即从职位和人双向选择的角度出发,合理配置人员。这样的结果有可能并不是最好的人去做每一项职位,也不是每个人都安排到其得分最高的职位上去,但因其平衡了两方面的因素,又是现实的,从总体的效率来看是好的。

做出录用决策的注意事项如下。

(1) 使用全面衡量的方法。我们要录用的人员必然是符合单位需要的全面人才,因此必须根据单位和岗位的需要对不同的才能给予不同的权重,然后录用那些得分最高的应聘者。

(2) 尽量减少做出录用决策的人员。在决定录用人选时,必须坚持少而精的原则,选择那些直接负责考察应聘者工作表现的人,以及那些会与应聘者共事的人进行决策。如果参与的人太多,会增加录用决策的困难,造成争论不休或浪费时间和精力。

(3) 不能求全责备。人没有十全十美的,在做出录用决策时也不要吹毛求疵,挑小毛病,总也不满意。我们必须分辨主要问题以及主要方面,分辨哪些能力对于完成这项工作是不可缺少的,这样才能录用到合适的人选。

4.3.2 组织入围人员体检

组织入围人员体检也称入职体检。入职体检是专项体检之一,旨在通过体检保证入职员工的身体状况适合从事该专业工作,在集体生活中不会造成传染病流行,不会因其个人身体原因影响他人。

4.3.3 正式录用员工

体检合格,人力资源管理部门就可以给被录用者发出录用通知,对未被录用者也要发出致谢通知。

1. 通知被录用者

录用决策一旦做出,体检合格,就应该马上通知被录用者。录用通知一般采取信函的方式,其中要说明什么时候开始报到、在什么地点报到、如何抵达报到地点以及其他应该说明的信息。此外,还应该有欢迎新员工加入企业的用语。在通知中,要让被录用者知道他们的到来对于组织提高生产率的重要意义。这对于被录用者是一个很好的吸引手段。录用通知示例如例 4-5 所示。

例 4-5　××公司录用通知书

××先生/小姐:

通过面试和考察,很高兴地通知您,我公司将为您提供_____职位。如果您能接受该职位工作,我们将感到十分荣幸。我们会为您提供良好的工作环境和难得的发展机遇,并按照我们商谈的结果支付您的薪酬。

我们很希望在_____年_____月_____日(星期_____)之前,能够获得您是否愿意接受该职位的信息。有任何问题,请尽快与我们联系。电话:_____,邮箱:_____。

期待您的回复。

此致

××公司人力资源部
××××年××月××日

2. 回绝应聘者

在选择过程中的任一阶段,求职者都可能被拒绝。如果初步面试表明求职者明显不符合要求时,对其伤害可能较小。对大多数人来说,求职过程是最不愉快的经历之一。大多数单位认识到了这一点,并努力使应聘者尽可能保持平静。但是,告诉应聘者未被录用仍然是一件很难的事。一般而言,人们会选择拒绝信的方法通知应聘者。当选择过程允许花在一个人身上的时间较多时,单位代表可以与求职者坐下来解释为何录用了另一个人。但是,由于时间限制,单位一般采取写一封拒绝信的做法。这样做的好处是,针对个人的信件通常会减少被拒绝的耻辱感及应聘者对单位产生否定情绪的机会。大多数人在经过一段时间后,都会接受未被选中的事实。

一般说来,由单位人力资源部经理签名的辞谢信,比单纯加盖一个公章的辞谢信要让人感觉心理上得到一种补偿。

3. 关注拒聘者

无论单位如何努力吸引人才,仍然会发生接到录用通知的人不能来单位报到的情况。对于那些单位看重的优秀的应聘者,这是一件单位所不期望发生的事情。这时,单位的人力资源部甚至最高层主管应该主动去电话询问,并表示积极争取的态度。如果是候选人提出需要更多的报酬,您应该而且必须与他进一步谈判。因此,在打电话之前,对于单位在这方面还能够提供什么妥协,最好有所准备。如果在招聘活动中,单位被许多应聘者拒聘,就应该考虑自己的条件是否太低。了解清楚应聘者为什么拒聘,从中也许可以获得一些有用的信息。

4. 岗前培训

新员工进入企业后,培训的目的就是让新员工了解单位的历史、现状、未来发展计划,他们所在部门的情况,组织的规章制度、工作的岗位职责、工作的流程、组织文化、组织绩效评估制度和奖惩制度,以及让新员工熟悉他们的同事。要帮助员工了解企业,培养新员工的认同感,使新员工尽快完成角色转换。经培训合格后,允许上岗,培训不合格者允许再次参加培训,考核仍不合格者,应予以辞退。

5. 试用考察

员工进入企业后,企业要为其安排合适的职位。员工安排即人员试用的开始。试用是对人员的能力与潜力、个人品质与心理素质的进一步考核。一般试用期为3~6个月。员工还要与单位签订相应的试用合同。试用合同是对人员与单位双方的约束与保障。试用合同应包括以下主要内容:试用的职位,试用的期限,员工在试用期的报酬与福利,员工在试用期应接受的培训,员工在试用期的工作绩效目标与应承担的义务和责任,员工在试用期应享受的权利,人员转正的条件,试用期单位解聘人员的条件与承担的义务和责任,员工辞谢的条件与义务,员工试用期被延长的条件等。

6. 正式录用

员工的正式录用即我们通常所称的"转正",是指试用期满,且试用合格的员工正式成为该单位成员的过程。员工能否被正式录用,关键在于试用部门对其考核的结果如何,单位对试用员工应坚持公平、择优的原则进行录用。

正式录用过程中用人部门与人力资源部门应完成以下主要工作:员工试用期的考核鉴定;根据考核情况进行正式录用决策;根据《中华人民共和国劳动法》,与员工签订正式的雇用合同;给员工提供相应的待遇;制订员工发展计划;为员工提供必要的帮助与咨询服务。

雇用合同是单位与被聘者的契约,也是建立劳动关系的依据,并成为当事人的行为准则。合同的签订应符合国家政策,便于维护用人单位和被录用的员工双方的合法权益。

4.3.4 评价员工招聘效果

在招聘活动结束之后,企业应及时进行总结。主要通过招聘成本评估、录用员工评估、招聘人员工作评估以及招聘活动总结来对招聘工作的全过程进行记录和经验总结,检验招聘工作成果与方法的有效性,有利于招聘方法的改进。

1. 招聘成本评估

招聘成本评估主要是对招聘过程中发生的费用进行调查、核实,并对预算进行评价的过程。招聘成本效益评估是鉴定招聘效率的一个重要指标。通过成本核算能够使招聘人员清楚地知道费用的支出情况,区分哪些是应支出项目,哪些是不应支出项目,这有利于降低今后招聘的费用,为组织节省开支。

招聘成本分为招聘总成本与招聘单位成本。招聘总成本即人力资源的获取成本,由两个部分组成。一部分是直接成本,包括:招募费用、选拔费用、录用员工的家庭安置费用和工作安置费用、其他费用(如招聘员工差旅费、应聘员工招待费等)。另一部分是间接费用,包括:内部提升费用、工作流动费用。招聘单位成本是招聘总成本与实际录用人数之比。如果招聘实际费用少,录用人数多,意味着招聘单位成本低;反之,则意味着招聘单位成本高。

2．录用员工评估

录用员工评估是对所录用人员的数量、质量及其结构等方面进行评价。数量评估是对招聘工作有效性检验的一个重要方面。通过数量评估,分析在数量上满足或不满足需求的原因,有利于找出各招聘环节上的薄弱之处,改进招聘工作;质量评估是对员工的工作绩效行为、实际能力、工作潜力的评估,它是对招聘的工作成果与方法的有效性检验的另一个重要方面。质量评估既有利于招聘方法的改进,又为员工培训、绩效评估提供了必要的信息。录用人员评估主要从录用比、招聘完成比和应聘比三方面进行。其计算公式为

$$录用比 = \frac{录用人数}{应聘人数} \times 100\%$$

$$招聘完成比 = \frac{录用人数}{计划招聘人数} \times 100\%$$

$$应聘比 = \frac{应聘人数}{计划招聘人数} \times 100\%$$

录用比例越小,则才能说明录用者的素质越高;当招聘完成比大于等于100%时,则说明在数量上完成或超额完成了招聘任务;应聘比则说明招募的效果,该比例越大,则招聘信息发布的效果越好。

录用员工的质量评估实际上是在员工选拔过程中对录用员工的能力、潜力、素质等进行的各种测试与考核的延续,也可根据招聘的要求或工作分析中得出的结论,对录用员工进行等级排列来确定其质量,其方法与绩效考核方法相似。当然,录用比和应聘比这两个数据也在一定程度上反映了录用员工的质量。

3．招聘人员工作评估

招聘人员工作的评估主要通过新员工合格率、职位平均空缺时间、新员工满意度等指标进行测评。这些指标反映了招聘人员工作的效率与效果。

4．招聘活动总结

评估工作完成之后,最后一个环节就是对招聘工作进行小结,对招聘的实施、招聘工作中的优缺点等进行仔细的回顾与分析,撰写招聘小结,并把招聘小结作为一项重要的资料存档,为以后的招聘工作提供信息。

(1) 撰写招聘总结的原则:真实反映招聘的全过程。将招聘活动中的一般过程和重要细节记录下来,不能带有主观的色彩,以便于以后客观、正确地分析问题。招聘总结由招聘的主要负责人撰写。在招聘过程中,主要负责人要对招聘全过程有清楚的了解,能够全面地记录整个招聘过程,而其他招聘人员大多只熟悉其中的某一个步骤便可。招聘总结应明确指出招聘的成功和失败之处。在客观描述的基础上,再用独立的段落写出招聘活动的经验,这对于下一次招聘有着重要的参考意义。

(2) 招聘总结的主要内容:①招聘计划简述。招聘计划是在制定人力资源规划之后,实施招聘活动之前产生的,在这里只需要说明招聘岗位名称、数量、招聘计划何时完成、人员

何时能够上岗工作、招聘工作由哪个部门负责实施等。②招聘进程。招聘进程则以时间表的形式描述招聘与录用的时间安排与落实。③招聘结果。招聘结果记录每次测试的人员的数量与最终录用决策。④招聘经费。这部分内容应当详细叙述招聘费用的使用和支付情况。⑤招聘评定。这部分内容实质上是招聘综合分析的结果。在写招聘评定时,既要总结出合理的、有借鉴意义的成功经验,又要客观地指出招聘工作中存在的不足。

同步实训4.3 员工录用工作认知

实训目的:加深学生对员工录用工作的认识。

实训安排:

(1) 学生分组讨论员工录用工作过程。

(2) 分析并讨论这一过程中每个环节的实践意义。

教师注意事项:

(1) 由生活事例导入对员工录用的认识。

(2) 提供一些著名企业员工录用的简单案例,供学生讨论。

(3) 参观企业或提供其他相应的学习资源。

资源(时间):1课时、参考书籍、案例、网页。

评价标准:

表 现 要 求	是否适用	已达要求	未达要求
小组活动中,外在表现(参与度、讨论发言积极程度)			
小组活动中,对概念的认识与把握的准确程度			
小组活动中,PPT制作的艺术与美观程度			
小组活动中,文案制作的完整与适用程度			

小结

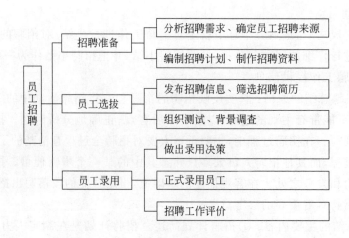

教学做一体化检测

重点名词

招聘　招聘渠道　猎头公司　结构性面试　录用比　招聘完成比　应聘比　管理能力测试　无领导小组

课后讨论

1. 影响企业招聘的环境因素。
2. 企业组织员工招聘与选拔的意义。
3. 制订招聘计划的要点。
4. 员工招聘与其他管理工作的关系。
5. 招聘活动中笔试与面试的优缺点。

课后自测

一、选择题

1. 制订招聘计划的主要依据有（　　）。
   A. 招聘策略　　　B. 招聘程序　　　C. 人力资源规划
   D. 工作分析　　　E. 职业生涯规划
2. 在进行招聘时外部环境分析需要关注的因素包括（　　）。
   A. 经济条件　　　B. 组织文化　　　C. 劳动力市场
   D. 法律法规　　　E. 管理风格
3. 与外部招聘相比，内部招聘的优点有（　　）。
   A. 招聘成本小　　　　　　　　B. 有利于培养员工的忠诚度
   C. 有利于促进团结、消除矛盾　　D. 有利于招聘到高质量的人才
   E. 有利于激励员工、鼓舞士气
4. 某大型企业要招聘高层管理人员若干，适宜选用的招聘渠道有（　　）。
   A. 发布广告　　　B. 猎头公司　　　C. 学校招聘
   D. 职业介绍所　　E. 内部员工保荐
5. 制订招聘计划是人力资源部门的一项核心任务，招聘计划的主要内容，包括（　　）。
   A. 录用人数以及达到规定录用率所需要的人员
   B. 招聘费用预算
   C. 招聘的截止日期
   D. 人员录用后的绩效考核方案
   E. 招聘工作时间表
6. 通过发布广告招聘人员的优势有（　　）。
   A. 传播范围广　　　　　　　B. 作用效果较长，信息量丰富
   C. 信息发布迅速　　　　　　D. 应聘人员数量大

E. 应聘人员素质较高

二、判断题

1. 当一个国家或地区出现金融危机的时候,经济发展受到了影响,劳动力市场的需求会普遍旺盛,企业招聘成本往往很高。（   ）

2. 与绩效评估计划相关的人力资源政策与措施,不包括奖罚制度和沟通机制。（   ）

3. 收集整理企业现有人力资源信息与做好人力资源供需预测关系不大。（   ）

4. 冗员就是超出企业正常生产经营活动实际需要的人员,包括正常的后备人员。（   ）

5. 相对于外部供给,企业对内部人力资源供给具有许多不可控因素,因此,人力资源供给的预测主要是侧重于外部供给的预测。（   ）

6. 人力资源规划实施完成之后,收集相关建议和意见,可以为未来的人力资源规划编制积累经验。（   ）

三、简答题

1. 员工招聘计划的内容包括哪些？
2. 企业员工招聘的影响因素有哪些？
3. 人力资源供给的影响因素有哪些？
4. 企业发布招聘信息的工作内容有哪些？
5. 内部招聘与外部招聘各有什么特点？
6. 员工录用的工作内容包括哪些？

案例分析

丰田公司的全面招聘体系

丰田公司全面招聘体系的目的就是招聘最优秀的、有责任感的员工,为此公司做出了极大的努力。丰田公司全面招聘体系大体上可以分成六大阶段,前五个阶段招聘要持续5～6天。

第一阶段,丰田公司通常会委托专业的职业招聘机构,进行初步的筛选。应聘人员一般会观看有关丰田公司的工作环境和工作内容的录像资料,同时了解丰田公司的全面招聘体系,随后填写工作申请表。1小时的录像可以使应聘人员对丰田公司的具体工作情况有一个概括了解,初步感受工作岗位的要求,同时也是应聘人员自我评估和选择的过程,许多应聘人员知难而退。专业招聘机构也会根据应聘人员的工作申请表和具体的能力及经验做初步筛选。

第二阶段,评估员工的技术知识和工作潜能。通常会要求员工进行基本能力和职业态度心理测试,评估员工解决问题的能力、学习能力和潜能以及职业兴趣爱好。如果是技术岗位工作的应聘人员,更加需要进行6小时的现场实际机器和工具操作测试。通过第一、第二阶段的应聘者的有关资料转入丰田公司。

第三阶段,丰田公司接手有关的招聘工作。本阶段主要是评价员工的人际关系能力和决策能力。应聘人员在公司的评估中心参加一个4小时的小组讨论,讨论的过程由丰田公司的招聘专家即时观察评估,比较典型的小组讨论可能是应聘人员组成一个小组,讨论未来几年汽车的主要特征是什么。实地问题的解决可以考察应聘者的洞察力、灵活性和创造力。同样在第三阶段应聘者需要参加5小时的实际汽车生产线的模拟操作。在模拟过程中,应聘人员需要组成项目小组,负担起计划和管理的职能,比如如何生产一种零配件,人员分工、材料采购、资金运用、计划管理、生产过程等一系列生产中所考虑因素的有效运用。

第四阶段,应聘人员需要参加一个1小时的集体面试,分别向丰田的招聘专家谈论自己取得的成就,这样可以使丰田的招聘专家更加全面地了解应聘人员的兴趣和爱好,他们以什么为荣,什么样的事业才能使应聘员工兴奋,以便于更好地做出工作岗位安排和职业生涯计划。在此阶段也可以进一步了解员工的小组互动能力。

第五阶段,通过以上四个阶段,员工基本上被丰田公司录用,但是员工需要参加第五阶段一个25小时的全面身体检查。了解员工的身体一般状况和特别的情况,如酗酒等不良嗜好。

第六阶段,新员工需要接受6个月的工作表现和发展潜能评估,新员工会接受监控、观察、督导等方面严密的关注和培训。

丰田的全面招聘体系使我们理解了如何把招聘工作与未来员工的工作表现紧密结合起来。从全面招聘体系中我们可以看出,首先,丰田公司招聘的是具有良好人际关系的员工,因为公司非常注重团队精神;其次,丰田公司生产体系的中心点就是品质,因此需要员工对于高品质的工作进行承诺;最后,公司强调工作的持续改善,这也是为什么丰田公司需要招收聪明和有过良好教育的员工,基本能力和职业态度心理测试以及解决问题能力模拟测试都有助于良好的员工队伍的形成。正如丰田公司的高层经理所说:"受过良好教育的员工,必然在模拟考核中取得优异的成绩。"

阅读以上材料,回答问题:
1. 请你概括丰田的全面招聘体系。
2. 第三阶段、第四阶段分别运用了什么测试方法?
3. 你还可以给招聘体系做哪些补充?

课程思政园地

《人民日报》2018年8月2日消息,近年来,残疾人就业渠道进一步拓宽,越来越多的残疾人能够在工作中实现自我价值。

在浙江贝斯特软化板有限公司,制笔车间里有不少坐着轮椅来上班的残疾职工。"这些工作不需要来回跑动,腿脚有残疾的人适合在这里工作。"公司负责人吴明玉介绍说:"目前,我们已经一次性安置了48名残疾员工。福利企业给残疾人的工资,一般是同行业、同岗位的120%,最高的能达到7 000多元。还有社会保险费方面,残疾人个人需要缴纳的部分,我们会适当给予补助。"

面向集中安置残疾人的福利企业,庆元县也出台了支持政策。对于企业实际缴纳的社会保险费,给予50%的补助。对于超比例安置残疾人的福利企业,其安置残疾职工比例超出25%的部分,每人每年按当地最低工资标准给予1个月的奖励。

除了福利企业集中安置外,庆元县还设有公益性岗位。庆元县松源街道的沈建成,之前在一家建筑公司打工,不幸从高处跌落,造成三级肢体残疾。沈建成再去找工作时,总不如意,收入时断时续,生活陷入困境。前不久,在全县残疾人就业创业情况摸底调查中,吴菁华了解到沈建成的困难,协助他报考了定向招考残疾人的公益性岗位。

"残疾人虽然身体有缺陷,但求职意愿强、工作责任心强,是不可多得的好职工。"庆元县人力社保局局长胡小灵说,目前全县共有102个面向残疾人的公益性岗位。其中,乡镇街道的残疾人专职委员11个,村庄、社区的残疾人专职协理员60个,残疾人环卫工31人。庆元县自开展"一对一精准助残"专项行动以来,已有1 472名残疾人实现再就业。

思考:
1. 我国政府为什么要下大力气促进残疾人就业?
2. 作为企业,在人员招聘中应承担哪些社会责任?

学生自我工作总结

通过完成任务4,我能够作如下总结。

一、主要知识

完成本任务需了解的主要知识点有:
1.
2.

二、主要技能

完成本任务需掌握的主要技能有:
1.
2.

三、主要原理

完成本任务涉及的管理原理有:
1.
2.

四、相关知识与技能

本任务的完成过程:
1. 员工招聘的意义是:
2. 员工招聘测试的作用:
3. 回绝应聘和的要求是:

五、成果检验

本任务的成果：
1. 完成本任务的意义有：
2. 学到的知识与技能有：
3. 自悟的知识与技能有：
4. 你认为员工招聘对人力资源管理工作的意义是：

任务5 员工培训

 学习目标

1. 知识目标
- 能认识企业员工培训的原因。
- 能认识员工培训的方法。
- 能认识员工培训的程序。

2. 能力目标
- 能说明企业员工培训的意义。
- 能组织小型培训项目。
- 能对员工培训与开发有整体的认识。

3. 课程思政
- 能够传承航天精神。
- 能够发扬企业家精神。
- 增强民族自豪感。

 任务解析

根据人力资源管理职业工作活动顺序和职业教育学习规律,"员工培训"任务可以分解为以下子任务。

 管理故事

任正非1994年12月在《华为人报》上撰文道,如果我们的员工素质不高,培训不严,因经验不足处理不当造成全网瘫痪,这是多么可怕的局面。因此,从难从严,从实际出发,各级组织加强员工培训,是一项长期的艰巨任务。

在这样的思想指导下,华为建立起了一整套完善的员工培训体系,这套体系几乎涵盖了企业培训的全部内容,包括新员工培训系统、管理培训系统、技术培训系统、营销培训系统、专业培训系统、生产培训系统。

这些培训系统互相依托但又各成一体,华为培训集一流的教师队伍、一流的教学设备和环境于一体,拥有专、兼职培训教师千余名。1997—1999年,华为先后建立了6个培训中心,分别是新员工培训中心、用户培训中心、高级行政管理干部培训中心、高级研发干部培训中心、高级营销干部培训中心和高级工程技术干部培训中心,占地面积13万平方米,拥有阶梯教室、多媒体教室在内的各类教室110余间,能同时进行2 000人的培训。教室的设备和设计能够满足教师授课、基础技术辅助教学等多种教学手段的需要。培训中心还拥有三星级学员宿舍、餐厅、健身房等生活、娱乐、体育设施,为培训学员提供舒适的学习生活条件。

管理感悟:"每个人所能做的实际上比他所想象的还要强,只有持续学习的员工才会成为有发展和有价值的人。"的确,华为公司的员工培训与开发在发掘员工潜能、发挥人才作用方面起到了积极的作用。

5.1 员工培训准备

任务提示:组织员工培训之前,首先应该分析员工培训的需求,在此基础上,确定培训目标、培训内容,制订培训计划。员工培训准备工作的关键是要做好员工培训需求分析和确定培训目标。

重点难点:员工培训准备工作的内容。

随着现代经营管理理念的普及,企业管理层对员工培训与开发工作的认同也有了很大提升,许多企业高层已经不再将员工培训看作"费用",而是看作一项长线"投资"。于是,企业培训形式多样,光盘、影碟频出。然而,这些培训往往是社会上一些热点、典型的课题,演讲者即兴成分较大,一些企业员工听完后却发觉真正能够落实到"行动"上的少之又少。

员工培训作为企业的人力资本投资,其成败在很大程度上依赖于培训需求分析。培训需求分析决定了培训能否瞄准正确的目标,进而影响到能否设计与提供有针对性的培训课程,因此对培训的有效性起着至关重要的作用。在越来越重视人力资本投资的今日,企业加大培训的投入力度虽有其必要性,但前提是必须进行有效的培训需求分析。一些企业的培训效果不好,最重要的原因就在于缺少有效的培训需求分析,缺乏针对性。

重点名词 5-1

员工培训需求分析

员工培训需求分析是指在规划与设计每项培训活动之前,由企业主管、人力资源部门、培训工作人员等采用各种方法与技术,对参与培训的所有组织及其员工的培训目标、知识结构、技能状况等方面进行系统的鉴别与分析,以确定这些组织和员工是否需要培训及如何培训的一种活动或过程。

5.1.1 分析员工培训需求

培训需求的确定,主要是通过对企业现实进行分析,找出现实和计划目标之间的差距,从而确定员工需要参加何种培训,企业应组织何种培训。培训需求通常包括三个方面的内容:企业分析、任务分析和员工分析。在企业中,培训需求分析人员主要包括:人力资源管理部门工作人员、员工、管理人员、有关项目专家、客户以及其他相关人员。

1. 企业分析

企业分析是指分析人员站在组织的高度,从企业整体角度出发分析员工的培训需求。具体是指通过对企业完成某一项任务(工程)所需的知识、技能状况同现有状况的差距进行分析,来确定组织的培训需要及培训内容。企业分析应从企业的组织目标、企业资源、企业特质和环境等方面进行,其目的是使实施培训与组织目标吻合并符合企业的实际。

重要信息 5-1

企业员工培训需求产生的原因及分析报告

企业员工培训需求产生的原因大致可以分为以下三类。

1. 由于工作变化而产生的培训需求

企业处在不断发展变化的环境中,不同岗位的工作内容也会相应地发生变化,为了适应这种变化,培训需求随之产生。

2. 由于人员变化而产生的培训需求

无论员工原来从事何种工作,当他们进入一家新的企业或踏入新的工作领域时,为了尽快地进入工作状态,实现较好的工作业绩,培训都是他们的首要选择。

3. 由于绩效变化而产生的培训需求

实现既定的或更优异的绩效是企业所希望的,但部分员工因各种原因,在其现有状况和应有的状况之间会存在一定的差距,由此也产生了相关的培训需求。

企业员工培训需求分析报告一般包括以下七个方面的内容:报告提要,即对报告要点的概括;需求分析实施的背景;开展需求分析的目的和性质;概述需求分析实施的方法和流程;培训需求分析的结果;为分析结果的简要评析提供参考意见;附录,包括收集和分析信息时用的相关图表、原始材料等。

(1) 企业目标分析。企业目标是指确定企业完成某一项任务(工程)所需的知识、技能标准或要求,即组织的目标。企业目标包括短期目标、中期目标和长期目标。这对培训计划的设计与实施起决定性作用。一般来说,组织目标决定培训目标,培训目标为组织目标的实现服务。有什么样的组织目标就有什么样的培训目标,组织目标与培训目标具有内在的一致性。因此,在培训需求分析中,组织目标的确定应该尽可能详细具体。

例 5-1 海尔的价值观念培训

海尔培训工作的原则是"干什么学什么,缺什么补什么,急用先学,立竿见影"。在此前提下首先是企业目标下价值观的培训——"什么是对的,什么是错的,什么该干,什么不该干",这是每位员工在工作中首先必须明确的内容,这就是企业文化的内容。对于企业文化的培训,除了通过海尔的新闻媒体《海尔人》进行大力宣传以及通过上下灌输、上级的表率作用之外,重要的是员工的互动培训。海尔在员工文化培训方面进行了丰富多彩的、形式多样的培训及文化氛围建设,如通过员工的"画与话"、灯谜、文艺表演、找案例等员工自己的画、话、人物、案例来诠释海尔理念,从而达成理念上的共识。

(2) 企业资源分析。对照组织目标,做好企业资源的分析。主要是对组织内现有人力资源状况的分析,内容包括人员的数量、质量和结构等方面。此外,还应该了解管理人员和员工对培训活动的理解和参与度,以及企业可能提供的培训费用、时间以及培训形式方面的支持。主要是要准确评价组织是否拥有适宜的经费、时间、人员、知识、设计等资源来支持有关培训的需要,能够允许什么范围、什么对象、什么形式、什么水平、什么来源的培训开发项目等。

例 5-2　宏图公司的组织资源分析

宏图公司要对其商务部进行电子化改造升级,拟通过员工培训来解决计算机技术人员的需求问题。人力资源管理部门进行组织资源分析如下:公司原则上只支付少量经费,要求商务部员工自学计算机知识;根据现有人员的技术水平,可以利用企业内部人员对员工进行培训;考虑时间、费用问题,只对商务部现有员工进行培训;内部人员不能解决的难题,可以利用外部培训资源来解决,如购买相关的培训资料。

(3) 企业特质和环境分析。企业的内部结构、企业文化、资讯传播途径都可能对员工培训工作产生影响。分析这些因素,有利于更好地确定员工培训的有效方式与方法。如管理层与一般员工的目标有冲突或在培训中被培训的技术行为与受训者主管上司所支持的技术行为有冲突,则表明受训者不大可能把培训中新学的技术应用于工作中,即组织还没有为培训做好准备。

此外,不同层次的管理人员,在培训需求分析中关注的重点不一样。高层更易从公司发展前景来关注培训与其他人力资源管理活动(如甄选、薪酬)在公司内所扮演的角色。而中层更关心培训将如何影响本部门财务目标的实现。

例 5-3　海尔集团的培训环境

海尔集团内部有句话:"下级素质低不是你的责任,但不能提高下级的素质就是你的责任!"集团要求每位领导,上到集团总裁、下到班组长都必须为提高部下素质而搭建培训平台、提供培训资源,并按期对部下进行培训。特别是集团中高层人员,必须定期到海尔大学授课或接受海尔大学培训部的安排,不授课则要被索赔,同样也不能参与职务升迁。每月进行的各级人员的动态考核、升迁轮岗,就是很好的体现:部下的升迁,反映出部门经理的工作效果,部门经理也可据此续任或升迁、轮岗;反之,部门经理就是不称职。为调动各级人员参与培训的积极性,海尔集团将培训工作与激励紧密结合。海尔大学每月对各单位培训效果进行动态考核,划分等级,等级升迁与单位负责人的个人月度考核结合在一起,促使单位负责人关心培训,重视培训。

2. 任务分析

任务分析也称工作分析,是指对完成工作任务并达到满意绩效所必须掌握的知识与技能进行分析,并通过现状与要求的对比,确定员工培训与开发的内容。任务分析是在特定工作岗位的层次上进行的。任务分析一般可以分为五个步骤:①选择需要分析的工作岗位;②通过观察、访问、与知情者讨论等方式,初步列出该工作岗位所要完成的各项任务的基本清单;③核查、确认初步列出的任务清单的可靠性和有效性,可以通过组织专家会议或书面调查等形式回答有关各项工作任务的问题,以使其进一步完善;④明确成功完成每一项任务(任务清单确定的)所需要的知识、技能或能力。这类信息可以通过访谈和调查问卷法加以收集;⑤对比分析,找出现状与要求的差距。

一般情况下,只有从企业分析中得出企业有必要在一定培训上投入时间和资源的结论后,才会具体进行任务分析。这是因为任务分析需要投入大量的时间来收集和归纳数据,是一个耗时长、要求细致的工作。

3. 员工分析

员工分析是以员工个体作为企业员工培训需求分析的对象,主要分析员工个体现有状况与应有状况之间的差距,在此基础上确定谁需要和应该接受培训及培训的内容。主要分新员工和在职员工的培训需求分析。

(1) 新员工培训需求分析。新员工由于对企业文化、企业制度不了解而不能融入企业,或是由于对企业工作岗位不熟悉而不能很好地胜任新工作,此时就需要对新员工进行培训。对于新员工的培训需求分析,特别是对于从事低层次工作的新员工的培训需求分析,通常使用任务分析法来确定其在工作中需要的各种技能。

管理借鉴 5-1

华为的新员工培训

华为的新员工培训采取全封闭、半军事化的培训方式,将操练、课堂教学、分组讨论、团队竞赛、集体活动有效地结合,使新员工在学习中主动思考,在讨论中互相启发,在竞赛中实践演练,在活动中展示才华。华为的新员工培训致力于培养具备开放意识、合作精神和服务意识,富有责任心,具有自我批判能力,理解公司的价值观和经营理念,认同公司文化,掌握基本的工作常识和专业技能,具有可持续发展性的新一代华为人。

讨论:华为公司新员工培训的主要目的是什么?

(2) 在职员工培训需求分析。在职员工培训需求是指由于新技术在生产过程中的应用,在职员工的效能不能满足工作需要等而产生的培训需求。在职员工培训需求分析通常可以采用观察法、问卷调查法、阅读技术手册、访问项目专家等方法,收集相关信息。主要通过绩效评价的方式,找出那些与组织期望绩效有差距的员工,分析这些差距出现的原因,从而为有针对性的培训做好准备。

重要信息 5-2

员工分析的内容

员工分析旨在帮助组织确定哪些员工需要培训以及相应的受训基础如何。员工分析的内容主要包括以下方面:分析员工实际工作绩效与预期工作绩效之间的比较关系,判断是否有必要进行培训;分析员工适应工作变革或应用新技术时,新的任务的完成情况或绩效改善的状态;分析员工的知识、学历、态度、动机、行为等个性特点和基本技能(能够顺利完成工作和培训内容的技能)状况,判断员工是否需要培训等。要在分析上述内容的基础上来具体确定或回答哪些员工需要培训,需要培训什么,他们是否做好了受训准备等重要问题。

员工分析的关注重点是员工绩效不良或员工绩效低于组织所要求的绩效标准。员工的绩效不良经常可用顾客抱怨次数、绩效考评等级、事故率、不安全行为等方面的不良指标来度量。通过确定员工的绩效问题，分析实际绩效与期望绩效或绩效标准之间差距的原因，便可帮助管理者确认员工培训需要的线索、方向以及必要性与可行性。但是，在面对或确认员工绩效问题后，必须对可能影响员工工作绩效的个人特征、投入(资源)产出、结果、标准、工作设计、沟通反馈等因素进行全面的认知和分析。如果影响工作绩效的其他要素合格或令人满意，主要是因为员工个人缺乏做好工作必需的知识、技能、态度和行为而影响绩效，则需要对其加以培训；如果前者存在明显的缺陷，而后者合格时，培训可能就不是解决绩效问题的最佳办法；如果两者都不令人满意时，则需要实事求是地予以综合治理。

5.1.2 确定员工培训目标

在培训需求分析的基础上，人力资源管理部门就可以确立培训目标，使培训更加有效。培训目标是指培训活动的目的和预期效果。有了培训目标，才能确定培训对象、内容、方法等具体工作，并可在培训之后对照此目标进行培训效果评估。

1. 确立培训目标的原则

培训目标的确定应把握以下原则：培训目标要和企业的长远目标相吻合，对企业部门可以起到工作指南的作用；培训目标应切合实际，受训者可以在培训过程中对照培训目标找出差距，具有可行性；培训目标应具体，操作性强，为后期培训的评估提供重要的参考依据；培训目标应有一定的难度，对受训者起到有效的激励作用。另外，培训目标的设置应与企业的宗旨相容，好的培训目标应该是具体的、可操作的、可测量的。一般来说，目标越具体，就越能取得培训的成功。

2. 确定培训目标的内容

培训目标一般包括三方面的内容：一是说明员工应该做什么；二是阐明可被接受的绩效水平；三是受训者完成指定的学习成果的条件。

3. 确定培训目标的层次

培训目标可以分为若干层次，从某一培训活动的总体目标到每堂课或每次培训的具体目标，越往下越具体，循序渐进，逐步实现。

重要信息 5-3

企业员工培训的意义

企业员工培训的意义体现在以下几个方面。

(1) 可以使企业适应环境的变化，满足市场竞争的需要。企业所处的环境在变化，原来合格的员工，如果不经常培训，就会不合格。市场竞争，从产品竞争到销售竞争，再到资本竞争、知识竞争，不断升级，最终是人力资源的竞争，企业要在激烈的市场竞争中取胜，必须重视职工培训，这是市场竞争的需要。

(2) 可以提高组织运作的质量和能力，提高工作绩效。接受过职业培训的员工，不仅能够更好更快地掌握新技术和新方法，正确理解技术指标的含义，提高整个组织的工作水平和质量，减少浪费，提高劳动效率，而且能够更透彻地理解企业的方针、政策和管理要求，对企业进行的监督、指挥和协调工作有更高的认识。

(3)可以促使企业员工接受变革。任何企业在受到社会、市场、竞争对手以及企业内部的压力时,不可避免地会发生不同程度的变化,而且这种变化是经常性的。实践证明,受训练不多的人,掌握一门新技术比较吃力,因而对上述的变化就会持反对或拒绝的态度,导致消极情绪和不合作,并影响工作的效率和质量。而经常接受培训的人,容易接受新的东西。

(4)可以促使员工认同企业文化。对新成员进行职业培训,可以使他们了解本企业的文化,引导他们的思想文化与企业的思想文化统一起来。从这个角度来看,培训本身就是企业文化的一部分。

(5)可以满足职工自身发展的需要。每位员工都有一种追求自身发展的愿望。这种愿望若不能满足,员工就会觉得工作没意思、生活乏味,最终导致员工尤其是优秀员工的流失。对于一般员工来说,也希望在企业中有成长晋升的机会,这就需要不断学习。员工不但要熟悉自己的工作,还要了解本专业的最新动态,掌握有关的新技术和新方法,使自己有比较宽的知识面和合理的知识结构。

(6)可以有效激励员工。培训可以增强员工的责任感、成就感和自信心。当员工通过企业组织的职业培训感受到自己的价值和组织的重用,就会对工作满怀热情,对自己充满信心。从这个角度来看,培训本身就是一种重要的激励方式。

5.1.3 制订员工培训计划

在进行培训需求分析,确定培训目标以后,人力资源管理人员就可以根据培训的需求和目标制订员工培训计划。员工培训主要包括以下内容:确定培训内容,选择培训对象,选择培训形式,确定培训层次等。具体还包括培训地点、培训项目的负责人、培训学制、课程设置方案、课程大纲、教科书与参考教材、培训教师、教学方法、考核方法、辅助器材设施以及培训费用预算等。

1. 确定培训内容

员工培训内容一般分为三个层次:第一,知识培训。知识培训有利于员工掌握工作过程需要的知识,增强对新环境的适应能力,获得持续发展和提高的基础。第二,技能培训。技能培训主要是针对员工业务能力的提升而组织的培训。第三,素质培训。素质培训是较高层次的培训,主要包括正确的价值观、积极的工作态度、良好的思维习惯、企业精神以及其他较高的目标。此外,有的企业也组织创新能力培训、团队精神培训、形象与心理培训等。

企业的培训要结合企业现实的生产经营管理需要或未来发展的需要,内容必须是该领域最新的研究成果或是同行业最新的经验,坚持针对性、实用性、超前性,培训工作才能适应企业的需要。针对性就是指培训要面对问题,针对需求,不要搞形式主义。实用性就是指培训要围绕经济或管理上的难题或实际问题而进行,而不是空谈理论;应该是讲理论能解惑、释疑、指明方向,讲实际能使人掌握方法、借鉴经验。超前性就是指培训的内容应当新鲜而不陈旧,先进而不落后。

管理借鉴 5-2

IBM 的新员工培训内容

"无论你进 IBM 时是什么颜色,经过培训,最后都变成蓝色。"这是 IBM 新员工培训时流行的一句话。IBM 的员工培训是多方位的,既有集中面授又有分期培训,同时还建有电子学习中心(e-Learning)、图书中心等。新加入的员工首先要接受新员工定位培训,内容包括 IBM 公司的介绍、历史沿革、业务框架、经营战略、部门分工合作情况、新员工的工作职责、福利待遇、如何进行培训学习以及如何利用公司资源等。随后,公司将对员工掌握的技能进行测试评定,看是否适合上岗。接下来,公司的电子学习中心会分部门、分级别地为员工提供各种学习资源,员工可根据自己的情况在工作范围内选择要学习的内容。选定的学习内容需经主管经理批准后方可注册学习,学完之后需经考试测评认证。电子学习中心涉及的内容广泛,包括财务、金融、市场营销、经营战略等,有点像企业办的网上在职专业培训中心。此外,电子学习中心也给公司员工提供了一个随时随地学习培训的机会,只要登录企业内部网,就可以获得学习资料并进行自学,解决了员工工作繁忙,无法有较多的时间进行脱产学习的问题,真正实现了工作、学习两不误。

讨论:你如何理解"无论你进 IBM 时是什么颜色,经过培训,最后都变成蓝色"?

2. 选择培训对象

选择培训对象时,必须考虑员工掌握培训内容的能力,以及他们回到工作岗位应用所学内容的能力。这不仅是一个重要的激励问题,也是一个重要的效率问题。如果员工在培训过程中没有获得应有的收获或者他们回到工作岗位无法应用所学的内容,那么不仅在员工个人心理上会产生强烈的挫折感,同时也是组织培训资源的浪费。

在选择培训对象时,除了从培训候选人的学习能力来进行甄别以外,还可以从员工的学习动力的角度进行考虑。

3. 选择培训形式

企业培训对象的多样性决定了培训形式是多样的,而培训内容的针对性和实用性决定了培训形式必须是灵活的,既可以是脱产的,也可以是在职的;既可以是中、长期的,也可以是短期的。培训的形式没有固定的模式,一切要从本企业的需要出发,也就是说要根据企业的生产实际,合理安排培训的时间,区别不同对象,采取不同的培训形式。

4. 确定培训层次

企业应当根据本企业的生产经营实际需要确定合理的培训层次,确定人才培养的合理规模,形成合理的结构,使得培养出来的人才真正为企业所用。正像波音公司一样,具有竞争力的企业大都拥有三个梯队的人才储备:一是立足企业生产一线的需要,有解决生产难题的人才,从而为企业赢得国内市场;二是有能使企业扩大国内市场的人才;三是有能够研究国外同类产品的发展动态,进而改造本企业产品的人才,从而使企业产品打入国际市场。

5. 培训费用预算

在编制员工培训计划时,人力资源培训专员要注意将各项费用发生的情形充分考虑到,以保证培训工作能够有充裕的经费支持,从而能够保证培训效果。员工培训费用不仅包括培训所发生的直接费用(如聘请讲师、课程版权以及内部讲师参加培训以及引入课程的费用等)外,还包括间接费用(如培训场地、设备以及教材准备费用等)。

同步实训 5.1　员工培训计划认知

实训目的：加深学生对员工培训准备工作的认识。
实训安排：
(1) 学生可以从网络上收集一些企业员工培训计划实例并进行分析。
(2) 分析并体会员工培训计划的编写要点。
教师注意事项：
(1) 由生活事例导入对员工培训的认识。
(2) 提供一些员工培训计划的简单案例,供学生讨论。
(3) 参观企业或提供其他相应的学习资源。
资源(时间)：1 课时、参考书籍、案例、网页。
评价标准：

表现要求	是否适用	已达要求	未达要求
小组活动中,外在表现(参与度、讨论发言积极程度)			
小组活动中,对概念的认识与把握的准确程度			
小组活动中,PPT 制作的艺术与美观程度			
小组活动中,文案制作的完整与适用程度			

5.2　员工培训组织

任务提示：在分析员工培训的需求,制订培训计划的基础上,企业员工培训工作正式展开。人力资源培训专员要负责编写课程描述、编写课程计划、确定培训讲师、选定培训场所、确定培训方式、组织培训工作。

重点难点：员工培训组织工作的内容及操作。

培训计划制订完成后,员工培训工作即将开始,即进入培训计划的实施阶段。这一阶段,事务性的工作由人力资源管理部门培训专员负责。工作中,人力资源培训专员一是必须做到切实保证严格执行计划,严格检查各个环节,出现问题及时处理;二是重视培训信息的反馈,为培训工作的改进提供依据;三是应该根据环境、需求等实际情况的变化,及时调整和修正原计划,以保证培训任务的完成和培训目标的实现。

员工培训的组织工作主要包括以下操作内容。

5.2.1　编写课程描述

员工培训的课程描述是指对有关培训项目总体信息的说明,内容包括培训课程名称、目标学员、课程目标、地点、时间、培训的方法、预先准备的培训设备、培训教师名单以及教材等。课程描述信息一般是从培训需求分析中得到的。

5.2.2 编制课程计划

员工培训中,编写详细的课程计划非常重要。课程计划主要是对培训期间的各种活动及其先后次序和管理环节做出安排。课程计划既有助于保持培训活动的连贯性,也有助于确保培训教师和受训者了解课程和项目目标。课程计划主要包括具体的课程名称、学习目的、报告的专题、目标听众、培训时间、培训教师的活动、学员活动和其他必要的活动安排。表 5-1 为新员工培训课程安排示例。

表 5-1 ××公司新员工培训课程表

时间	地点	主讲人	课程内容
9月1日上午 8:00—11:30	职工俱乐部	公司总经理、副总经理、人力资源部经理、市场部经理、财务部经理	新员工欢迎仪式 新员工座谈会
9月1日下午 14:00—17:30	305会议室	人力资源部经理	公司历史、组织制度
		市场部经理	市场部设置、工作流程
9月2日全天 8:00—11:30 14:00—17:30	305会议室	外聘专职培训师	市场专员职责 市场专员素质 沟通技巧
9月3日全天	户外拓展基地	人力资源培训专员	团队合作意识培训
9月4日	职工俱乐部	人力资源部经理	培训总结

5.2.3 确定培训讲师

在企业员工培训中,培训讲师是培训计划的具体执行者、引导者之一,培训讲师的知识、实践经验以及培训技术水平直接影响培训效果。

重要信息 5-4

员工培训讲师的来源

企业员工培训讲师有以下来源。

按照隶属关系可以分为企业内部讲师与外聘讲师,外聘讲师通常还可以分为实战型讲师与学院型讲师。

按照讲师专长可以分为管理课程讲师、营销课程讲师、IT 技术讲师、通用技能讲师以及其他专业课程讲师。

按照讲师的国籍可以分为国内讲师、国外讲师。

按照讲师风格可以分为讲座型的(严谨型)讲师、互动型的(活泼型)讲师。

1. 根据实际需要选择培训讲师

一般来讲,企业内部讲师比较了解课程目的以及每名受训学员的特点,便于因材施教。外聘讲师通常是某领域或学科的专家。实战型讲师具有丰富的实践经验,在讲授课程的同时,可以分享他在进行某项业务时的成败案例,同时也可以解答受训学员在具体业务操作中遇到的困惑与问题。学院型讲师具有深厚的理论基础,我们可以从他那里较全面、系统地学习某一课程的基本概念和理论。在选择讲师风格时要注意结合课程本身的特点与企业文化以及受训员工的接受能力相匹配,才能起到良好的培训效果。作为公司培训管理人员,在选择培训讲师时,需要注意结合公司的业务情况、企业文化、课程特点以及员工的接受水平。

2. 根据费用预算选择培训讲师

在决定专门配备内部培训讲师还是外部聘请培训讲师时,人力资源培训专员首先要明确的是:招募配备内部培训讲师必然增加企业的人工成本,而选择聘请外部培训讲师则是一次性的,尽管讲课费用很高,但无须考虑其他经常性开支。但如果反复从外面聘请,开设相同的课程,也会增加企业的培训费用。所以应该考虑企业的特点与规模因素,再决定是否配备企业内部专职讲师,具体情况如表5-2所示。

表5-2 选择讲师方式与企业特点的关系

所属行业	企业规模特点	受训员工特点	选择讲师方式
消费品行业 餐饮酒店业	规模较大、劳动密集	从事相同岗位、工种人数众多	配备内部讲师
IT企业	规模较小、技术密集	员工学历层次高、接受能力强、知识更新快	聘请外部讲师
大型跨国企业	规模很大、技术密集	人员众多、分工细致、对岗位技能要求较高	购买权威课程版权或向专业咨询培训机构定制开发课程,然后由内部讲师讲授

5.2.4 确定培训场所

选择什么样的培训场地是影响培训成败的关键因素之一。根据课程内容安排和培训形式的需要,企业员工培训场所通常可以分为室内场所和室外场所。

1. 室内场所的选择

知识性的培训一般会选择室内场所,室内场所的选择有以下要求。

首先,室内场所应具备舒适、安静、独立而不受干扰,能为受训者提供足够的自由活动空间等特点。

其次,培训场地的布置应注意一些细节,检查空调系统以及临近房间、走廊和建筑物之外的噪声情况;场地的采光、灯光与培训的气氛相协调;培训教室结构选择方形,便于受训者看、听和参与讨论;教室的灯光照明适当;墙壁及地面的颜色要协调,天花板的高度要适当;桌椅高度适当,椅子最好有轮子,可旋转、便于移动等;教室电源插座设置的数量及距离也要适当,便于受训者使用;墙面、天花板、地面及桌椅反射或引音能保持合适的音响清晰度和音量。

最后,注意座位的安排,即应根据学员之间及培训教师与学员之间的预期交流的特点来布置座位。一般而言,扇形座位的安排对培训十分有效,不仅便于受训者从任何角度进行观看,也便于受训者从倾听讲座转向分组实践,还便于受训者相互交流。当然,也可根据培训目的与方法来布置教室,例如培训主要是获取知识,以讲座和视听演示为主要培训方法,那么传统教室的座位安排就比较合适。总之,选择和准备培训场所应以培训效果为目的。

2. 室外场所的选择

企业员工培训中,若以技能培训为主要内容,最适宜的场所为工作现场;如果是团队合作精神等态度类的培训,则需要选择一些户外拓展基地。

首先,选择室外培训选场所第一要求是安全。新员工进入工作场所后,难免因好奇产生动一动机器设备的念头;在户外拓展活动中,一些项目也可能存在安全隐患。所以,室外培训场所首先的要求是避免员工受到人身伤害。

其次,无论是工作场所的实际操作培训,还是基于团队合作意识的户外拓展活动,其硬件设施都应该能够满足培训目标统领下的培训项目的顺利实施,具有较强的针对性,不使培训流于形式。

最后,从软件角度讲,室外培训场所应有经验丰富的操作人员和系统的安全保障体系。实际上,从安全的角度,最好的基地就是拓展公司的自有基地,因为培训师对基地都很熟悉,能有效避免安全隐患。如果租赁场地,则要慎之又慎。

5.2.5 确定培训方式

运用什么样的方式进行员工培训,也关系到培训的效果。合适的培训方式,可以提高受训人员的兴趣与注意力,并有助于保证培训效果。

1. 确定员工培训的方式

根据培训和开发与员工工作活动的关联性状况,培训方式一般可以分成下列三类。

(1)不脱产培训。不脱产培训也称在职培训,指的是员工一边工作一边接受培训,主要在实际工作中得到培训。这种培训方式有许多优点:①能够提供现成的经验;②与工作的相关性高;③一边生产一边学习,学以致用;④可以利用组织内的设施和有关条件;⑤易于与师傅和其他员工交流;⑥实践性强。但这种培训方式在培训的组织性、规范性上有所欠缺。在职培训可以分为学徒培训、工作轮换、项目指导等形式。

(2)脱产培训。脱产培训即员工脱离工作岗位,专门去各类培训机构或院校接受培训。这种形式的优点主要是员工的时间和精力集中,没有工作压力,知识和技能水平会提高较快,但在针对性、实践应用性、培训成本等方面往往存在缺陷。

(3)半脱产培训。半脱产培训是脱产培训与不脱产培训的一种结合,其特点是介于两者之间,可在一定程度上取两者之长,弃两者之短,较好地兼顾培训的质量、效率与成本等因素。但两者如何恰当结合,却是一个难点。

2. 确定员工培训的方法

培训方法多种多样,内容十分丰富。根据培训目标确定恰当的培训方法与技术,能够提高培训成效并降低成本。

(1)讲授法。讲授法又称讲解法,是指培训者用语言把知识、技能等培训内容传授给受训者的培训方式,即培训者讲,受训者听并汲取知识。讲授法成本低、节省时间,又是按一定组织形式可以有效传递大量信息的培训方法之一。除了作为能够传递大量信息的主要沟通方法之外,讲授法还可作为行为模拟和技术培训方法的辅助手段。讲授法也有不足之处,如不大能吸引受训者的注意力,因而在培训中缺少受训者的参与、反馈及与工作实际环境的密切联系,不利于学习和培训成果的转化。

(2) 视听法。视听法就是利用幻灯片、电影、录像、计算机等视听教材进行培训,是一种多感官参与的途径,其中录像是常用的方法之一。这种方法可用来展示预先录制的内容以演示行为、技术或说明问题,还可用来录制和重放受训者在课程中的表现,因此被广泛用于提高受训者的沟通技能、面谈技能、服务技能等。视听法具有直观、情境化、受训者参与程度高等优点。

(3) 案例研究法。案例研究法要求受训者研究分析一些描述现实工作情形和真实经营管理方面的案例。通过分析背景材料来发现问题、提出解决问题的最佳方案,从而达到训练人员分析和解决企业实际问题能力的目的。该方法适用于开发高级智力技能,如分析、综合及评估能力的培训。案例研究法中,教员不仅要讲解,同时也应学习、听讲、理解。同样,学员不仅是学习,也可以讲解、演说、传授。学员需要学习但也可以讲授,教员需要讲授,但也可以学习。

为了提高案例研究的有效性,使用这种方法时应把握几个要点:①运用组织的实际问题,尽可能从受训者所在组织选取一定的案例(有利于其了解背景和学习后的应用);②精心准备案例预习、分小组讨论等,尽量让参加者陈述其看法,在合作性学习互动中征求他人的意见,正视不同看法并做出决策;③把对教师的依赖程度降到最低,教师很少回答"对"或"否",不完善的案例才是真实的,教师应尽量通过创造适当的戏剧场面来推进案例研究;④案例分析一般没有完全正确或错误的答案。

例 5-4　哈佛大学的案例教学

1980 年,哈佛大学法学院教授 Christopher C. Langdell 发明了案例研究法,将法院的判例作为个案。后来,这种方法逐渐应用到医学、商业和社会工作方面。哈佛大学的案例研究法的做法是:讲师先将故事作简要的介绍,并描述问题发生所需要的条件或可能的状况,学生自行想过一遍以后,再看资料,这样有利于激发学生的想象力和发现案例的吸引力,然后由学生从个案中寻找答案。由于每个学生的想法不同,可能提出许多不同形式的解决方法,而学员在训练中可以互相观摩学习。

(4) 商业游戏。商业游戏是指仿照商业竞争的规则,采用游戏的方式开发管理技能的一种培训方法。在商业游戏中,受训者被要求在规定的场景中,必须收集信息,分析情况,仿照商业竞争规则或管理规则,做出决策,推行方案,涉及企业经营管理实践、财务管理、市场营销、劳工关系等各个方面的活动。目前,这类培训已经有 ERP 沙盘模型在运用,主要用于开发受训者的经营决策能力和管理技能。

例 5-5　商业游戏中的微型企业

受训者每 4～7 人组成一个"微型企业"(小组)。组员自愿组合或指派均可,但每人在本"企业"中分工承担的责任或职务,则由每人自报或推举,小组协商确定。各组按照规定的情景和规则,分析信息、制订方案,利用游戏组织者所提供的统一的"原料",在规定的工作周期内,通过组合拼装,装配"生产"出某种产品,再"推销"给竞赛组织者,争夺市场份额等。

(5) 角色扮演。角色扮演是指在一个模拟的工作环境中,让参训者扮演分配给他们的角色,并为受训者提供有关的背景信息,让他们承担角色职责的一种培训方法。目的是为学员提供不同的待人处事的观点和练习处理各种人际关系的技巧,寻求在情绪激动下解决问题的可能方法。

角色扮演法是一种花钱少、有趣味又能开发许多新技能的方式。它也可以训练人们体察他人情绪的敏感性。但是,这种方法在角色设计、表演投入、指导信息、处理交流、行为反馈上要求很高,而且经常会遇到诸如角色扮演活动花费时间长、有人视为儿童游戏而不感兴趣、活动的准备和指令不妥、"导演"和演员缺乏经验,致使参加者以为没什么效果、浪费时间等不足。一些有过角色扮演活动失败体验的人,往往不愿再参加这种活动。

因此,在角色扮演之前,向受训者说明活动的目的是非常关键的,这样能使他们感到活动有意义、愿意去学习。同时,还要说明角色扮演的方法、各种角色的情况及活动的时间安排。组织者要注意观察活动时间、受训者的感情投入程度,以及各小组的关注焦点(各小组是在扮演各种角色还是在讨论与练习无关的一些事情)。角色扮演结束时,可通过提问帮助受训者理解这次活动经历并互相探讨一下各自的认识。

(6)仿真模拟法。仿真模拟法是指把参训者置于模拟的现实工作环境中,让他们依据模拟现实中的情境作出及时反应,分析实际工作中可能出现的各种问题的一种培训方法。仿真模拟法是一种代表现实中真实生活情况的培训方法。由于仿真模拟法所模拟的环境必须与实际工作环境的构成要素相同,并能够像一定条件下的真实设备或情景一样对受训者的指令和行为做出反应,因此,受训者的决策结果能反映出如果他在那个工作岗位上工作会发生的真实情况,从而可以使受训者便捷并有针对性地学习掌握正确的技能和行为,修正不正确的技能和行为。

仿真模拟法常被用来传授生产和加工技能、管理技能、人际关系技能等。如以开发员工生产和加工技能为主的情景模拟重点是复制员工在实际工作中所使用的物理设备;以开发员工管理技能为主的情景模拟重点是仿真实际的管理环境、角色因素、情节矛盾、资源条件、人际关系等。

仿真模拟法的优点在于参训者能够迅速掌握实际工作中的机器操作,其实践性非常强,直接面对的就是具体的机器操作。这种方法的缺陷是仿真毕竟不是真,有的参训者对仿真器材认识不足,总认为这是假的,因此操作随意性大,容易导致机器设备损坏。这种操作上的随意性运用到真正的设备上,其后果无法预测。

(7)行为塑造。行为塑造也称行为示范或行为模仿,是指向受训者展示一个关键行为的模型,然后给他们提供实践这些关键行为的机会并提供其实践情况的反馈,促使培训成果在实践中转化的一种培训方法。行为塑造能够抓住并保持学员的注意力,并提供了有针对性的实践和反馈机会,所以有效性突出,更适于行为、人际关系和某种技能的学习。

(8)冒险性学习。冒险性学习也称野外拓展或户外培训,指注重利用有组织的户外活动来开发团队协作和领导技能的一种团体建设培训方法。冒险性学习适用于开发与团队效率有关的技能,如自我意识、问题解决、冲突管理和风险承担。另外,冒险性学习还包括一些费力的、富有挑战性的体育活动以及有组织的个人和小组户外活动。冒险性学习获得成功的关键是要求团队全体成员共同参与练习,必须根据拟对参训者开发的技能来设计和组织冒险学习的内容,要有经验丰富的指导者组织参与者讨论在练习中发生的事情及其与工作情景的联系。

重要信息 5-5

多样化的拓展训练

拓展训练是体验式培训的一种。项目涉及集体解决问题的能力,要求整个团队共同完成任务。在这些活动中,团队成员必须相互合作、相互支持,以面对极其艰巨的挑战,这就是建立更强凝聚力的团队的关键所在。下面是几种拓展训练样本。

(1) 信任跳练习。信任跳练习就是要求受训者站在桌子或较高的平台上向后仰倒,落入团队成员怀中。若受训者不愿仰倒,说明不够信任团队成员。练习完成后,指导者询问受训者以确认其恐惧来源,并将这种恐惧与具体的工作事件联系起来。

(2) 盲人方队。人们都蒙上眼睛,给他们一定长度的绳子(绳长按人数定),并要求他们形成一个正方形,要求每人等间距沿着正方形站好。这一活动中表现出的行为可以用于包括领导行为、人际交流、解决问题等方面的讲解。

(3) 抛沙包。人们站成一圈,把一个沙包或其他软球不落地连续击向空中50次。游戏规则放松而自由,关键在于同伴的支持。同一个人不能连续击球两次。如果活动时微风阵阵,就特别富有娱乐性。这项活动看起来很容易,但确实需要领导关系和团队工作。活动进行中要注意的问题是当同伴失误掉球时,其他的集体成员支持或嘲笑同伴的方式。

(4) 电子篱笆。竖起1.2米高的篱笆,篱笆大小以恰好能圈住整个小组的人为限,里面仅留少量空间。告知人们篱笆上有1 200伏电压,不能碰触篱笆。篱笆太高,在跃出篱笆时,难以一跃而过,必须借助其他成员的身体支持。

(5) 多人滑雪板。4个或4个以上的人(不超过8人)站在两条长木板上。每一木板上有一系列放脚的脚蹬,每个人都是一只脚在一条木板上面而另一只脚在另一条木板上。一对长的木板把所有队员连在一起。要使团队前进,必须协调调动滑板,这需要高水平的交流与合作(滑板上的人越多,难度就越大)。要求人们在一定时间内穿过一块平地。

(9) 团队培训。团队培训是指将单个人的绩效协调在一起工作,从而实现共同目标的一种培训方式。一个团队或群体成功与否,取决于其成员个人决策活动中的相互协调、处理潜在危机情况的思想准备,以及团队的绩效三个方面的要素,其中团队绩效又取决于团队成员的知识、态度和行为三个要素。团队培训旨在调适群体或团队成员个人的知识、态度和行为,通过协调个体的活动和绩效来促进团队绩效的提高,从而有效实现团队的共同目标。这对于必须分享信息、协同工作、个人行为与群体绩效密切相关的集体和情况是非常有用的。

(10) 行动学习。行动学习是指给团队或工作群体一个实际工作中面临的问题,让他们合作解决并制订一个行动计划,然后由他们负责实施这一计划的培训方式。一般情况下,行动学习既可包括6~30名团队成员,还可包括不同部门的代表、顾客和经销商等。群体的构成可以不断变化,有时是群体中包括一个有问题需要解决的顾客,有时是群体中包括牵涉同一个问题的各个部门的代表,有时是群体中的成员来自多个职能部门又都有各自的问题,并且每个人都希望解决各自的问题。

(11) 网络远程培训。网络远程培训是指利用IT技术和网络技术构建的一个网络通信平台,在这个网络平台上,远程培训的受众(员工)可以使用计算机和互联网去访问所需的多媒体资讯内容(课件),并可与其他员工或讲师进行多媒体音频、视频、数据的互动,通过这个网络虚拟课堂,达到学习知识、学习技能、交流心得、提升素质的目的。远程培训是国际教育和职业培训改革的潮流和发展方向。学员不受地域的限制,可以足不出户利用业余时间参加远程培训的学习,学习效率可以接近或达到直接参加面授班的效果。

管理借鉴 5-3

户 外 拓 展

拓展训练或称外展训练(outward bound),属于典型的体验式培训形式。其英文原意为一艘小船驶离平静的港湾,义无反顾地驶向未知的旅程,去迎接一次次挑战。这种训练起源于第二次世界大战期间的英国。当时英国的大西洋商务船队屡遭德国人的袭击,许多缺乏经验的年轻海员葬身海底。针对这种情况,汉斯等人创办了"阿伯德威海上学校",训练年轻海员在海上的生存能力和船触礁后的生存技巧,使他们的身体和意志得到锻炼。战争结束后,许多人认为这种训练应当保留,于是拓展训练的独特创意和训练方式逐渐被推广开来,训练对象也由最初的海员扩展到军人、学生、工商界人员等各类群体。训练目标也由单纯的体能、生存训练扩展到心理训练、人格训练和管理训练等。

5.2.6 组织培训工作

企业员工培训过程中,出于组织与管理的需要,人力资源管理部门相关人员还应该做好两项工作:其一,及时发出培训通知;其二,组织管理培训工作的具体运行。

1. 及时发出培训通知

培训准备还应包括提前发放培训通知,一是让受训者能就本次培训做好相应的学习准备;二是提前通知培训师,既显示组织对培训工作的重视,也为培训师的提前准备预留充足的时间;三是有的培训还会涉及其他部门或组织的配合,提前告知会给培训工作带来便利,从而保证培训如期举行。

2. 组织管理培训工作的具体运行

各项培训工作进行中,培训组织者应该注意以下几点:①保证组织到位,要确认培训师、学员都要按时到位,培训所需的材料发放到位,座次安排、入场次序井然有序。②确保培训进程顺利,时间控制要严密。③收集第一手的培训信息。在培训具体实施过程中,培训组织者要收集第一手的信息,为以后的培训安排做好准备。④按时进行培训中效果的调查,及时发放效果调查表,指导学员填写。要针对调查表的具体要求实施,如针对课程的就要在课程实施前发放,课程结束后就要回收;针对整个培训的就适宜在培训即将结束时发放并马上回收,以防时间过长而丢失。⑤针对培训中可能出现的突发情况,及时做出应对。

同步实训 5.2 员工培训组织认知

实训目的:加深学生对员工培训组织工作的认识。
实训安排:
(1)学生可以从网络上收集一些企业员工培训方法实例并进行分析。
(2)分析并体会员工培训方法的适用性和侧重点。
教师注意事项:
(1)由生活事例导入对员工培训的认识。
(2)提供一些员工培训组织的简单案例,供学生讨论。

(3) 参观企业或提供其他相应的学习资源。

资源(时间)：1课时、参考书籍、案例、网页。

评价标准：

表 现 要 求	是否适用	已达要求	未达要求
小组活动中，外在表现（参与度、讨论发言积极程度）			
小组活动中，对概念的认识与把握的准确程度			
小组活动中，PPT制作的艺术与美观程度			
小组活动中，文案制作的完整与适用程度			

5.3 员工培训评估

任务提示：在员工培训结束后，要对本次培训活动做出评价。培训效果评估既可以从受训者的角度，即满意程度、学习收获、行为改进以及业绩提升等方面进行，也可以从培训本身出发，即从培训的组织、成本控制等方面进行。

重点难点：员工培训评估工作内容及操作。

员工培训效果评估是企业培训管理活动中的重要环节。通过评估，企业培训部门可以总结经验与教训，使以后的培训工作更加完善和更富有针对性，从而改进培训工作，提高培训实效。根据需要，这项工作既可以在培训工作进行中进行，也可以在培训工作结束后实施。员工培训效果评估一般包括五个方面的内容：确定培训工作评估内容、制定培训评估标准、选择培训效果评估方法、编写培训评估方案、编写培训评估报告。

5.3.1 确定培训工作评估内容

组织培训工作评估，一般从以下三个方面进行。

1. 对受训者的评估

培训结束后，受训者的感受如何？是否达到了预期目标？通过培训，受训者掌握了哪些知识？是否能够将所学知识转化为工作能力，培训的投资回报如何？这是培训组织者最关心的问题。这些问题只有通过对受训者进行评估，才能得到回答。

2. 对培训者的评估

这里的培训者主要指培训讲师。对培训者进行评估，一方面可以说明培训者的水平，另一方面可以帮助培训者在以后的培训中不断发展自己。评估主要通过培训者自评和受训者对其的评估。主要内容为培训者能否调动受训者的学习积极性，能否活跃课堂气氛，能够让受训者在很短的时间内获得更多的知识和信息。

3. 对培训本身的评估

对培训本身的评估一般综合应用培训者的自我评估、受训者的评估和结业考试三种方式。主要考察培训能否让受训者的视野得到开拓、思维得到创新、知识得到更新、技能得到提高。

5.3.2 制定培训工作评估标准

为评价培训项目,必须明确根据什么来判断项目是否有效,即确立培训的结果或标准。

1. 培训结果的确定

培训结果可以划分为五种类型:认知结果、技能结果、情感结果、效果以及投资净收益。

(1) 认知结果。它可用来判断受训者对培训中强调的原则、事实、技术、程序等的熟悉程度,也是衡量受训者从培训中掌握了哪些知识的指标。通常可用书面测验的方法来评价。

(2) 技能结果。它是用来评价受训者的技术及行为的一种指标。技能结果包括技能的获得或学习和技能的在职应用(技能转化)两方面,两者都可以通过观察来评价。

(3) 情感结果。它包括受训者的态度和动机两个方面的内容。情感结果的一种类型是受训者对培训项目的反应。反应性结果是指受训者对培训设施、培训者以及培训内容的感知。对反应性结果的评价可通过受训者填写问卷来获得,这种信息对于确定哪些因素有利于学习,哪些因素阻碍学习是很有用的。

(4) 效果。它用来判断项目给企业所带来的回报。效果性结果表现在企业成本节约、产量增加以及产品或顾客服务质量的改善等。

(5) 投资净收益。它是对培训所产生的货币收益与培训的成本进行比较,企业从培训中所获得的价值。

2. 评价标准

评价标准通常由评价内容、具体指标等构成。制定标准的具体措施步骤分为:第一,对评价目标进行分解;第二,拟订出具体标准;第三,组织有关人员讨论、审议、征求意见,加以确定;第四,试行与修订。在确定标准时必须把握一定的原则:评价标准的各部分应构成一个完整的整体,各标准之间要相互衔接、协调,各标准之间应有一定的统一性与关联性。

由于培训内容的不同,培训评估的项目也不同,一般来讲,培训评估的项目设置分为以下四个层次。

重要信息 5-6

柯氏四层次评估模式

关于培训效果的评估问题,有不少学者对其进行了研究。美国著名学者 D.L.柯克帕特里克(D.L.Kirkpatrick)教授提出的四层次评价标准框架体系就是其中一种(见表5-3)。

表5-3 柯克帕特里克的四层次评价标准框架

层次	标准	重　点
1	反应	受训者的满意程度
2	学习	受训者在知识、技能、态度方面的收获
3	行为	受训者工作行为的改进
4	结果	受训者工作绩效的改善

（1）反应层次。反应层次即受训者对这一培训项目的直观感受,受训者是否感到培训项目有好处,包括受训者对培训科目、培训教员和自己收获的感觉。这个层面的评估易于进行,是最基本、最普遍的评估方式。主要通过调查表或面谈的方式收集学员的反馈意见,通常在一门课或一天的培训结束后立即进行。

（2）学习效果。学习效果即受训者对所教授的内容的掌握程度,受训者是否能够回忆和理解对他们进行培训的概念和技能。可以用培训后的闭卷考试或实际操作测试来考察。需要牢牢记住的是,如果受训者没有学会,那么培训者就没有发挥作用。

（3）行为变化。行为变化即员工由于参加这一培训所引起的与工作有关的行为发生的变化,受训者是否在行为上应用了学习到的这些概念和技能。需要注意的是,由于工作经历的逐渐丰富、监督和工作奖励方式的变化都可能对员工的行为产生影响。为了克服这种干扰,可以使用控制组方法,即将员工分为训练组和未受训练的控制组。在实施训练之前,衡量各组的工作绩效;在实施训练之后,再衡量各组的工作绩效,通过比较发现训练的效果。在这个问题上,应该注意培训组的绩效变化将在培训结束后,经过一段时间的实践才能体现出来,了解这一性质对正确评价培训项目的效果很重要。

（4）结果层次。结果层次主要考察受训者受训后工作绩效的改善。即受训者行为的变化是否积极地影响了组织的绩效,有多少与成本有关的积极后果(如生产率的提高、质量的改进、离职率的下降和事故的减少)是培训所引起的,受训者在经过培训之后是否对组织或他们的工作产生了更加积极的态度。

上述评估层次的实施从易到难,费用从低到高。一般常见的是对第一层次的评估,而最有用的数据是培训对组织的影响。其中,对反应和学习效果的衡量主要是主观感受,所以有时称为内部标准;而对行为和培训结果的衡量主要是客观结果,所以有时称为外部标准。是否评估,评估到第几个层次,应根据培训的目的和重要性来决定。

5.3.3 选择培训工作评估方法

1. 课后评价法

课后评价法是指培训者在学员的培训刚结束时立即进行的评估,这是比较常用的方法。如果培训是有效的且使用了正确的方式,那么评估可能是有效的。但是,课后评价法在运用中要注意:培训的结果不仅与培训方式有关,而且与学员是否喜欢该培训有很大关系。

2. 管理人员评估法

管理人员评估法是指由培训管理人员对培训工作作出评价。这一方法一般多用于评估培训程序时,评估的一般方法是培训者向直接主管提供培训的详细目标和内容,然后他们就学员的知识、技能、态度展开讨论并写出个人目标。

3. 调查表法

调查表法也称调查问卷法。这一评估方法通常要求培训部对学员按照不同间隔期进行跟踪调查。如果评估目标是学员对所学知识记住并应用的程度,则调查表应设计成对学员培训后的所学知识或技能的记住程度的表格,培训者可根据需要,选择培训后 3 个月、6 个月或 12 个月使用该方法。调查表的第二个重要功能是确定学员所学知识是怎样被应用于实践中的,学员有哪些收获,目前有哪些机会去提高知识水平。

例 5-6 课程培训效果评估表示例

课程培训效果评估表

编号： 年 月 日

说明：本调查表的目的是检讨培训课程的效果，以便今后做进一步的修改和完善。您的意见对我们至关重要！

请您根据本次培训的实际情况客观填写(请在表5-4中按5分制打"√")，感谢您所给予的真实评价！

培训时间：

培训地点：

所在部门： 参训人姓名：

表5-4 评分表

项目	评分				
	5	4	3	2	1
1. 对本次培训课程内容设计的满意程度					
2. 对讲师的授课方法及技巧的满意程度					
3. 本次培训对您今后工作的指导程度					
4. 对本次培训时间及场地安排的满意程度					

本次培训您认为收获最大的地方是：

本次培训后，您将在工作岗位上运用的内容是：

您认为此次培训在哪些方面还需要改进：

您希望今后参加哪些培训课程：(请打"√"或具体说明)

□管理类 □销售类 □个人生涯规划 □IT技术 □其他

如果满分为100分，您认为这次培训可以得 分。

(100～85分非常满意；85～75分比较满意；75～60分尚可；60分以下不满意)

人力资源管理部

4. 评估中心法

评估中心法是指许多企业通过成立一个中心来评价员工的潜力，并向员工提供在有经验技术顾问的指导下评估自己发展需要的机会，每一种中心都为培训者提供许多有用的信息，作为评估培训时的参考。在评估中心，学员的发展潜力常与先前的培训经历有关，这有助于培训者对先前培训效率的评价。

5. 面谈法

面谈法是指通过与学员进行面谈，以了解培训效果的一种方法。通过详细面谈，培训者能够很有针对性地了解培训的效率。培训者可以设计多个方面的问题以激起学员反馈，从大量封闭式和开放式问题的回答中得到大量信息。这种方法能涵盖培训内容的各方面。

6. 行为观察法

行为观察法是指通过观察学员行为来评估培训效果的一种方式。具体可以采取角色扮演或模拟的形式。培训者能观察到学员学习或反馈后有什么改变，同时也能通过反馈控制学员的行为。

7. 行为表现记录法

行为表现记录法是指通过详细评估系统或有效的个人报告来评估培训效果的一种方法。可以通过该方法确定培训需要，也可将此方法用于事后对培训的评估。通过与主管的合作，培训者想识别出员工的行为效率多大程度上与所受培训有关。行为表现记录法作为评估方法，因为记录了真正的行为表现，所以也是最为有效的。

5.3.4 编写培训工作评估方案

培训工作评估可以采取培训前后对比、受训者预先测试、培训后测试以及时间序列分析等方式。培训工作评估方案一般包括以下内容。

1. 评估的内容

进行培训评价时应对培训目标、方案设计、场地设施、教材选择、教学的管理以及培训者的整体素质等各个方面进行评价。内容包括：评价培训者、评价受训者、评价培训项目本身三方面。

2. 评估的程序与方法

评价的程序一般包括：首先是收集数据，如进行培训前和培训后的测试、问卷调查、访谈、观察、了解受训者观念或态度的转变等；其次是分析数据，即对收集的数据进行科学的处理、比较和分析，解释数据并得出结论；最后是把结论与培训目标加以比较，提出改进意见。

5.3.5 编写培训工作评估报告

培训工作评估报告是对整个培训工作的详细总结，其内容包括培训的组织和实施过程，并提出建议和意见，为今后的培训工作提供参考。

培训工作评估报告包括以下五个部分。

（1）导言。

（2）概述评估实施的过程。

（3）阐述评估结果。

（4）解释评估结果和参考意见。

（5）附录。

同步实训5.3　员工培训评估认知

实训目的：加深学生对员工培训评估工作的认识。

实训安排：

（1）学生可以从网络上收集一些企业员工培训评估及评估报告实例并进行分析。

（2）分析并体会员工培训评估方法的适用性和侧重点。

教师注意事项：

（1）由生活事例导入对员工培训评估的认识。

（2）提供一些员工培训评估的简单案例，供学生讨论。

（3）参观企业或提供其他相应的学习资源。

资源（时间）： 1 课时、参考书籍、案例、网页。

评价标准：

表 现 要 求	是否适用	已达要求	未达要求
小组活动中，外在表现（参与度、讨论发言积极程度）			
小组活动中，对概念的认识与把握的准确程度			
小组活动中，PPT 制作的艺术与美观程度			
小组活动中，文案制作的完整与适用程度			

小结

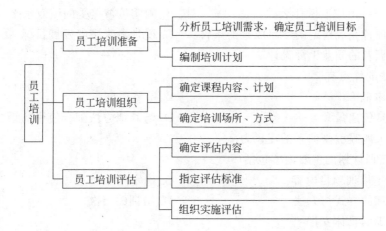

教学做一体化检测

重点名词

培训需求分析　组织分析　任务分析　人员分析　新员工培训

课堂讨论

1. 企业员工培训需求出现的原因。
2. 企业组织员工培训的意义。
3. 员工培训与开发的关系。
4. 员工培训与其他管理工作的关系。
5. 自己组织培训与培训外包的优缺点。

课后自测

一、选择题

1. 企业员工培训需求分析的人员组成包括(　　)。
   A. 人力资源管理部门人员　　　　B. 员工
   C. 项目专家　　　D. 企业客户　　　E. 其他相关人员
2. 在培训需求分析中,任务分析的步骤一般包括(　　)。
   A. 选择需要分析的工作岗位
   B. 初步列出该工作岗位所要完成的各项任务的基本清单
   C. 核查、确认初步列出的任务清单的可靠性和有效性
   D. 明确成功完成每一项任务(任务清单确定的)所需要的知识、技能或能力
   E. 对比分析,找出现状与要求的差距
3. 培训目标一般包括(　　)。
   A. 说明员工应该做什么　　　　B. 阐明可被接受的绩效水平
   C. 受训者完成指定的学习成果的条件　　D. 受训者未来的发展目标
   E. 受训者的职业生涯设计
4. 讲授法的优点有(　　)。
   A. 成本低　　　　　　　　　B. 节省时间
   C. 信息传递量大　　　　　　D. 与其他方法配合使用效果更佳
   E. 不大能吸引受训者的注意力
5. 员工培训计划的主要内容包括(　　)。
   A. 确定培训项目内容　　　　B. 确定培训对象
   C. 培训的方式与方法　　　　D. 培训的层次
   E. 培训的具体安排
6. 一般来说,培训评估的项目设置分为(　　)。
   A. 反应层次　　　B. 学习效果　　　C. 行为层次
   D. 结果层次　　　E. 目标层次

二、判断题

1. 培训通常侧重于提高员工当前的工作绩效,所以,员工培训具有一定的强制性。
（　　）
2. 从培训的对象看,培训有管理人员培训、专业技术人员培训、基层员工培训及新员工培训。从员工培训的时间看,培训有全脱产培训、半脱产培训与业余培训等。（　　）
3. 培训需求分析对是否需要进行培训来说是非常重要的。它包括目标分析、任务分析与结果分析三项内容。（　　）
4. 选择和准备培训场所应以员工舒适度为目的。（　　）
5. 培训结果可以划分为五种类型:认知结果、技能结果、情感结果、效果以及投资净收益。（　　）
6. 对培训效果的评价要考虑评价的时效性。有些培训的效果是即时性的,而有些培训的效果要通过一段时间才能表现出来。（　　）

三、简答题

1. 员工培训计划的内容包括哪些?
2. 培训需求分析中,企业分析应该从哪些方面进行?
3. 员工培训费用预算的意义有哪些?
4. 员工培训场所的选择有什么要求?
5. 团队培训如何组织?

案例分析

华为内部职工培训学校的客户与员工培训

坐落在中国深圳的华为内部职工培训学校本部是一个系列建筑群,能同时容纳两千多名客户和员工进行培训。华为内部职工培训学校百草园生活区拥有三星级酒店、西餐厅、咖啡厅、网吧、祈祷室、超市、健身房、游泳池、美容中心等各种休闲健身场所,配套服务设施齐全,能充分满足不同国度、不同宗教信仰的学员学习和生活的需要。

华为内部职工培训学校是华为发展战略的重要组成部分,它不仅是企业内部人才培养体系的重要一环,还超越这一职能成为企业变革的推手以及外部企业(包括顾客、供应商、合作伙伴等)培训和咨询服务不可缺少的支柱。

华为内部职工培训学校为华为员工及客户提供众多的培训课程,包括新员工文化与上岗培训、老员工在职培训和针对客户的培训等。其中,对新员工的培训,针对不同的工作岗位和工作性质,培训时间从一个月到六个月不等,内容涵盖了企业文化、产品知识、营销技巧以及产品开发标准等多个方面;对老员工的在职培训包括管理和技术两方面,针对不同的职业资格、级别及员工类别分别设计不同的培训计划。此外,华为大学还设有能力与资格鉴定体系,对员工的技术和能力进行鉴定。

借鉴国际标杆企业的做法,华为内部职工培训学校从以下三个方面入手,以成系统运作的方式解决人才培养的有效性问题。

第一,建立人才资源池(针对人),规划核心岗位,在全公司范围广泛筛选有培养潜力的重点培养对象,集中资源重点突破;

第二,建立全面的人才培养资源库(针对培养方式),即培训课程、学习资源库、专业工具包。然后,通过学习氛围的建设,制订统一的培养计划,由专人负责跟踪实践,定期测评效果,使人才资源池的培养得到有效落实;

第三,营造主动式分布学习氛围,把人才培养从员工被动接受(如很多公司往往通过硬性规定年度参训课时来推动员工培训)转变为员工主动学习、自愿学习。

阅读以上材料,回答问题:
1. 概括华为公司的员工培训体系。
2. 说明华为公司进行客户培训的意义。

课程思政园地

"不看了,不看了!"

这是一位航天员的母亲在看到航天员训练场景后,含泪说出的话。此刻,她的骄傲荡然无存,剩下的只是心疼——航天员训练太苦了。

为了适应航天环境,航天员必须接受超重耐力训练、低压缺氧训练、前庭功能训练、失重飞行训练等"魔鬼训练"。以超重耐力训练为例,航天员要在时速 100 千米旋转的离心机里,承受 40 秒的 8 倍重力加速度(相当于自身体重 8 倍重量)的考验。离心机上的他们,面部肌肉变形下垂,胸部极度压抑,呼吸非常困难。短短几十秒,就如同跑完一万米一样难受。

这种特别能吃苦的精神,还发生在试验场。飞船返回舱试验需要借助飞机,在万米高空进行。"正好赶上三九寒天,飞机上非常冷,冻得手脚都麻木了,飞机舱门打开后,高空氧气不足,人都要戴上氧气罩,把返回舱从万米高空投向地面。"在神舟号飞船首任总设计师戚发轫的记忆里,许多试验要露天做,"不管是阴天、雨天、三伏天、三九天,试验是不能停的。"

今天,我们的科研环境和条件不断改善,但艰苦奋斗的创业精神和过硬作风永远不会过时,而且更显珍贵。开辟新的科技事业,载人航天精神同样弥足珍贵。

2020 年 11 月 4 日,中国科学院国家天文台宣布,"中国天眼"已经发现脉冲星超过 240 颗,基于观测数据发表的高水平论文达到 40 余篇。"回头再看,一切都是值得的。""中国天眼"总工程师姜鹏把当初创业之路的艰辛化作强大动力。

"中国天眼"建在贵州的深山里,选址要求很苛刻。当年,500 米口径球面射电望远镜(FAST)原首席科学家、总工程师南仁东带着团队翻山越岭,对 1 000 多个洼地进行比选,又实地走遍上百个窝凼。山区很多地方只能靠步行,有的荒山野岭连条小路也没有,他们每天最多只能看一两个窝凼。但是,这种艰苦的环境没有挡住他们的脚步。选址定了后,施工条件同样很艰苦。他们经常需要爬山调查危岩、上钢架拧螺丝、拿扁铲削平钢材……但是,再苦大家也没有退缩。

再艰苦的条件,也压不垮有信仰的人。南仁东曾说:"FAST 如果有一点瑕疵,我们对不起国家。"让南仁东、戚发轫、王亚平等人坚持下去的动力,是航天梦,是科学梦,归根结底是中国梦,是科学报国的理想信念。这个理想信念,支撑着科技先辈们从"一穷二白"起步,创造了"两弹一星"的伟业,也支撑着后继者在艰苦奋斗中,继续开创新的辉煌成就。

思考:
1. 为什么航天员的母亲不想看到航天员培训场景?
2. 你能概括我国的航天精神吗?

学生自我工作总结

通过完成任务 5,我能够作如下总结。

一、主要知识

完成本任务需了解的主要知识点有:
1.
2.

二、主要技能

完成本任务需掌握的主要技能有：
1.
2.

三、主要原理

完成本任务涉及的管理原理有：
1.
2.

四、相关知识与技能

本任务的完成过程：
1. 员工培训的原因是：
2. 员工培训组织工作包括：
3. 员工培训评估的要求是：

五、成果检验

本任务的成果：
1. 完成本任务的意义有：
2. 学到的知识与技能有：
3. 自悟的知识与技能有：
4. 你认为中国航天精神可以给予学生的借鉴是：

任务6　员工使用与调配

 学习目标

1. 知识目标
- 能认识员工使用的含义。
- 能认识员工调配的含义。
- 能认识员工流动管理的含义。

2. 能力目标
- 能认识员工使用的程序及意义。
- 能举例说明员工调配的作用。
- 能够对员工使用与调配有整体的认识。

3. 课程思政
- 具备敬业爱岗的价值观。
- 具备较强的社会责任感。
- 具备良好的职业道德。

 任务解析

根据人力资源管理职业工作活动顺序和职业教育学习规律,"员工使用与调配"任务可以分解为以下子任务。

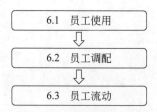

 管理故事

《淮南子·道应训》记载,楚将子发爱结交有一技之长之人。有个号称"神偷"的人,也被子发待为上宾。一次,齐国进犯楚国,子发率军迎战,三战三败。子发无计可施。这时"神偷"请战。他在夜幕的掩护下,将齐军主帅的睡帐偷了回来。第二天,子发派使者将睡帐送还齐军主帅,并对他说:"我们出去打柴的士兵捡到您的帷帐,特地赶来奉还。"当天晚上,

"神偷"又去将齐军主帅的枕头偷来,再由子发派人送还。第三天晚上,"神偷"连齐军主帅头上的发簪子都偷来了,子发照样派人送还。齐军上下听说此事,甚为恐惧,主帅惊骇地对部下说:"如果再不撤退,恐怕子发要派人来取我的人头了。"于是,齐军不战而退。

日本作家川口寅三在《发明学》一书中提出了"要善于利用有缺点的员工"的主张,甚至认为"人类能够取得多大的成就与能否巧用缺点有关"。人才如花,艳花大多不香,香花大多不艳,艳而香的花大多有刺,我们必须做到艳者取其艳,容其不香,香者取其香,容其不艳,艳而香的花,取其艳香,容其有刺,这就是善于用人短变长,善于用物无废物的道理。

用人之道,最重要的,是要善于发现、发掘、发挥员工的一技之长。用人不当,事倍功半;用人得当,事半功倍。

管理感悟:一个企业、一个团队总是需要各式各样的人才。成功的人力资源管理工作不在于能做多少事情,而在于能很清楚地了解每个员工的优缺点,在适当的人选分配在适合的岗位上。用人之道,最重要的,是要善于发现、发掘、发挥员工的一技之长。用人不当,事倍功半;用人得当,事半功倍。

6.1 员工使用

任务提示:员工使用包括两部分:其一,人力资源部门将培训合格的新员工分配到具体岗位上去,赋予其具体的职责、权利,使其进入工作角色,使其为组织目标的实现发挥作用;其二,根据绩效考评结果,对老员工进行新职务的分配。

重点难点:员工使用程序。

6.1.1 确认员工任职资格

在员工入职之前,一般应确认其任职资格。确认员工任职资格一般包括以下三个方面的工作。

1. 设计员工职业发展通道

职业发展通道的设计包括以下几个步骤:第一,根据企业业务要求,划分若干职位族(职位族是把具有相似职责与管理范围、工作模块相同、从业者所需知识/职业技能/基本素质相似的职位归为同一类别,形成职位族),通常企业会划分如管理族、技术族、市场族等;第二,对每一职位族设立一条或几条职业发展通道,比如在很多IT企业,技术族的职业发展通道可能包括硬件开发、软件开发、测试、系统分析、技术支持等数条通道;第三,对每条发展通道确定等级,很多公司采用5级的设置,更细致的话可以在每一级再分成3等,这就形成了5级共15个层级的晋升通道。

重点名词 6-1

员工职业发展通道设计

员工职业发展通道设计是指人力资源管理人员向员工说明,在企业里,各职位可以往哪些方向发展、向上可以有多少层级等。

例 6-1 人力资源管理部工作人员职业发展通道如图 6-1 所示。

图 6-1 大型企业人力资源管理部工作人员职业发展通道

例 6-2 一般技术人员的双重职业发展通道如图 6-2 所示。

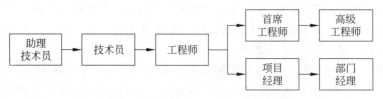

图 6-2 技术人员的双重职业发展通道

2. 明示各职类员工任职标准

重点名词 6-2

员工任职标准

员工任职标准就是指该职级员工所要具备的能力、行为、绩效等方面的要求，员工只有满足了该职级的任职标准，才能成为该层级的人员，享受该层级的薪水待遇和其他相关收获。

一般来讲，在工作分析环节，各职位的任职标准已经确立，但对于企业新员工，人力资源管理部门有必要向其明示。员工任职标准通常包括能力、行为、绩效三个方面的标准。其中，能力方面包括知识技能和素质两个要素；行为方面包括专业行为和组织行为两个要素；绩效方面包括专业成果和团队成长两个要素。员工任职标准的明确过程是一项较复杂的工作，因为一个企业内职业通道繁多，层级繁多，而每一个通道的各个层级都需要明确任职标准。但是任职标准的设置意义十分重大，对于企业来说，任职标准的设置规范了企业所需人员的各项要求，对企业招聘、选拔、培养人才明确了模型，使人员管理各项工作（招聘、培训、绩效、薪酬等）更系统与清晰。

无论是新员工还是老员工，如果能够清楚知道自己只要达到什么样的水平和要求，就能在企业里不断发展和获得，其工作的主动性和积极性会大大提升。

3. 进行员工任职资格认证

进行员工任职资格认证是指对员工任职资格的评审和认证过程。

对于企业新员工来讲，人力资源管理部门根据员工培训考核结果，初步确认其任职资格；对于企业老员工来讲，人力资源管理部门可以通过专业职称评定、技能大赛等手段，为企业员工任职资格认证提供参考。

企业员工任职资格管理不仅要关注员工是否达到任职标准，还要关注员工为达到标准而努力的过程，因此，任职资格认证的方法更多地需要体现日常的工作过程。在许多企业，员工可以根据任职资格的各项标准要求，结合日常工作，积累各分项标准达标的证据，并进行自评,然后由企业任职资格管理人员(可设置评审委员会)定期(半年/一年/两年,根据各职级任职标准难度而定)进行取证和审核。

当然也可以采取更灵活及时的措施,即当员工自评认为任职资格各分项标准都已达标时,就可以提出认证的申请,经审核后提交企业员工任职资格评审委员会进行审定。

例 6-3　小李的职业发展通道

北京某名校毕业的小李进入公司后,测试工具表明他本人属于企业性向,同时具备管理能力型的职业锚,而且他本人也乐于向管理方面发展,于是企业就给他制定了管理人员的发展规划,希望他在两年后成为经理。半年后,企业对他的各项表现进行了评估,尽管上级对其评价不错,但他唯一的下级却认为此人过于夸夸其谈,不能使人心服。于是企业人力资源部门与其重新面谈,并重点对其能力与性格进行重新评估,结果认为小李更适合做销售。于是,公司对小李的职业生涯规划进行了修订。结果,一年之后,公司新的销售明星诞生了。

重要信息 6-1

员工使用的原则与内容

员工使用的目的在于将企业的人力资源合理地安置在相应的职位上,实现人与事的科学结合。为此,在使用员工的过程中,应遵循以下基本原则:①人尽其才;②人事相符;③权责利一致;④德才兼备、任人唯贤;⑤用人所长、容人所短;⑥兴趣引导;⑦优化组合。

员工使用的内容包括:①新员工的安置。企业将新招聘的员工安置到预先设定的岗位上,使新员工开始为企业工作。②干部选拔、任用。从员工队伍中发现能力卓著、绩效突出的员工担任企业的各项领导职务,组织员工完成系统任务,实现组织目标。③劳动组合。将员工组合成班组等小团体,使员工形成协作关系。④员工调配。根据实际需要,改变员工的岗位职务、工作单位或隶属关系的人事变动,以保证将员工使用在企业最需要的地方。⑤职务升降。通过绩效评价,对工作绩效优异者晋升职务。⑥员工的退休、辞退管理。

6.1.2　确定员工劳动组织

通过员工任职资格的确认工作,一批员工即将走上工作岗位。根据合理分工与协作的原则,人力资源管理部门应该正确配备劳动力,合理确定工作量,节约劳动力的使用,不断提高劳动生产率。

1. 确定劳动定员

重点名词 6-3

劳动定员

劳动定员是指根据企业已定的产品方向和生产规模,在一定时期和一定的技术组织条件下,规定企业各类人员的数量界限和质量标准。定员既是企业实现分工协作,明确岗位职责的重要手段,也是企业内部劳动力调配的主要依据。

(1) 确定劳动定员的原则。人力资源管理部门确定企业劳动定员的原则主要包括:①既要考虑到现实的技术和组织条件,又要充分挖掘劳动潜力,将定员建立在采用先进工艺技术和发挥职工潜能的基础上;②参照主管部门下达的定员标准,并与同行业的先进水平和本企业历史先进水平进行比较,保持其平均先进性;③处理好不同人员之间的构成比例,包括合理安排基本工人与辅助工人的比例、基本工人和辅助工人内部各工种间的比例、管理人员占职工总数的比例,固定职工和临时工之间的比例、女工占职工总数的比例等。

(2) 制定劳动定员的标准。定员标准是指在一定生产技术组织条件下,对不同企业的同类型岗位人员制定的统一用人数量标准。定员标准可以为企业定员方案提供依据和作为主管部门考核企业定员水平的尺度,同时可以为新建和扩建企业的定员提供依据等。

定员标准的适用范围分为三类:①各行业通用标准,如劳动部门制定的企业食堂、托儿所、幼儿园工作人员标准;教育部制定的各类学校教员、职员、工人标准;卫生部制定的医护人员定员标准等。②部门或行业标准,这是定员标准的主要部分,其中以国务院主管部门制定的标准为主,地方主管部门制定的标准为辅。③企业标准,一般是企业结合自己的生产技术组织条件把行业定员标准具体化,只适用于本单位。

企业制定定员标准的要求是:定员水平要先进合理,有科学依据;计算口径和计算方法要统一;形式尽可能简化;各项内容要协调;有关工种名称、岗位划分、工作范围、技术要求等应与其他有关的技术标准、工艺规范等规定相一致,以保持标准之间的协调统一。

(3) 确定劳动定员的方法。确定劳动定员的具体方法有:劳动效率定员计算法、设备定员计算法、岗位定员计算法、比例定员计算法和职责定员法。

例 6-4　劳动效率定员计算法

某公司销售一部 2015 年的销售任务是 100 万元,假设该公司销售人员的年劳动效率为 10 万元/人年,出勤率为 100%。那么,该公司销售一部的定员人数应为

$$定员人数 = \frac{工作任务}{生产效率 \times 出勤率} = \frac{100}{10 \times 100\%} = 10(人)$$

例 6-5　设备定员计算法

某企业有设备 100 台,需要连续运转。每台机器分四班看管,每位工人看管机器的定额为 3 台,员工出勤率为 90%。那么,该企业的定员人数应为

$$定员人数 = \frac{设备台数 \times 每台设备看管班次}{看管定额 \times 出勤率} = \frac{100 \times 4}{3 \times 90\%} \approx 148(人)$$

例 6-6　岗位定员计算法

某企业流水生产线需要 10 个岗位共同操作,该设备连续 24 小时运转。实行三班制,每个班次为 8 小时。假定每个员工在一个班次因生理所需时间为 1 小时。那么,该生产线的定员人数为

$$定员人数 = \frac{共同操作的各岗位生产工作时间总和}{工作班时间 - 休息和生理所需时间}$$

$$= \frac{24 \times 10}{8 - 1} \approx 35(人)$$

重要信息 6-2

企业劳动定员的范围

企业劳动定员的范围包括企业进行正常的常年性生产所需要的全部职工。企业的全部职工的工作岗位可以划分为六类,即工人、学徒、营销人员、工程技术人员、管理人员、服务人

员、其他人员。

工人包括基本生产工人(直接从事产品制造的工人)和辅助生产工人(从事各种辅助性工作)。

学徒是指在熟练工指导下,在生产劳动中学习生产技术,享受学徒工待遇的人员。

营销人员是指直接从事产品销售的有关人员。

管理人员是指在企业组织机构及生产车间从事行政、生产、经济管理工作的人员。

工程技术人员是指担负工程技术工作并具有工程技术能力的人员。

服务人员是指为生产服务或者间接为生产服务的人员。

其他人员是指以上五类以外的人员。

企业定员不包括为外单位培训的准备输送的后备人员,也不包括为临时性生产和工作所招用的人员。

2. 确定劳动定额

重点名词 6-4

劳 动 定 额

劳动定额是劳动者在一定的生产技术条件和合理组织劳动的基础上,完成某项工作而预先规定的活劳动消耗量的标准。

劳动定额是企业管理中的一项基础性工作。工时定额(亦称时间定额)和产量定额(也称工作量定额)是两种基本类型。前者规定单位工作量所需要的时间,后者规定单位时间内必须完成的工作量。两种定额互为倒数关系,并以劳动时间作为衡量劳动量的尺度。此外,还有服务定额(规定服务项目和数量多少的定额)、看管定额(规定看管设备数目多少的定额)、销售定额(规定完成销售额多少的定额)和设计人员的设计定额等。

确定劳动定额的具体方法有:技术测定法、比较类推法、经验估工法、统计分析法等。

6.1.3 赋予员工职责

经过任职资格认定的员工,人力资源管理部门按其具备的能力与招聘、培训的目的和效果将其分配到企业的各个部门,并向员工颁发正式的任命书(聘书),任命书应写明职务的名称、工作内容、职责、权利、任用时间、考核方式等。员工接受任命之后,在规定的时间到岗并进入工作状态,开始其职业生涯。

员工开始工作后,人力资源管理部门便开始对员工的工作状态进行监督、考察,从中获取信息,作为对员工进行评价的依据。根据评价结果,人力资源管理部门做出人事决策,或向企业的决策层提出建议,进行人事调整。

重要信息 6-3

员工使用的意义

人力资源管理的目的就在于合理地使用人力资源,最大限度地提高人力资源的使用效益。员工使用在人力资源管理中居于核心地位,其重要意义表现在以下几个方面:①员工使用是人力资源管理的中心环节;②员工使用的情况决定了企业人力资源管理活动的成败;③员工使用对实现组织目标起着举足轻重的作用;④合理使用员工,有利于减少企业的"内耗";⑤合理使用员工有利于推进人力资源开发工作。

同步实训 6.1　员工使用认知

实训目的:加深学生对员工使用工作的认识。
实训安排:
(1) 学生可以选择从网络上收集一些企业劳动定员确定的方法并进行分析。
(2) 分析并体会员工使用就是"使合适的人去到合适的岗位"这句话的含义。
教师注意事项:
(1) 由生活事例导入对员工使用的认识。
(2) 提供一些员工使用的简单案例,供学生讨论。
(3) 参观企业或提供其他相应的学习资源。
资源(时间):1课时、参考书籍、案例、网页。
评价标准:

表 现 要 求	是否适用	已达要求	未达要求
小组活动中,外在表现(参与度、讨论发言积极程度)			
小组活动中,对概念的认识与把握的准确程度			
小组活动中,PPT制作的艺术与美观程度			
小组活动中,文案制作的完整与适用程度			

6.2　员工调配

任务提示:员工进入企业后,人力资源部门在进行监督、考察的基础上,需要对其工作岗位职务、工作隶属关系做出调整;员工出于自己的需要和抱负的实现,也会提出调整申请或要求。这种调整既有企业内各部门之间的调整,也有企业之间的调整。

重点难点:员工调配工作内容及操作。

在企业发展过程中,因发展目标、经营管理情境的变动以及员工个人的发展情况,会对一些员工的工作岗位职务、工作隶属关系做出调整。这项工作就是员工的调配,实际上是员工使用的进一步延续。人力资源管理部门的许多工作活动都是以调配方式来完成的。员工调配工作主要包括员工平调、员工晋升、员工降职和员工管理。

6.2.1　员工平调

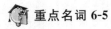

员 工 平 调

员工平调是指员工在企业内部同级水平的职务之间调动。包括企业内部不同单位之间,以及单位内部不同职位(岗位)或职务(如工种)之间的变更。

员工的平级调动通常是内部人员的横向流动,是一种较常见的人员配置方式。一个企业可提供的晋升的职位毕竟是有限的,职位越高可用于晋升的职位就越少,多数人员只有在同级水平调动。当然,平级调动可能是为了使员工对不同的工作有更大范围的了解,或是员工获得进一步晋升所需的经验而做的特别安排。例如职工被调任到一些业务更加繁杂、重要的岗位,平调之人也有受重用之感,从而激发其工作积极性。与之相反,也可能是对员工的一种变相降职处理。但是平级调动也有激励作用。例如将重要岗位的员工调整到一般的岗位上去。员工平调的关键是确定哪些人可以调动,人员调动的依据是资历和业绩两个标准。一般企业希望根据员工的能力大小安排平调,而员工更愿意依据资历深浅调动工作。

1. 收集员工平调信息

人力资源部门在进行员工平调之前应该广泛收集相关信息。如员工个人的发展状况、表现、个人意愿、考核评价结果,员工所在班组的定员情况、劳动定额完成情况,以及班组对员工个人的评价等。

2. 制订员工平调方案

员工平调,一方面应该考虑企业发展目标和经营目标的实现;另一方面应该考虑企业内部班组的人员组成和绩效情况,同时,还应该注意到员工自身价值和需求的实现。所以,在制订员工平调方案时,一定要精心筹划、合理安排。

员工平调方案一般包括以下内容:调整原因、拟调整员工情况、拟调入单位情况、调出单位情况、调整计划安排。

例 6-7 青岛啤酒的用人之道

青啤公司"合适的人干合适的事"的用人之道,包容了员工更多的个性化特征,让每一个员工都能找到施展才华的舞台,让员工快乐地工作。青啤文化中,"合适的人干合适的事"的人才观确定了青啤公司的"用人"哲学。该公司用人不求全责备,不求完人,只用能人。青啤公司原总裁金志国始终相信"人为先,策为后",他说:"让合适的人做合适的事,远比开发一项新战略更重要。"

3. 组织员工平调工作

在制订好员工平调方案之后,人力资源管理部门还应首先与员工个人以及相关部门进行沟通协调,以使平调工作取得较好的开端。其次,人力资源部门出具调动命令,督促相关人员按照规定时间进行工作交接,并及时进入新的工作岗位。最后,人力资源部门将员工平调工作的相关表格、文案归档。

重要信息 6-4

员工平调管理的原则

(1) 用人所长。对多数员工来讲,发挥自己的业务专长是其最大的愿望,而无用武之地则成为他们最大的苦恼。

(2) 因事设人。因事设人是根据职位或职务对人员素质、能力的需要,挑选合适的人去担当。相反,因人设岗,则偏离了组织目标,也离开了"事"的需要,是一种不正常的人事变动,对组织是十分有害的。

(3) 协商一致。人事调配涉及面广,变动一个人的工作岗位,除了调出、调入单位的领导外,有时还牵涉三四个人的工作连锁变动。因此,在调配过程中,应贯穿深入、细微的思想工作,做好各方意见的沟通,使各方基本满意,否则将影响部门与部门、人与人之间的正常关系。

(4) 照顾差异。人与人之间在生理、心理、能力等各方面千差万别,适当考虑和细心照顾这些差异是搞好因才适用、人员调配工作的重要方面。

(5) 应对调配有明确的管理规定。它包括在组织要求调动时,应给员工多长时间的准备,组织支付调动费用的条件及支付方式和支付金额;在员工提出调动的情况下,员工应该提前多长时间通知组织,组织应该在什么时间范围内批复员工的调动申请。这样,组织和员工就可以将调动造成的损失降到最低,并且可以使组织避免由于调动可能带来的法律诉讼。

6.2.2 员工晋升

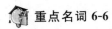

重点名词 6-6

员 工 晋 升

员工晋升是指企业员工由原来的岗位上升到另一个较高的岗位。对员工来说,晋升是一种成就,使其具有更高的职业工作地位并承担更重的责任,同时,也为其带来了更高的薪资福利。组织管理层常常利用晋升来激励员工。

企业员工晋升的种类按职务和职等变化分为以下四种:职务晋升,职等不变;职等晋升,职务不变;职务、职等同时晋升;资格晋升。

人力资源管理部门在员工晋升管理中应做好以下工作。

1. 员工晋升准备

人力资源管理部门首先应会同企业内部各部门进行晋升前的筛选准备工作。如确定需晋升的岗位、人数、要求(包括性别、年龄、学历和工作经验),拟定日程安排,编制笔试问卷和审核纲要,成立审核小组,准备相关表格资料。同时,接受企业内部各部门通过员工推荐、员工自荐或部门提名等形式推选出的工作绩效优异人员名单。

2. 员工晋升考核

人力资源管理人员会同企业各部门对推选人员进行综合能力分析,包括员工品行分析、生产部门业务能力分析、团队协作能力分析等。组织这些人员参加考核。考核可以分为3次,考核合格者,人力资源管理部门还可以组织进行面谈,最终确定待晋升人员名单。

重要信息 6-5

员工晋升的制度与程序

晋升的主要制度如下。

(1) 岗位分类制度。明确规定各个岗位对人员资格条件的要求,资格条件不具备者,就不能在这一岗位任职。

（2）任期目标责任制。根据不同岗位的职责要求，明确规定每一个任职者在任期内必须达到的工作目标。达到工作目标的，继续留任；超过工作目标的，应该晋升其职务；达不到工作目标要求的，说明不能适应该岗位要求，应该降低其职位。

（3）考核制度。没有考核制度就不可能真正了解员工的能力和与岗位要求相适应的程度，晋升也就失去了依据。因此，必须建立严格的考核制度，运用科学的考核方法，定期或不定期地对员工的德、能、勤、绩进行全面考核，并以考核结果作为员工晋升的依据。另外，在监督、工作福利等方面，也应制定相应的规章制度，以利于克服员工的心理障碍。

员工晋升的程序如下。

（1）部门主管提出晋升申请。部门主管根据部门发展计划，预测需要增补的岗位，然后根据本部门的岗位空缺情况，提出晋升申请。

（2）人力资源管理部门审核、调整各部门提出的晋升申请。审核内容有部门的发展计划是否可行，部门内员工辞退、辞职人数是否属实，晋升员工是否符合晋升政策。人力资源管理部门在审核的基础上，根据各部门的岗位空缺情况，调整各部门的晋升申请。

（3）提交岗位空缺报告。调整各部门的岗位晋升申请后，人力资源管理部门提交岗位空缺报告。岗位空缺报告应该说明企业内空缺岗位名称、空缺原因、空缺人员数量及候选人名单和情况介绍等。

（4）选择合适的晋升对象。选择依据和标准包括工作绩效、工作态度、能力、适应性、品德、资历等。

3. 员工晋升决策

人力资源管理部门除了会同企业各部门根据考核评审结果确定待晋升人员名单之外，还需对待晋升人员进行岗前工作技能和管理能力的培训。经培训合格后，确定晋升人员名单，上报总经理审批，审核后向中选人员发出晋升通知，向落选人员发辞谢鼓励通知。

重要信息 6-6

员工晋升的意义

（1）可以保持人与事科学结合。随着企业的发展，原有岗位对人员资格条件的要求在不断变化，新职务不断涌现，需要符合要求的人员及时予以补充。同时，人的能力也是发展变化的，有的人通过一定时间的工作和学习，可能具备适应更高岗位的能力。无论是基于岗位的需要还是充分发挥员工能力的目的，都可以通过晋升来达到人与事之间的再度科学结合。

（2）可以激励员工开发自我。晋升或者降职能够引进竞争机制，做到能上能下，不仅能够有利于各个职位的择优用人，而且有利于形成发现人才、鼓励先进、鞭挞后进的作用，激励员工积极工作、不断提高工作能力、积累经验、做出成绩，在实现组织目标和职位要求的同时，实现个人价值。

（3）可以使企业员工队伍保持活力。企业员工队伍的活力，取决于两个基本因素：合理的知识结构和合理的年龄结构。为了经常保持企业员工队伍强盛的活力，必须根据企业的需要，选择、吸收和提拔有相应专业知识的年轻优秀员工，不断调整队伍的知识结构和年龄结构。有较高的专业知识，能胜任高职位要求的，要大胆晋升。缺乏必要的专业知识，不能胜任现职要求的，坚决调下来。只有这样，才能优化队伍配置，不断提高企业员工的整体素质。

6.2.3 员工降职

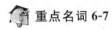 重点名词6-7

员 工 降 职

降职是指从原来高职位降低到低职位，降职的同时意味着削减被降职人员的工资、地位、权利和机会。从一般意义上看，降职是一种带有处罚性质的管理行为。因此，相对于晋升，降职对被降职员工及其所在团队的影响更大。

作为一种带有处罚性质的管理行为，降职影响到被降职员工的切身利益，甚至会打击其自尊心。通常使一个人的情绪激动，感到失去了同事的尊重而处于尴尬、愤怒、失望的状态，生产效率可能进一步降低。所以，人力资源管理部门在处理员工降职问题时，应该慎之又慎。

1. 核实降职情形

当出现以下一些情形时，经核实，确实需要，人力资源管理部门可以准备对员工进行降职处理。如由于组织机构调整而精简工作人员；员工不能胜任本职工作，调任其他工作又没有空缺；员工违反了企业规章，按照惩罚条例，对员工进行降职；员工身体健康原因等。

2. 拟订降职处理方案

首先，由企业内部用人部门提出降职申请，报送人力资源管理部门；其次，人力资源管理部门核实相关情形后，根据组织政策和各部门主管提出的降职申请，拟订出员工降职处理方案，进行员工调整；最后，呈请主管人事的上级核定。

降职审核权限一般为：总经理、副总经理的降职由董事长裁决，人力资源管理部门备案；各部门经理级人员的降职由人力资源管理部门提出申请，报总经理核定；各部门一般管理人员的降职由用人部门或人力资源管理部门提出申请，报经理审核，由总经理核定；各部门一般员工的降职由用人部门提出申请，报人力资源管理部门核准。

3. 降职处理的通知

凡核定降职人员，人力资源管理部门都要发布员工变动通知，并以书面的形式告知本人。企业内各级员工接到降职通知后，应于指定日期内办理移交手续，履行新职，不得借故推诿或拒绝交接。此外，降职时，员工的各种劳动报酬由降职之日起重新核定。如果被降职的员工对降职处理不满，可向人力资源管理部门提出申诉，但未经核准前不得擅自离开新职或怠工。

> **重要信息 6-7**

员工降职管理注意事项

员工降职管理应注意以下事项。

（1）人力资源管理部门在采取降职措施时应该慎重审核，不轻易动用降职手段。

（2）应该征求本人的意见，努力维护当事人的自尊心，强调当事人对组织的价值，使其保持一种积极的心态。

（3）如果由于员工本人工作原因确实需要降职处理时，要让其感到只要努力工作，仍然有希望恢复到原来的岗位或级别。

（4）对于确实不能胜任工作岗位，甚至由于品德等原因对该岗位工作产生破坏作用的员工，要坚决降职。

6.2.4 员工管理

要做到合理、科学地使用员工，人力资源管理部门必须清楚地了解和掌握每位员工的基本情况和特点，必须熟悉每个工作岗位的任职要求，并把两者有机组合在一起，这就是员工管理。这里的员工管理主要指的是企业对员工精神方面的管理。如员工需求管理、员工价值体系管理和员工保护。

1. 员工需求管理

人力资源管理部门应会同企业内部用人单位，共同做好员工需求管理工作。不仅要观察员工的工作行为，还要注意多与员工进行沟通，特别是管理沟通，认真听取员工对公司管理和部门管理的建议，了解员工的思想动态。利用沟通机会，管理者可以及时了解员工的实际工作状况及深层次的原因，员工也可以了解到管理者的管理思路和计划，以便促进管理者与员工之间的相互了解和信任，提高管理的穿透力和效率。

员工需求管理工作应该使员工清晰地获得如下感知：①在工作中，我知道公司对我有什么期望；②我的工作职责、职权范围及与他人的工作关系；③在工作中，我有机会做我擅长做的事；④我出色的工作表现得到了承认和表扬；⑤在工作中，有人来关心我；⑥在工作中，有人跟我谈过我的进步；⑦有人常常鼓励我向前发展；⑧我在工作中有机会学习和成长等。

> **管理借鉴 6-1**

华为的人尽其才

成立 30 多年，华为公司发展壮大了，员工也得到了更大的利益回报。华为形成了一种共同价值观，良性的机制激发了员工，每个人都在创造更大的价值。如何做到这一点？用人机制倡导人尽其才！一是炸开人才金字塔，与世界交换能量。二是鼓励探索，宽容失败。三是英雄不问出处，贡献必有回报。在华为，评价人才的唯一要素就是责任结果。有个简单统计，华为市场体系的 CEO 中 41.4% 都是 30 岁出头的年轻人，他们管理的业务规模是 10 亿～100 亿元；研发领域的专家中，70% 是 80 后、90 后。

讨论：华为的人力资源管理策略。

2. 员工价值体系管理

价值体系就是指一个人用什么样的态度去处理身边发生的事情,在其心目中哪些事情是次要的,哪些事情是最重要的。人力资源管理人员应该对员工价值体系进行识别,尽快了解员工价值体系。同时,人力资源管理人员应该在尊重现有员工价值体系的基础上,积极用企业文化引领员工养成良好的工作习惯,培养责任心,并将公司所追求的价值体系明确告诉员工,既有助于员工明确工作目标和方式,又能使员工认真检查自己的价值体系与公司倡导的价值体系的差别,从而促使员工价值体系提升。

管理借鉴 6-2

福特公司的人情化管理

在福特公司,已形成一条不成文的宗旨:尊重每一位职工。这个宗旨就像一条看不见的线,贯穿于福特公司的管理活动中,同时也贯穿于企业领导的思想中。这个基本信念对于福特公司任何领导人员来说都是不能忘记的,不但不能忘记,而且应该扎扎实实地将它付诸实施。

福特认为,生产率的提高纯粹在于人们的忠诚,在于人们经过成效卓著的训练而产生的献身精神,在于人们对公司成就的认同感。用最简单的话来说,就在于职工及其领导人之间的那种充满人情味的关系。当职工找你谈关于公司生产经营等方面的建议,或其他有关企业事宜,而被你拒绝的话,则会使他(她)的自尊心受到伤害,进而对工作感到心灰意冷,最终影响企业的劳动生产率。

讨论:福特公司员工人情化管理的作用。

3. 员工保护

根据马斯洛的需求理论,人都有生理需求和安全需求,如果这些基本需求不被满足,很难说员工会有追求其他需求的欲望。员工保护包括四个方面:身体健康保护、心理健康保护、生活条件保护和工作目标保护。

重要信息 6-8

员工调配的意义

员工调配工作具有以下意义。

(1) 员工调配是实施人力资源计划的重要途径。人力资源规划中确定的人员培训和变动方案都需通过人员调配来实现。只有通过调配,才能按照人力资源结构合理化的要求,进行人员的优化组合,提高人力资源的开发水平和使用效益。

(2) 员工调配是实现组织目标的保证。组织的环境、目标和任务的不断变化带来员工岗位、职位的数目和结构的变化。只有不断进行人员调配,才能适应这些变化,维持正常的组织运转,实现组织可持续发展。

(3) 员工调配是激励员工的有效手段。人员调配包括职务的升降和平行调动。合理的员工调整,可以从不同方向激励员工。晋升能使其产生较强的成就感、责任感和事业心;平调会使员工产生一种新鲜感,从而提高工作积极性;降职是负激励,能使员工更严格地遵守规章制度。

(4) 员工调配是人尽其才的手段。员工的才能、风格、知识之间存在着互补效应,只有把能够互补的员工及时地调整到适合的岗位、职位上,才能扬长避短,充分发挥其潜能。

(5)员工调配是融合组织内部人际关系的措施之一。由于性格、工作方式、工作思路的不同,或利益问题上的争议,企业上下级之间、员工之间经常会发生矛盾。通过人员调配可以扭转不良风气,改善人际关系氛围,优化工作环境。

同步实训 6.2 员工调配认知

实训目的:加深学生对员工调配工作的认识。

实训安排:
(1)学生可以选择员工调配管理的方式之一,讨论其与员工工作积极性的关系。
(2)分析并体会员工调配对于组织用人的意义。

教师注意事项:
(1)由生活事例导入对员工调配的认识。
(2)提供一些员工调配的简单案例,供学生讨论。
(3)参观企业或提供其他相应的学习资源。

资源(时间):1课时、参考书籍、案例、网页。

评价标准:

表现要求	是否适用	已达要求	未达要求
小组活动中,外在表现(参与度、讨论发言积极程度)			
小组活动中,对概念的认识与把握的准确程度			
小组活动中,PPT制作的艺术与美观程度			
小组活动中,文案制作的完整与适用程度			

6.3 员工流动

任务提示:员工流动可以分为流入、内部流动和流出三种形式。内部流动工作已在前面完成,本任务工作主要包括三个部分:其一,员工流入管理;其二,员工流出管理;其三,员工流失管理。

重点难点:员工流动管理工作内容。

员工流动管理是指从整个社会资本的角度出发,对人力资源的流入、内部流动和流出进行计划、组织、协调和控制的过程。员工流动管理的目的是确保组织人力资源的可获得性,满足组织现在和未来的劳动力需要和员工的职业生涯发展需要。从广义上来看,员工的流动管理属于整个社会的员工调配。

6.3.1 员工流入管理

作为人力资源管理部门一项常规的具体工作,员工的招募、筛选和录用这一过程构成了员工的流入。那么,放大视角,从整个社会、整个企业的角度,做好员工流入的管理工作也是企业人力资源管理中一个不可忽视的环节。

在员工流入管理活动中,人力资源管理人员应做好以下工作。

1. 树立大视角管理理念

在企业飞速成长的过程中,社会源源不断地为企业提供着劳动者,为企业目标的实现奠定了坚实的人力资源基础。作为企业的人力资源管理部门,在员工流入管理中应该树立社会意识,从更大的视角出发,做好员工流入管理工作。如尊重社会成员共同遵守的价值观和行为规范,勇于承担社会责任。超越把利润作为唯一目标的传统理念,强调在生产过程中对人的价值的关注,对消费者、对环境、对社会的贡献。显然,企业做好员工流入管理最直接的社会效益就是有助于解决就业问题。

2. 做好员工流入的过程管理

在招聘准备过程中,适当要求应聘者具有多方面的技能和素质。在关注招聘成本的同时,不断拓展招聘渠道,用快速反应适应市场和企业的需要。招聘中,应该确立招聘者和应聘者的共同利益关系,把企业的要求与员工的要求结合起来。

3. 树立企业良好的用工形象

在激烈的市场竞争中,人力资源管理人员应该深入了解、观察、研究同行竞争对手的招聘技术和招聘战略,并借鉴竞争对手的招聘方法,适当调整自己的招聘技术和方法。同时,注重在求职者心中和全社会塑造企业良好的用人形象。如善待自己的员工,拥有专业的招聘队伍等。

6.3.2 员工流出管理

员工流出管理是企业员工流动管理中最重要的组成部分。做好员工流出管理,采取有效措施保护企业利益,对企业有着十分现实的意义。

1. 员工自然流出管理

员工自然流出主要是员工伤残、死亡或达到法定退休年龄等情况所致。其中,伤残、死亡属于意外或自然原因,退休则是企业自然流出中常见的形式。

在伤残、死亡属于意外或自然原因造成的员工管理中,人力资源管理部门应该做好以下工作:①协同有关部门做好员工安全教育工作;②及时足额为员工购买保险;③做好员工事故善后工作。

退休是指员工在达到一定的年龄并为组织服务了一定年限的基础上,根据组织及政府的一些规定享受退休金的一种自然流出方式。作为企业人力资源管理部门有义务为员工制订退休计划,使退休员工顺利地实现从工作状态到赋闲在家的转型。退休计划主要包括说明各项社会保障福利、休闲咨询、健康咨询、心理咨询、财务与投资咨询、生活安排等。

2. 员工非自然流出管理

员工的非自然流出包括解雇、开除和提前退休等情形。

解雇也称辞退,就是依据法律规定的条件,解除组织与员工劳动合同关系的行为。

开除则更严重一些,比如员工违反规定、旷工或不服从管理等引起的解聘。人力资源管理部门在做出解雇决策时,必须严格遵循有关法律、法规,做好解释和适当的物质补偿工作,以尽量避免带来不良的社会影响。

提前退休是指员工没有达到国家法定的退休年龄或企业规定的服务期限之前就退休。其目的往往是企业为了提高生产效率。员工突然提前离开组织和岗位,有被剥夺劳动权利的嫌疑,人力资源管理部门一定要慎重对待,要严格按照相关政策做好解释、安抚和补偿工作。

6.3.3 员工流失管理

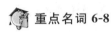

重点名词6-8

员 工 流 失

员工流失是指企业不愿意,而员工自愿的流出。这种流出对企业来讲是被动的,企业不希望出现的员工流出往往给企业带来特殊的损失,因而又称员工流失。员工辞职是员工的权利,但对企业有害,企业一般要设法控制和挽留。

在实践中,一些主动离开企业、自愿流出的员工,往往是已经或将要成为企业竞争优势的骨干人才。他们的工作更多的是依赖自身的知识和能力,往往还掌握着一定的资源,是众多企业争夺的对象。这类员工一旦离开,可能意味着大量商业信息和科技成果的流失,或者一个产品、一群客户甚至一片市场被带走。所以,做好员工流失管理工作非常重要。

1. 借助相关法律限制员工流动

在招聘开始,人力资源管理部门就应该向应聘者宣讲《中华人民共和国劳动法》和《中华人民共和国劳动合同法》等一系列法律、法规。根据法律法规,完善、规范企业自身和辞职员工双方的行为,使不合规范的员工流失动受到强制性约束。

2. 制定相关措施减少员工流失

为了减少员工的流动倾向,企业除了要为员工创造良好的环境,不断增加自身的吸引力外,还必须采取一定的措施加强对员工流动的管理,制定相关管理制度,特别是可以利用劳动合同规定,约束员工在一定期限内不能擅自离开企业,否则要承担违约赔偿。

管理借鉴6-3

AC公司的离职面试

AC公司是一家IT企业,员工流失问题经常困扰着企业的日常经营。公司董事会决定正视问题,尽快寻找解决办法。经过调查研究,出台了一系列措施。

首先,无论对待辞职者还是被辞退者,公司人力资源部都会对他(她)做最后一次面谈,称为"离职面试"。

这样做的目的主要有以下三个。

(1) 表示公司对个人的一种尊重。

(2) 公司可以直接从离职者那里了解一些情况,避免了一些沟通不足造成的误解。如果确实是公司做得不妥,公司也希望通过"离职面试"留下这些人。

(3) 公司每年都要对离开公司的人做一些统计和分析,找出可能存在的一些共性问题,然后采取针对性政策去调整。

AC公司每年没有"固定淘汰率"的做法,但AC公司的员工激励体系中包含了淘汰的内容。

讨论:AC公司"离职面试"的意义。

3. 完善机制留住优秀人才

"员工的心,企业的根。"员工是企业的根本,一个强大的企业来自每位员工的支撑。只有员工以企业为家,真正成为企业这个大家庭的一分子,才能最大限度地发挥能量。人力资源管理部门应该在完善福利待遇制度的同时,做到物尽其用、人尽其才,激发员工的成就感,提高广大员工的归属感,营造和谐的工作氛围。

重要信息 6-9

影响员工流失的因素

影响员工流失的因素主要有以下几个方面。

(1) 工资水平。一般情况下,工资水平是决定员工流失最重要的因素。有能力的员工如果能够在市场中相同职位获得较高待遇的话,就很可能主动离职。

(2) 管理模式。国内外有关研究表明,组织的管理模式与员工的流失有密切的关系。企业各级领导者,特别是最高领导的不良管理风格和管理水平,导致员工强烈不满,是员工主动辞职的原因。

(3) 个人因素。个人因素通常包括:员工个人职业理想与实际从事的工作不一致;实际工作给予个人的满足感不足;员工个人价值观念与企业价值观不同。

同步实训 6.3 员工流动认知

实训目的:加深学生对员工流动管理工作的认识。

实训安排:

(1) 学生可以选择员工流动管理的方式之一,讨论其与员工工作积极性的关系。

(2) 分析并体会员工流动管理对于组织用人的意义。

教师注意事项:

(1) 由生活事例导入对员工流动的认识。

(2) 提供一些员工流动管理的简单案例,供学生讨论。

(3) 参观企业或提供其他相应的学习资源。

资源(时间):1课时、参考书籍、案例、网页。

评价标准:

表现要求	是否适用	已达要求	未达要求
小组活动中,外在表现(参与度、讨论发言积极程度)			
小组活动中,对概念的认识与把握的准确程度			
小组活动中,PPT制作的艺术与美观程度			
小组活动中,文案制作的完整与适用程度			

小结

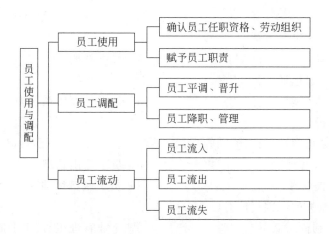

教学做一体化检测

重点名词

员工职业发展通道设计　员工任职标准　劳动定员　劳动定额　员工平调　员工晋升　员工降职　员工流失

课堂讨论

1. 企业员工使用的"人尽其才、认识相符"。
2. 企业员工调配中对员工人际关系的影响。
3. 在员工调配中是否应追求"黄金搭档""最佳拍档"。
4. 员工流动管理中企业应承担的社会责任。
5. 提高待遇就一定能够避免员工流失。

课后自测

一、选择题

1. 劳动定员标准的适用范围分为(　　)三类。
   A. 各行业通用标准,如教育部制定的各类学校教员、职员、工人标准
   B. 部门或行业标准,这是定员标准的主要部分,其中以国务院主管部门制定的标准为主,地方主管部门制定的标准为辅
   C. 企业标准,一般是企业结合自己的生产技术组织条件把行业定员标准具体化,只适用于本单位
   D. 国际标准

2. 员工使用的内容包括（　　）。
   A. 新员工的安置　　　　　　　　　B. 干部选拔、任用
   C. 劳动组合　　　　　　　　　　　D. 员工调配
   E. 职务升降　　　　　　　　　　　F. 员工的退休、辞退管理
3. 员工调配工作主要包括（　　）。
   A. 员工平调　　B. 员工晋升　　C. 员工降职　　D. 员工管理
4. 员工管理一般包括（　　）。
   A. 员工需求管理　　　　　　　　　B. 员工价值体系管理
   C. 员工保护　　　　　　　　　　　D. 员工的请销假管理
5. 从整个社会角度看，员工流动管理是广泛意义上的员工调配，可以分为（　　）。
   A. 员工流入管理　　　　　　　　　B. 员工流出管理
   C. 员工流失管理　　　　　　　　　D. 员工脱产培训
6. 造成员工流失的原因可能有（　　）。
   A. 工资福利待遇低下　　　　　　　B. 企业管理粗暴、水平低下
   C. 员工专业不是很对口　　　　　　D. 员工个人价值观念与企业价值观不同
   E. 员工无法获得成就感

二、判断题
1. 员工任职资格确认是员工使用的必要步骤。　　　　　　　　　　　　　（　　）
2. 工时定额规定单位工作量所需要的时间，产量定额规定单位时间内必须完成的工作量。两种定额互为倒数关系，并以劳动时间作为衡量劳动量的尺度。　　　　　　（　　）
3. 员工一般容易接受平调，人力资源管理部门不需做过多的解释工作。　　（　　）
4. 降职通常使一个人的情绪激动，感到失去了同事的尊重而处于尴尬、愤怒、失望的状态，生产效率可能进一步降低。　　　　　　　　　　　　　　　　　　　　（　　）
5. 员工流失都是福利待遇过低造成的。　　　　　　　　　　　　　　　　（　　）
6. 员工忠诚度只有理论意义，现实生活中，企业人力资源管理部门也无能为力。
　　　　　　　　　　　　　　　　　　　　　　　　　　　　　　　　　　（　　）

三、简答题
1. 员工使用有何重要意义？
2. 员工使用应遵循哪些原则？
3. 员工调配应遵循哪些原则？
4. 员工流动管理有哪几种方法？
5. 影响员工流失的因素有哪些？
6. 员工流失管理应采取哪些方式？

案例分析

华为的人才使用

任正非在一次讲话中说："2021—2022年是求生存、谋发展战略攻关最艰难的两年。"这也彰显了华为面对时下国际困局背水一战的决心。任正非也指出："无论是求生存，还是

谋发展,人才最关键。"要敢于吸收国内外人才,不拘一格降人才。我们有足够的钱,足够大的空间,容纳天下英才,发挥他们的创造才华。

在这篇讲话中,任正非高度重视"新鲜血液"的力量,他强调:"从战略格局来看,我们要有一股'新流'进来,让我们血管流着青春澎湃的血!"

那么,通过什么途径发掘有能量的、充满活力的新鲜血液呢?

不拘一格吸引人才。任正非在这一点上非常清醒,他指出华为各部门研究提高人才布局与队伍结构管理的战略性,这固然没有错,但是不可否认的,业务部门对人才需求确实没有管理部门或者说高管层的战略眼光,也很难考虑到公司的战略洞察性,所以任正非要求:"在公司聚焦的领域上,只要看到国内、国外有合适的人才,先吸引进来,不受编制的限制。"如此一来,面试就显得尤为重要。人才来源途径的重点:一是多与业界"大拿"、优秀学校校长、世界大赛主席等沟通交流,扩大优秀人才的挖掘来源。任正非在这一点上非常前卫,他认为"在合作中已经有突出贡献的,不必再经过面试环节"。二是关注海外博士和软件人才的引进,善于发现有洞察能力的年轻人。有些在国外没有技术突破,也不是顶尖的人,但对所属领域有着很深的理解力,也是华为需要的人才。

实际上,华为对人才的管理有三项基本原则,大体也体现了任正非的人才观。

一是在人才招聘上,最合适的才是最好的,华为要招聘的是企业最需要的!

二是个人永远不可能是完美的,个人需要在团队中发挥战斗力,同时团队战斗力源于团队成员优势互补的合力!

三是激励的本质是期望值管理!

从任正非的讲话,以及华为的用人基本原则上,处处透漏出华为对人才的深刻认识,那就是"人才是非常关键的",但还不是最重要的,对人才的有效管理,才是一个企业真正的核心竞争力,才是最重要!

华为对人才的管理,绝不是"引才"后再育才、留才,而是渗透到人才招聘、人力资源管理的全部环节。

阅读以上材料,回答问题:
1. 概括华为的员工使用策略。
2. 你怎样理解任正非的用人观?

课程思政园地

2019年《感动中国》给前敦煌研究院院长樊锦诗的颁奖词这样写道:"舍半生给茫茫大漠,从未名湖到莫高窟,守住前辈的火,开辟明天的路。半个世纪的风沙不是谁都经得起吹打,一腔爱、一洞画、一场文化苦旅,从青春到白发,心归处,是敦煌。"

1938年出生的樊锦诗,是文博界的传奇人物。她是上海姑娘,北京大学毕业,本可以留在大城市,却坚守西北大漠中的735座洞窟57年;60岁受任敦煌研究院院长,80岁退休,于危急中拯救莫高窟;她发起了"数字敦煌"工程,率先在全国开展文物保护专项法规和保护规划建设,因对莫高窟的保护被季羡林称赞"功德无量"。

从青葱少女到"敦煌的女儿",她用满头白发换来敦煌青春永驻。可以说,没有樊锦诗,就没有我们今天看到的莫高窟。不是谁都能经得起半个多世纪的风沙磨砺,樊锦诗先生一家为敦煌付出了很多。从1963年年初到莫高窟实习，因严重水土不服提前返回，再到被分配到莫高窟，却以国家需要为优先，偷偷藏起了父亲的求情信，义无反顾奔赴敦煌，再到成家生子后有多次机会离开敦煌，在每一个荆天棘地的路口，她放弃了离开条件恶劣的敦煌的机会，都选择了坚守。

如今，80多岁高龄的樊锦诗还在为编写第二卷敦煌石窟考古报告殚精竭虑。她视敦煌石窟的安危如生命，积极推动敦煌研究院在全国率先开展文物保护专项法规和保护规划建设，促成《甘肃敦煌莫高窟保护条例》颁布，使莫高窟保护、研究、利用和管理纳入法治化和规范化轨道。

樊锦诗生活简朴、淡泊名利，她每次领完奖回到单位，第一件事就是上交奖章、奖状、奖金。她认为，这些荣誉属于所有为莫高窟作出贡献的人。

樊锦诗荣获"文物保护杰出贡献者""改革先锋""100位新中国成立以来感动中国人物""全国优秀共产党员"等称号。

思考：
1. 你怎样看待樊锦诗的敬业精神？
2. 我们大学生从以上事迹中能够学到什么？

学生自我工作总结

通过完成任务6，我能够作如下总结。

一、主要知识

完成本任务需了解的主要知识点有：
1.
2.

二、主要技能

完成本任务需掌握的主要技能有：
1.
2.

三、主要原理

完成本任务涉及的管理原理有：
1.
2.

四、相关知识与技能

本任务的完成过程：
1. 员工使用的原则是：
2. 员工调配工作包括：
3. 员工流动管理的要求是：

五、成果检验

本任务的成果：
1. 完成本任务的意义有：
2. 学到的知识与技能有：
3. 自悟的知识与技能有：
4. 你认为员工使用与调配对人力资源管理工作的意义是：

任务7 绩效管理

学习目标

1. 知识目标
- 能认识绩效的含义。
- 能认识绩效计划。
- 能认识绩效评价的程序。

2. 能力目标
- 能认识绩效管理的意义。
- 能认识绩效管理与其他职能的关系。
- 能够对绩效管理工作有整体的认识。

3. 课程思政
- 具备奉献精神。
- 具备团队合作意识。
- 具备积极向上的人生态度。

任务解析

根据人力资源管理职业工作活动顺序和职业教育学习规律,"绩效管理"任务可以分解为以下子任务。

7.1 绩效计划的制订与实施

7.2 绩效评价的组织与安排

7.3 绩效评价的沟通与运用

管理故事

刘向整理的《战国策》和司马光编纂的《资治通鉴》都记载着齐威王田因齐赏罚分明的故事。

战国时期,齐国的齐威王田因齐在考察官员的时候,发现他的亲信都说东阿(山东地名)大夫的好话,又都说即墨(也是山东地名)大夫的坏话。于是,齐威王就委派一个心腹大臣到东阿和即墨去实地考察,详细了解两地的情况。

得到心腹大臣的汇报后,齐威王召见即墨大夫,对他说:"你担任即墨大夫以来,我几乎天天都听到关于你的坏话。"即墨大夫不由得紧张起来。齐威王笑了笑,继续说道:"可是,我派人到即墨一看,你那里良田无际,百姓丰足,街道有序,整个齐国的东部安宁和平。看来你是因为不会巴结人而名声不好啊。"说完,齐威王赏给即墨大夫一万户的封邑。

齐威王接着召见了东阿大夫,对他说:"你治理东阿以来,天天都有人在我的耳朵边说你的好话。"东阿大夫听后,心里暗喜。齐威王突然脸色一沉,又说道:"可是,我派人去东阿一看,你那里田地荒芜,百姓贫苦。不仅如此,前不久,赵国和卫国来犯,你不是不去救援,就是浑然不知!你啊,只知道用重金贿赂我的亲信大臣,让他们在我的面前说你的好话。"东阿大夫知道大势不好,赶紧跪倒在地。

看着面如土色、浑身发抖的东阿大夫,齐威王发火了:"把这个贪官给我拉出去,煮了!"同时,齐威王又下令把那些收受贿赂、吹捧东阿大夫业绩的大臣们也一起煮死!

齐威王因为明察秋毫,赏罚分明,使齐国朝野为之震惊。各级官吏再也不敢瞒上欺下了。从此,齐国大治,成了数一数二的强国。

管理感悟:在任何一家有一定规模的企业里,都有像东阿大夫、即墨大夫这样的中层管理干部,也不乏被齐威王煮了的那些亲信大臣。齐威王有绩效考核制度,也有执行绩效考核的人,但是,他还是差一点儿被蒙蔽了。再好的制度,如果没有优秀的执行人,如果没有有效的二次监督,有时候还是会走样的。

7.1 绩效计划的制订与实施

任务提示:绩效管理工作主要包括确定绩效评价要素、制定绩效评价标准、选择绩效评价方法、组建绩效评价组织和确定绩效评价时间。制订实施绩效计划是绩效管理活动的基础工作。只有使员工了解了绩效计划,才能在日常工作中做到有的放矢。

重点难点:绩效计划的内容。

绩效管理是指有效管理员工,以确保员工的工作行为与产出能够和企业目标保持一致,进而促进员工和企业共同发展的过程。绩效管理一般包括以下工作步骤:绩效计划的制订、绩效的实施、绩效的考核、绩效的反馈。可以看出,绩效评价只是绩效管理工作中的一个环节。

绩效计划的制订与实施需要做以下工作。

7.1.1 确定绩效评价要素

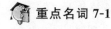

重点名词 7-1

员 工 绩 效

员工绩效是指员工在工作过程中所表现出来的与企业目标相关并且能够被评价的工作业绩、工作能力和工作态度。其中,工作业绩是工作的成果,工作能力和工作态度则指工作的行为。

绩效评价计划要素一般包括以下内容。

1. 设定评价目的

评价目的一般为全面了解每位员工的素质水平、在实际工作中的行为表现、真实绩效及工作潜力,保证人力资源管理的基本决策正确。

2. 选定考核主体

考核主体一般为企业组织、股东、董事、监事、首席执行官、人力资源管理部门、人力资源经理及各有关主管经理、一般员工及外部利益相关者。

3. 确定考核对象

考核主体为企业的全部在岗员工,包括首席执行官、各级经理、一般员工。严格说来,董事、董事长、监事等也应该接受相应的考核。

4. 确定考核内容

考核内容包括工作行为、工作态度、工作结果等方面。工作行为考核,主要是指对具体职务所需要的基本能力,以及经验性能力进行的测评;态度考核,是指对工作热情和工作积极性方面所进行的考评;工作成果考核,是对每位职工在担当本职工作、完成任务中所取得的成果进行的测评。

根据考核目的和考核对象的不同,考核内容会有所不同。

5. 考虑其他因素

其他因素包括考核时间、地点、考核方法与工具、考核活动过程组织、考核结果与考核结论使用等。

 重要信息 7-1

员工绩效的特点

员工的工作绩效是由多种因素决定的,其中主要有技能、机会、激励、环境等因素。分析表明,绩效考评具有多因性、多维性和动态性的特点。

(1) 多因性。多因性是指形成工作绩效的原因是多方面的,如本人的技能和激励状态、外在的环境因素和机遇等。这就要求进行绩效考评时必须综合考虑取得工作绩效的多方面因素,全面分析评价绩效的效果与效率。

(2) 多维性。多维性是指考评要从多方面切入,不能只从某个角度、某个标准、某一方面来评价。正是由于这个显著的特点,设计考评标准和指标体系时要全面、客观、准确,并具有针对性和代表性。

(3) 动态性。动态性是指考评不能只看一时一事,而是要全面把握,要历史的、发展的分析与评价。比如,有的人去年考评一般,今年考评成绩却可能比较突出,说明进步快;有的人始终如一,保持了高绩效;有的人去年绩效非常优异,今年绩效有可能降低了。所以,绩效考评应当是动态性的考评。

> **重点名词 7-2**
>
> **绩 效 评 价**
>
> 绩效评价是指对员工的工作行为和工作成果做出的考核和评价。评价的要素包括工作态度、工作表现、工作数量、工作质量、工作效率和工作能力等方面。从动态和静态角度看,绩效考评分为结果考评和过程考评(过程监控);从定性和定量角度看,绩效考评分为定性考评和定量考评。

7.1.2 制定绩效评价标准

绩效标准就是按照各个岗位的工作性质和要求而制定的标准。绩效标准应具有完整性、协调性等特征。制定绩效考核标准一般应进行以下工作。

1. 职位再分析

通过先前的职位分析,岗位工作内容及要求已经确定下来。但是,在进行员工绩效评价的时候往往会发现,有些工作要求太粗放、不具有可操作性,难以直接用于评价员工的工作表现。这时,就需要对岗位工作进行再分析。根据考核的目的,对被考核对象所在岗位的工作内容、性质、完成这些工作所应履行的工作职责和应具备的能力素质、工作条件等进行研究,确定出一些实际的、可测量的、容易理解的绩效考核指标。当然,为了减少管理成本,企业根据经营目标,可只选择那些对企业至关重要的岗位职责作为绩效考核指标。

2. 理论验证

评价人员根据绩效考核的基本原理和整体设计,对所制定的绩效考核指标进行论证,使其具有一定的科学依据。

3. 组织绩效沟通

绩效管理中的沟通是非常重要的,不管是目标建立过程中的绩效沟通,还是绩效实施过程中的沟通,甚至绩效评价时候的绩效沟通,都非常重要。

这里的沟通,指的是目标建立过程中的沟通。根据工作分析结果,运用绩效考核指标体系设计方法,进行指标分析,最后确定绩效考核指标体系。在进行指标分析和指标体系确定时,管理人员通过运用问卷调查、文案研究法、访谈法等多种方法,与员工进行广泛的绩效沟通,使指标体系更加准确、完善和可靠。有时,为了使指标体系更趋合理,还应对其进行多次修订。

4. 确定评价标准

评价指标体系确定之后,就可以设定评价标准。一般来说,指标指的是从哪些方面评价工作,解决"评价什么"的问题;而标准指的是在各个指标上分别应该达到什么样的水平,解决"被评者怎么做、做多少"的问题。另外,评价标准一般分为绝对标准和相对标准。

例 7-1 绝对标准

员工的文化程度、出勤率和生产中的废品率等,这些标准是以客观事实为依据的,不以考核者或被考核者的个人意志为转移。

例 7-2　相对标准

企业绩效考评中,规定每个车间 5% 的员工可以被评为先进。在这一标准下进行评价,就只能采取员工之间相互比较的方法,每个员工既是被比较对象,也是被比较尺度。

重要信息 7-2

绩效评价标准的类型

(1) 数量标准与质量标准。如年产量(100 万件)、产值(1 亿元)、销售量(80 万件)等指标都是数量标准,用来衡量工作量的大小;产品合格率(98%)、安全事故率(0.1% 以下)等是质量标准,用来衡量工作优劣程度。

(2) 财务性标准与非财务性标准。如利润额(1 000 万元)、利润率(10%)、资金周转速度(4 次)等属于财务性标准,是指用来衡量企业财务状况的有关指标;客户满意度(95%)、员工出勤率等是非财务性标准。

(3) 实时性标准与阶段性标准。用来衡量每天工作成果的指标称为实时标准,比如,车间每天平均生产商品 300 件、每天耗电不超过 10 000 千瓦时等属于时实标准;用来衡量一定阶段工作成果的指标称为阶段性标准,如年产量 100 万件、月接洽客户 50 家等都是阶段性标准。

(4) 投入性标准、产出性标准与投入产出标准。如购买原料投资不超过 80 万元、更新加工设备投资不超过 30 万元、新招聘工人不超过 20 人等,属于投入性标准,是用来衡量资源投入的指标;如年产量不低于 100 万件、产值不低于 1 亿元和产销率不低于 80% 等属于产出性标准,是指用来衡量产出效率的指标。如投资收益率(30%)、资产报酬率(5%)等属于投入产出标准,是指用来衡量投入产出效果的指标。

(5) 单位标准与个人标准。如车间的日产量 300 件是单位标准,车间工人的产量定额 2 件就是个人标准。

7.1.3　组建绩效评价组织

1. 成立考评管理委员会

考评管理委员会由企业一级的领导和人力资源部负责人组成,领导本企业的考评工作。比如,由总经理、各副总经理、总工程师、总会计师、总经济师、总管理师、人力资源部部长组成公司考评管理委员会。该委员会的主要职责包括最终考评结果的审批;中层管理人员考评等级的综合评定;员工考评申诉的最终处理。

2. 人力资源部门负责考评日常工作

人力资源管理部门作为考评工作的具体组织执行机构,其主要职责包括对各部门各项考评工作的培训与指导;对各部门考评过程进行监督与检查;汇总统计考评结果;协调、处理各级人员关于考评申诉的具体工作;对各部门季度、年度考评工作情况进行通报;对考评过程中不规范行为进行纠正、指导与处罚;为每位员工建立考评档案,作为奖金发放、工资调整、职务升降、岗位调动等的依据。

3. 各部门配合搞好考评工作

被考评的员工总是在某个职能部门工作,该部门在考评中应承担相应职责,包括负责本部门考评工作的整体组织及监督管理;负责处理本部门关于考评工作的投诉;负责对本部门考评工作中不规范行为进行纠正和处罚;负责帮助本部门员工制订工作计划和考评标准;负责所属员工的考评评分;负责本部门员工考评等级的综合评价;负责所属员工的绩效面谈,并帮助员工制订改进计划。

4. 明确不同考评对象的考评关系

考评关系分为直接上级考评、直接下级考评、同级人员考评,不同考评对象对应不同考评关系。

7.1.4 确定绩效评价周期

设定的考评间隔时间将因工作性质而异,应充分讲求科学性。若考评的间隔时间太短,会投入大量的人力、物力、财力而得出毫无意义的考评结果;若考评的间隔时间太长,失去了绩效考评对员工工作应有的监督作用和威慑力,也不能使员工及时获得自己的工作反馈信息。

1. 根据岗位性质确定评价周期

就考评的科学性而言,不同的岗位工作应设定不同的考评间隔期。一般的考评间隔期为 6 个月至 1 年,对大多数工作,如熟练的流水线操作工或组织中常规工作的管理人员,这一考评间隔期是比较合理的。

2. 根据标准性质确定评价周期

对于项目制工作而言,应在一个项目结束后进行绩效考评或在期中、期末进行两次考评。对于培训期的员工而言,绩效考评的间隔时间应较短,以使员工及时获得反馈和指导。

3. 根据评价目的确定评价周期

绩效考评的间隔期因考评目的不同而不同。若考评为了上下级更好地沟通,提高工作效率,则间隔期应适当短一些;若考评是为了人事调动或晋升,则应观察一个相对长的时期,以免为某些员工投机取巧所蒙蔽。若员工的工作绩效一贯良好,则应考虑给予加薪或升职;若员工的工作绩效一贯低下,则应考虑给予降职或者解雇处理。

 重要信息 7-3

绩效评价的分类

1. 按时间划分

(1) 定期考核。企业考核的时间可以是一个月、一个季度、半年、一年。考核时间要根据企业文化和岗位特点绩效来选择。

(2) 不定期考核。不定期考核有两方面的含义,一方面是指组织对人员的提升所进行的考评,另一方面是指主管对下属的日常行为表现进行记录,发现问题及时解决,同时也为定期考核提供依据。

2. 按考核的内容分

(1) 特征导向型。考核的重点是员工的个人特质,如诚实度、合作性、沟通能力等,即考量员工是一个怎样的人。

(2) 行为导向型。考核的重点是员工的工作方式和工作行为,如服务员的微笑和态度,待人接物的方法等,即对工作过程的考量。

(3) 结果导向型。考核的重点是工作内容和工作质量,如产品的产量和质量,劳动效率等,侧重点是员工完成的工作任务和生产的产品。

3. 按主观和客观划分

(1) 主观考核。主观考核是由考核者根据一定的标准设计的考核指标体系对被考核者进行主观评价,如工作行为和工作结果。

(2) 客观考核。客观考核是指对可以直接量化的指标体系所进行的考核,如生产指标和个人工作指标。

7.1.5 绩效计划的实施

制订了绩效计划之后,员工就开始按照计划开展工作,这就是绩效的实施。绩效实施包括两个方面的工作:一是管理人员与员工持续的绩效计划沟通、指导;二是对员工绩效数据、资料和信息的收集。绩效实施是绩效管理活动中耗时最长、最关键的环节,过程好坏直接关系到绩效管理的成败。

1. 绩效计划沟通

这里所指的沟通是绩效实施过程中的沟通。在这一过程中,管理者就绩效问题不断与员工进行交流与沟通,给予员工必要的指导和建议,使员工更加清晰地知道自己的绩效目标,并帮助员工逐步实现确定的绩效目标。沟通方式可以采用书面沟通、面谈、咨询、进展回顾和其他一些非正式沟通方式。

2. 收集绩效信息

管理者对员工数据、资料、信息进行收集,主要是收集与绩效有关的信息,目的是解决问题或证明问题。解决问题首先需要知道存在什么问题及什么原因导致了这一问题;证明问题需要有充足的事实、可靠的资料数据,这也要由收集到的信息来提供。因此,收集绩效信息既可以为管理者提供绩效管理的事实依据,也可以为员工提供改进绩效的事实依据,同时也是发现绩效问题和确定优秀业绩的依据。

收集绩效信息的方法有观察法、工作记录法和他人反馈法。

绩效信息的内容包括以下方面:目标和标准达到或未达到的情况,员工因工作或其他行为受到的表扬和批评情况,证明工作绩效突出或低下所需要的具体证据,对管理者和员工找到问题或取得成绩的原因有帮助的其他数据,同员工就绩效问题进行谈话的记录等。

重要信息 7-4

绩效管理的意义

(1) 绩效管理有助于提高企业的绩效。企业绩效是以员工个人绩效为基础而形成的,有效的绩效管理系统可以改善员工的工作绩效,从而有助于提高企业的整体绩效。

(2) 绩效管理有助于提升员工的绩效。绩效管理从以下两个方面满足了员工的需要,从而提高了员工的满意度。一方面,通过绩效管理可以提高员工的工作绩效,满足他们自我实现的需要;另一方面,通过完善的绩效管理,员工可以参与到企业的管理过程中,从而满足他们得到尊重的需要。

（3）绩效管理可以为人力资源管理提供决策信息。绩效管理可以为组织管理、人力资源管理提供重要的信息和依据。如可以为员工的薪酬调整、职位晋升、培训、解雇等管理决策提供信息，从而提高企业的管理效率。

同步实训 7.1　绩效计划的制订与实施认知

实训目的：加深学生对绩效计划的制订与实施认识。

实训安排：

（1）学生可以上网查找企业员工绩效计划实例并进行讨论，或分析班主任工作绩效计划该如何制订。

（2）分析并体会员工绩效计划的意义，尝试编写一份班主任绩效计划。

教师注意事项：

（1）由生活事例导入对员工绩效计划的认识。

（2）提供一些员工绩效计划的简单案例，供学生讨论。

（3）参观企业或提供其他相应的学习资源。

资源（时间）：1 课时、参考书籍、案例、网页。

评价标准：

表 现 要 求	是否适用	已达要求	未达要求
小组活动中，外在表现（参与度、讨论发言积极程度）			
小组活动中，对概念的认识与把握的准确程度			
小组活动中，PPT 制作的艺术与美观程度			
小组活动中，文案制作的完整与适用程度			

7.2　绩效评价的组织与安排

任务提示：在与员工进行沟通之后，绩效评价活动才可以进行。绩效评价操作程序包括：建立组织并培训相关人员，运用适当的方法，收集到充足的绩效信息资料，通过汇总分析，得出评价结论。

重点难点：绩效评价活动的组织。

7.2.1　确定绩效评价人员

无论使用哪种绩效管理方法，都必须选择员工绩效考评信息的来源或确定绩效考评者。选拔考评人员是关系到考核成败的大事，一般应考虑两方面的因素：一是能够全方位地对员工的工作进行观察；二是有助于消除和减少个人偏见。一般来说，员工的直接上级、同级同事、直接下属、被考评者本人和顾客就是绩效考评信息来源。同时，这些人也可以组成绩效评价人员。

1. 直接主管

在日常考核中，一般是由员工的直接主管进行考核，他们有充分的机会对下属进行全面了解，有能力对下属的绩效做出精确的评价。由于握有奖惩权利，有助于发挥管理控制的威力。需要注意的是，在某些情况下，直接主管的评价信息在公正性上不太可靠，由于易掺入个人的感情因素，直接上级对下属员工的考核不一定公正。

2. 同事

同事对考核的职责最熟悉、最内行，对被评同事的情况往往也很了解，但前提是同事之间关系必须融合、相互信任、团结一致，相互间有一定的交往与协作，而不是各自为政的独立作业。这种办法多用于专业性组织，如大学、医院、科研单位等，企业的专业性很强的部门也可使用。

3. 被考评者本人

这就是常说的自我鉴定。虽然自我评价并不是经常作为绩效评价信息的唯一来源，但也非常有价值。员工是最了解自己所作所为的人，自我考评能令被考评者感到满意，有利于工作改进。但是这种评价方法的缺点是导致个人夸大自己的绩效。主要是因为：①如果考评结果被用在管理决策方面，员工必然有充分的理由夸大自己的成绩；②社会心理学中有大量事实证明，人们总有一种把个人的不良绩效归咎于外部环境的倾向。因此，不能将自我评价的绩效用于管理性目的。

4. 直接下属

在考核中，可以组织被考核者的下属员工来评价他们的上级。需要注意的是，一定要使考评者消除遭报复的心理，严肃认真地做好评价工作；相反，可能也会使上级在日常工作中出现充当老好人，缩手缩脚的情形。

5. 客户

许多公司把客户也纳入员工绩效考评体系中。客户是唯一经常在现场观察员工工作行为的人，在这种情况下，客户就成了最好的绩效信息来源。纳入客户作为考评者的员工绩效考评体系最适合下列两种情况：一是所从事的工作是直接为客户服务的；二是当公司希望了解客户对公司产品或服务的期望时，利用客户进行评价也是很合适的。

7.2.2 培训绩效评价人员

在正式的绩效考评实施之前，要对所有考评人进行一次业务培训。培训的目的是使考评人了解绩效考评的目的、作用和原则，了解各岗位的绩效考评的内容，掌握考评的操作方法和沟通技巧，识别和预防考评中的误差。培训的具体内容包括以下几个方面。

1. 规定性培训

绩效评价的规定性培训主要是指通过培训使评价人员了解绩效评价的含义、原则、用途和目的，掌握企业各岗位绩效考评的内容、企业的绩效考评制度。

2. 方法类培训

绩效评价的方法类培训包括考评的具体操作方法培训、考评评语的撰写方法的培训、考评沟通的方法和技巧。

3. 考评误差预防的培训

（1）考评信息失真现象。绩效考评过程涉及大量信息的浓缩和分析，工作量较大，可能会出现信息失真的情形。考评人员必须将有关数据记录下来,存入记忆库中。当需要作出判断时,把相关信息从记忆库中调出来,然后将它与绩效标准作比较。这样,我们就能弥补绩效考评过程的信息缺失。

(2) 考评过程中的失误。①晕轮效应误差。考评人在对被考评人进行绩效考评时,把绩效中的某一方面甚至与工作绩效无关的某一方面看得过重,进而影响了整体绩效的考评。晕轮效应会导致过高评价或过低评价。②近因误差。在绩效考评时往往会出现这样的情况:考评人对被考评人某一阶段的工作绩效进行考评时,往往只注重近期的表现和成绩,以近期印象来代替被考评人在整个考评时期的绩效表现情况,因而造成考评误差。③感情效应误差。考评人可能随着他对被考评人的感情好坏程度自觉或不自觉地对被考评人进行偏高或偏低的绩效考评。④暗示效应误差。考评人在领导者或权威人士的暗示下,很容易接受他们的看法,而改变自己原来的看法,这样就可能造成绩效考评的暗示效应。⑤偏见误差。由于考评人员对被考评者的某种偏见而带来的绩效考评误差,称为偏见误差。

重要信息 7-5

绩效评价的要求

(1) 全面准确性和可操作性。考评标准的全面准确性是指考评标准要能够反映岗位或工种的基本要求,能与岗位或工种的规范相一致。可操作性是指考评标准要便于衡量和测评,可以应用到实际考评工作中。

(2) 一致性和可靠性。考评原则的一致性是指考评原则要适应各类层次的人员,一视同仁,不因人而异,不区别对待,不经常变动。可靠性是指原则本身要具有较高的信度和效度。

(3) 考评者要具备良好素质。要对考评者加强培训,使其具有考评者应当具有的良好素养。经培训后的考评者应当达到以下要求:①考评者必须认识到考核工作是自己的重要职责。②考评者特别应当做到:第一,不徇私情。第二,不轻信偏听。第三,对被考评者在考核期限之外所取得的结果、能力、干劲和态度不做评价。第四,以工作中的具体事实为依据。第五,对考核结果进行总体综合修正,以消除以偏概全倾向。第六,注意避免凭总体印象,夸大或缩小被考评者的成果、态度以及工作中表现出来的能力。

(4) 民主性和透明度。民主性是指考评的标准、进度、方式方法要让大家明白,了解考评的目的和意义,使考评工作变成群众的自觉行动。透明度是要让大家了解考评的过程、结果、评价和意见,既知道自己的工作状态,也知道别人的工作状态。

7.2.3 选择绩效评价方法

绩效评价方法主要有以下几种。

1. 简单排序法

简单排序法是根据绩效评价要素将员工们从绩效最优到绩效最差进行排序。这种方法的优点是简便易行、速度快,可以避免误差;其缺点是标准单一,考核结果偏差较大,不同部门或岗位难以进行比较。

2. 配对比较法

配对比较法是将每一位员工按照所有的评价要素与其他所有的员工逐一配对比较,然后将逐对比较中被评为优的次数相加,用得到的总数来确定等级名次。这种方法应用简便、准确性也较高,但该种方法只考核总体的情况,结果也只是相对的等级顺序,较为粗糙。配对比较法只适用于 10 人以下的考核情况,因为人数越多,配对比较的次数就越多,既麻烦,又失去了准确性。

例 7-3　配对比较法

配对比较法如表 7-1 所示。评价标准为:员工 A 如果比员工 B 优秀,给 A 记 2 分;员工 A 如果与员工 B 一样优秀,给 A 记 1 分;如果员工 A 不如员工 B 优秀,给 A 记 0 分。

表 7-1　配对比较法

员　工	员工 A	员工 B	员工 C	员工 D	总分	排序
员工 A		2	2	2	6	1
员工 B	0		2	2	4	3
员工 C	1	2		2	5	2
员工 D	0	0	1		1	4

3. 尺度考核法

尺度考核法是按照员工的考核内容,选择不同的绩效构成因素,给每一个因素确定不同的层级尺度及相应的评分标准,然后据此考核员工。

例 7-4　尺度考核法

尺度考核法如表 7-2 所示。在进行工作绩效考核时,首先针对每一位员工从每一项考核要素中找出最能符合取得绩效状况的分数,然后将每一位员工所得到的所有分值进行加总,即得到最终的工作绩效考核结果。

表 7-2　尺度考核法

绩效维度	评价尺度					得分
	优秀	良好	一般	合格	较差	
工作质量	5	4	3	2	1	
工作数量	5	4	3	2	1	
……						

4. 强制分布法

强制分布法主要适用于整体考核,是按照"两头小、中间大"的正态分布规律,提前确定一种比例,以将各个被评价者分别分布到每个工作绩效等级中。

例 7-5　强制分布法

强制分布法如表 7-3 所示,预先规定一定的绩效等级比例,将被考核者分布到相应的绩效等级上。

表 7-3　强制分布法

等　级	分布比例/%	人数/人
优秀	5	2
良好	15	6

等 级	分布比例/%	人数/人
一般	60	24
合格	15	6
不及格	5	2

强制分布法可以有效地减少偏松或偏紧的误差,在员工之间形成更大的绩效评价等级差别,容易发掘工作业绩优秀的员工。这种方法的缺点是将员工的绩效假设为按照概率分布并不合理,当一个部门的员工都较为优秀或普遍较差时,考评者要想挑选优秀或较差的员工就会感到很为难。

5. 关键事件法

关键事件法是指负责评价的主管把员工在完成工作任务时所表现出来的、特别有效的行为和特别无效的行为(关键事件)记录下来,形成一份书面报告。在一定时间间隔,由主管与被考核者座谈,共同探讨其绩效。显然,如果评价者能够长期观察员工的工作行为,对员工的工作情况十分了解,这种评价方法是很有效的。但是,书面报告是对不同员工的不同工作的描述,无法在员工之间、团队之间和部门之间进行工作情况比较。评价者用自己制定的标准来衡量员工,员工没有参与的机会,因此这种方法不适用于人事决策,可以将其与其他绩效考核方法结合使用。

6. 行为锚定法

行为锚定法是将每一职务的各评价维度都设计出一个评分量表,并有一些典型的行为描述性说明词与量表上的一些刻度或评分标准相对应和联系,即所谓锚定,作为被考核者实际表现评分时的参考依据。行为锚定法为评价者提供了明确而客观的评价标准。其主要的缺点是设计和实施成本比较高,经常需要聘请人力资源管理专家帮助设计,而且在实施以前要进行多次测试和修改。

例 7-6 行为锚定法

行为锚定等级如表 7-4 所示。

表 7-4 行为锚定等级

表 现	等 级
消极怠工,故意拖延工作完成时间	1
躲避过重的工作负担,总找借口请假	2
主管不在场,依然可以自觉完成本职工作和额外工作	3
以较高的热情对待工作,自觉参与组织的各项活动	4

设计行为锚定评价法的步骤如下:①主管人员的工作所包含的活动类别或者绩效指标;②主管人员为各种绩效指标撰写一组关键事件;③由一组处于中间立场的管理人员为每一个评价指标选择关键事件,并确定每一个绩效等级与关键事件的对应关系;④将每个评价指标中包含的关键事件从好到差进行排列,建立行为锚定法考核体系。

7. 360 度反馈评价

360 度反馈评价也称全视角评价,是指由被考核者的上级、下级、同事、客户及被考核者从多个角度对被考核者进行全方位的评价，再通过反馈环节，达到改善绩效的目的，如图 7-1 所示。

上级评价
同事评价
被考核者
客户评价
下级评价

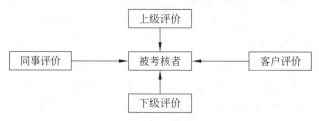

图 7-1　360 度反馈评价示意图

8. 目标管理绩效考核法

目标管理考核法是指根据企业总目标，由企业内部各部门和各员工分解并设立自己的目标，通过管理手段促成目标实现的一种方法。在考评时每一项都按员工达到目标的程度独立考评，最后再加权平均。具体实施步骤如图 7-2 所示。

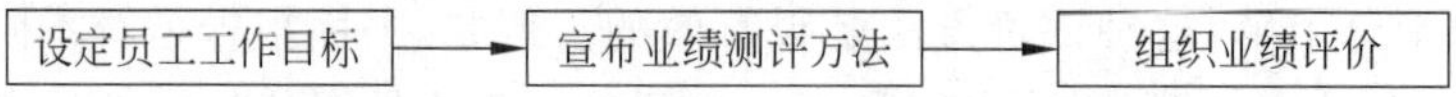

设定员工工作目标
宣布业绩测评方法
组织业绩评价

图 7-2　目标管理绩效考核操作程序

目标管理考核法的最大优点在于为员工的工作成果树立了明确的目标，能激励员工尽量向目标靠拢。绩效标准越细致，员工绩效考评的偏见和误差就越少。这种方法的缺点在于需要较多的时间和精力去制定一套完整的绩效考评标准。此外，绩效目标尽管可能成为激励员工努力工作的强大动力，但也可能导致员工之间不必要的激烈竞争，使内耗增加，整体绩效下降。

7.2.4　分配绩效评价责任

绩效评价人员经过培训之后，开始分解并承担考评任务。与此同时，企业层面的绩效评价机构也开始工作。绩效评价工作中，各相关人员承担的职责如表 7-5 所示。

表 7-5　考核参与者在绩效考核中的主要职责

评价参与者	主 要 职 责
考核者	分别承担具体考核任务；调整、安排整个考核过程时间，按时完成考核任务；组织考核过程中技能、方法的讨论；相互之间进行工作协调；学习考核体系和考核技能
被考核者	为自己的职业行为承担责任；自我考核；为考核者提供有效信息；学习考核体系和考核技能
最高管理者	统一协调考核工作；为考核者提供报酬；提高对考核意义的认识；塑造良好的形象
人力资源部门	收集考核过程中先进的经验、方法，并作推广；宣讲考核的意义、目的、方法和要求；督促、帮助各考核组完成考核任务；检查考核纪律；收集反馈考核中发现的问题，并提出改进措施；在本部门实施既定考核制度；根据考核结果，制定相应的人力资源规划与决策

7.2.5　收集绩效评价资料

绩效考核是一项长期、复杂的工作，对作为考核基础的数据收集工作要求很高。在确认绩效数据来源和收集方法方面,企业应该注重长期的跟踪,随时收集相关数据,使数据收集工作形成一种制度。

绩效考核的资料主要有三种:①客观数据,即客观的生产与工作数据。这类数据可以通过查阅生产记录等资料来获取。②人力资源管理资料,采用比较多的是缺勤率、离职率、事故率和迟到情况等。这类数据可以通过查阅考勤记录、生产记录等资料来获取。③评判数据。评判数据以管理人员(上级)的评定为主,还包括员工本人的评判、同事的评判以及下属人员的评定等。这类信息资料可以通过选定的绩效评价方式来获取。

7.2.6 汇总绩效评价信息

绩效评价信息汇总是对员工个人的各个方面做出综合性的评价。这一过程一般是由定性到定量,再到定性。主要工作包括以下内容。

1. 确定单项等级和分值

确定等级是对单一评价项目的量化。一般来说,根据前面的绩效标准,员工的某一评价项目可以评定为不同的等级。如五等级可以对应优、良、合格、稍差和不合格。在等级划分的基础上,有时还需赋予等级不同的数值,作为绩效评价的数量依据。赋值的方法有不同种类,常见的五等级赋值分别为:优等为8~10分,良好为6~8分,合格为6分,稍差为4~6分,不合格为4分以下。

2. 对同一项目各考核结果汇总

同一项目可能由若干人共同进行评价,所得出的结果是不相同的。为了综合这些意见,可采用算术平均法或加权平均法计算出平均数。在汇总时,如果考虑各评价人员对被考核人员了解程度差异较大,则应尽量采用加权平均法。

3. 对不同项目考核结果汇总

评价一位员工时,可能要将其知识、学习、判断能力和人际交往能力等综合起来考虑。这时,需要根据考核的主要目的,确定各考核项目的权数值。

4. 考核结果汇总的表示

获得大量考核数据后,可以利用数理统计方法计算考核结果,并将考核结果表示出来。

(1) 数字表示。数字表示即直接用考核结果的分值描述被考评者的绩效情况。用数字表示,具有可比性,规格统一。但是数字描述不够直观,需要与文字相结合。

(2) 文字表示。文字表示即用文字描述考评结果。用文字表示,具有较强的直观性,内容集中,有适当分析,体现了定性与定量的结合。

(3) 图线表示。图线表示即通过建立直角坐标系,利用已知数据,用图线来表示考核结果的方式。这种方法具有简便、直观、形象、对比性强的特点。

5. 提出评价结论

绩效评价工作组应该及时对绩效考评结果进行统计和分析,以便得出评价结论。需要进行统计和分析的内容主要有以下方面:①各项结果占总人数的比例是多少?其中优秀人数的比例和不合格人数的比例各为多少?②不合格人员不合格的主要原因是什么?是工作态度问题,还是工作能力问题?③是否出现员工自评和企业考评差距过大的现象?如果出现,主要原因是什么?④是否有明显的考评误差出现?如果出现,是哪种误差?如何才能预防?⑤能胜任工作岗位的员工比例是多少?

企业人力资源部门也可以根据不同的需要进行不同的统计和分析。统计和分析有助于人力资源部门更科学地制定和实施各项人力资源管理制度,如招聘制度、选拔制度、培训制度等。

管理借鉴 7-1

IBM 员工的绩效计划

IBM 员工的绩效计划建立在员工自己按下列三个领域设定的年度目标上。

(1) 必胜(win),这里表达的是成员要抓住任何可成功的机会,以坚强的意志来励志,并且竭力完成。如市场占有率是最重要的绩效评价指标。

(2) 执行(execute),这里强调三个词,即行动、行动、行动,不要只是坐而言,必须起而行。

(3) 团队(team),即各不同单位间不许有冲突,绝不在顾客面前让顾客产生疑惑。

讨论:这种绩效考核对一般 IBM 成员和管理人员各有什么意义。

同步实训 7.2　绩效评价的组织与安排认知

实训目的:加深学生对员工绩效评价过程的认识。

实训安排:

(1) 学生了解员工绩效评价操作程序。

(2) 分组选择一种评价方法,讨论分析其适用性与侧重点。

教师注意事项:

(1) 由生活事例导入对员工绩效评价的认识。

(2) 提供一些员工绩效评价的简单案例,供学生讨论。

(3) 参观企业或提供其他相应的学习资源。

资源(时间):1 课时、参考书籍、案例、网页。

评价标准:

表现要求	是否适用	已达要求	未达要求
小组活动中,外在表现(参与度、讨论发言积极程度)			
小组活动中,对概念的认识与把握的准确程度			
小组活动中,PPT 制作的艺术与美观程度			
小组活动中,文案制作的完整与适用程度			

7.3　绩效评价的沟通与运用

任务提示:在绩效目标确定和持续的绩效考核基础上,一个考核周期末,直接管理者与下属应进行面对面的沟通,找出不足与改进方向。同时,在绩效沟通中,管理者还要科学运用绩效评价结果,避免绩效评级体系及工作出现问题。

重点难点:绩效评价沟通的意义。

7.3.1 绩效评价结果的反馈

通过绩效考核,得出了评价结论,这只是绩效管理过程中的一个环节。绩效管理的后续工作之一,是与被考核者进行绩效沟通,使绩效评价结果真正发挥出应有的作用。

1. 组织绩效面谈

绩效面谈是绩效反馈的重要形式。管理者和员工之间进行绩效考核面谈,可使员工充分了解和接受绩效考核的结果,并由管理者指导员工如何改进绩效。面谈工作应预先做好相应准备,如表7-6所示。

表7-6 绩效面谈准备工作

面谈人	准 备 项 目
管理者	① 熟悉被评价者的评价资料 ② 给员工以较充分的准备时间,应至少提前一周通知员工,使其有时间对自己的工作进行思考 ③ 选择一个对双方来说都相对合适、安静、氛围融洽的时间和场所 ④ 准备面谈提纲
员工	① 回顾自己在本绩效周期的行为态度和业绩,准备好相关的证明自己绩效的依据 ② 正视自己的优缺点和有待提高的能力,做好自己初步的职业发展规划 ③ 准备好向管理者提问,解决自己工作过程中的困难和疑惑,探讨今后的工作

面谈的主要内容及面谈效果评价要素如表7-7所示。

表7-7 面谈的主要内容及面谈效果评价要素

面 谈 内 容	面谈效果评价要素
① 正在做和应该做的工作之间的区别是什么? ② 什么原因使得工作进展不顺利? ③ 是技能不足吗?技能使用的频率多高? ④ 是否有对业绩的持续反馈? ⑤ 有妨碍取得业绩的障碍吗? ⑥ 个人是否知道工作预期是什么? ⑦ 是否可采用一些办法来减少干扰?哪种方法最好? ⑧ 是否找出所有的办法?是否每种办法着重解决分析中发现的一个或者几个问题(如技能不足、缺乏潜力、激励不正确或者精神不佳等)?	① 此次面谈是否达到了预期目的? ② 下次面谈应该如何改进? ③ 有哪些遗漏必须补充? ④ 此次面谈对被评价者有什么帮助? ⑤ 面谈中被考核者充分发言了吗? ⑥ 此次面谈自己学到了哪些辅助技巧? ⑦ 此次面谈的总体评价如何?

面谈中,值得肯定的优秀业绩,要不吝表扬和鼓励,鼓励员工今后继续保持和自我突破。但面谈的重点应该放在不良业绩的诊断上,因为这可能是阻碍员工发展、影响业绩提高,以及员工能力欠缺或态度不端正的原因。

2. 制订员工绩效改进计划

员工绩效改进计划是绩效反馈的结果,是根据员工绩效评价结果,通过面谈找出员工有待发展和提高的方面,然后,制订出一定时期内有关员工工作绩效和工作能力改进和提高的系统计划。通常,在绩效反馈面谈后,管理者和员工之间就确定了下一个绩效周期的改进重点和改进计划。

员工绩效改进计划的主要内容包括：①需要改进的方面。通常是指在工作能力、方法和习惯等方面，这些有待改进的地方可能是员工现在水平不足，也可能是未来工作的需要。②改进和发展的原因。选择某些项目作为绩效改进的对象，是有一定原因的。一般是员工在这些方面的水平较低而又需要在这些方面表现出较高的水平。③目前状况和期望达到的水平。④确定改进措施和责任人。⑤确定改进的期限。即预期时间进度和所需时间的多少。一般为30天、60天或者90天。

7.3.2 绩效评价结果的运用

绩效评价结果除了可以用于制订员工绩效改进计划外，还可用于实施报酬计划、调整工作配置、开发员工潜能等管理方面。

1. 实施报酬计划

实施报酬计划就是将员工的绩效评价结果和员工所获得的经济报酬紧密联系在一起，这类计划的核心在于以员工个人的绩效评价结果为依据，来确定其在企业的报酬收入，这是企业在运用绩效评价结果时广泛采取的手段。与绩效相联系的报酬有绩效加薪、绩效奖金、特殊绩效奖金等常见方式。

2. 调整工作配置

除了把绩效评价结果和员工的薪酬待遇结合起来外，企业利用绩效评价结果也可以促使员工的工作流动起来，如晋升、淘汰、工作轮换等。工作流动的核心在于使员工的素质和能力能够更好地与相应的工作相匹配。

3. 开发员工潜能

绩效评价结果还有一个很重要的用途，即通过分析绩效评价结果来提升员工的技能和能力。培训的一个主要出发点就是员工绩效不良或者绩效低于标准要求，也就是说，当员工的现有绩效评价结果和企业对他们的期望绩效之间存在差距时，管理者就要考虑是否可以通过培训来改善员工的绩效水平。

7.3.3 绩效评价问题的处理

绩效评价过程中容易出现三类问题：其一，与考核标准、内容和形式有关的问题；其二，考核人员的问题；其三，考核申诉问题。这些问题影响绩效考核效果，必须对其加以控制和妥善处理，以保证评价的有效性。

1. 考核标准、内容和形式方面的问题

（1）考核标准不明确。当考核项目设置不严谨、考核标准说明含糊不清时，人们打分时必然有一定的任意度，这会导致考核评价的不正确。必须用一些描述性的语言对绩效考核要素加以界定。

（2）考核内容不完整。在考核体系中，如果考核内容不够完整，尤其是关键绩效指标有缺失，不能涵盖主要内容；同时，考核内容、项目设定以及权重设置等方面表现出无相关性，随意性突出，则必须经多方协商，完善考核内容。

（3）考核目的不明确。考核目的不明确，有时甚至为了考核而考核，企业考核方和被考核方都未能充分了解绩效考核。若出现这种情况，双方必须端正思想，更新观念，正确认识

考核的目的与意义。

（4）考核方式单一。在人力资源绩效考核的实践中,限于认识或成本方面的考虑,往往是上级对下属进行审查式考核。要想科学、全面地评价一位员工,往往需要以多视角来观察和判断,如实施360度综合考核,从而得出相对客观、全面、准确的考核意见。

（5）员工对绩效考核体系缺乏理解。员工对绩效考核体系的管理思想和行为导向不明晰,常常产生各种曲解和敌意,并对所实施的绩效体系的科学性、实用性、有效性和客观公平性表现出强烈的质疑,对体系的认识产生心理上和操作上的扭曲。

（6）考核过程形式化。很多企业已经制定和实施了完备的绩效考核工作,但是每位员工认为绩效考核只是一种形式。若出现这种情况,必须对员工进行绩效管理教育,使其从思想上重视这项工作。

管理借鉴 7-2

华为的个人业务承诺

提到华为的绩效管理,不得不提华为的个人业务承诺(personal business commitment,PBC)。

早在2018年年底,华为总裁任正非在个人绩效管理优化工作汇报会上的讲话中指出,以"多产粮食"和"增加土地肥力"为目标,当前人力资源的战略重心是解决绩效管理的合理性和规则性问题。组织绩效管理与业务结合,个人绩效管理坚持责任结果评价导向,以促进"为客户创造价值""相互协作""差异化管理"为优化重点。绩效管理不能僵化教条,不能形式化。相对考核最主要用于管理干部,选拔"将军",我们要允许一部分部门和岗位实行绝对考核,激发活力,加强团队协作。

评析：华为引入PBC绩效管理体系的目的是强调全面绩效管理,而非单一的业绩指标考核；变绩效考核为绩效管理,强调主管与下属共同参与；让员工理解为什么做(业务价值)、做什么(结果目标)、怎么做(执行措施)。

2.考核人员的问题

严把绩效考核人员的选拔关,力争使一些具有现代管理理念、办事公道、责任心强的人员组成绩效考核小组；抓好绩效考核培训工作,重点是一些评价的技术、方法和要领的讲解和示范。

3.考核申诉问题及处理

被考核员工对考核结果不满,或者员工认为考核结果的运用不当,会提出申述。人力资源管理部门应该对员工的考核申诉认真地进行了解分析并做出正确、合理的处理。

（1）尊重员工的申诉。首先要尊重员工的个人意见,要求考核申诉处理机构认真分析员工所提出的问题,找出问题发生的原因。在处理考核申诉的过程中,应当对员工表现出耐心,如果是员工方面的问题,应当以事实为依据,以考核标准为准绳,对员工进行说服和帮助；如果是组织方面的问题,则必须对员工所提出的问题加以改正,并将处理结果告知员工,对其有所交代。

（2）把处理考核申诉作为互动互进过程。绩效考核是为了用好人力资源,是为了实现组织目标、完善人力资源制度和促进员工的发展,而不是组织用来管制员工的工具,即绩效考核应当是一个互动互进的过程。因此,当员工提出考核申诉时,组织应把它当作一个完善绩效管理体系、促进员工提高绩效的机会,而不要简单地认为员工申诉是"一些小问题",甚至认为是员工在"闹意见"。

(3) 注重处理结果。在处理考核申诉的问题上,应当把令申诉者信服的处理结果告诉员工。如果员工所申诉的问题属于考核体系的问题,应当完善考核体系;如果是考核者方面的问题,应当将有关问题反馈给考核者,以使其改进;如果确实是员工个人的问题,就应该拿出使员工信服的证据,并要注意处理结果的合理性。

7.3.4 绩效评价体系的完善

为了减少绩效评价中的偏差,保证考核过程和结果的正确性,需要采取以下措施。

1. 采用客观性考核标准

在绩效考核中,要尽量采用客观性的考核标准。用于绩效考核的标准必须是与工作密切相关的。以职务说明书为依据制定考核项目和标准是一个简便有效的方法。如没有现成的职务说明书,必要时可以进行专门的职务分析来确定工作信息,制定考核标准。需要注意的是,一些主观性较强的品质因素(如主动性、热情、忠诚和合作精神等)虽然很重要,但它们难于界定和计量,容易产生歧义,在评价时应当尽量少采用。

2. 选择合适的考核方法

每种考核方法都有优缺点,正确选择考核方法的原则是:根据考核的内容和对象选择不同的考核方法,使该方法在该次考核中具有较高的信度和效度,能公平地区分工作表现不同的员工。

3. 由了解情况者进行考核

绩效考核工作应当由能够直接观察到员工工作的人承担,甚至由最了解员工工作表现的人承担。一般情况下,绩效考核的主要责任人应该是员工的直线经理。直线经理在观察员工的工作绩效方面处在最有利的位置,而且这也是他应该承担的管理责任。但是,直线经理不可能全部了解下属的所有工作,同时可能存在"领导者人为操纵考核"的问题。因此,考核者还应当包括考核对象的同事、下属和被考核者本人。

4. 培训合格的考核工作人员

对考核者进行培训是提高考核科学性的重要手段。通过培训有助于减少考核者方面引起的误差问题,特别是晕轮效应、宽严倾向和集中倾向等误差。进行考核培训,首先要让考核者认识到,绩效考核是每一位管理者工作的组成部分,要确保考核对象了解组织对他们的期望是什么,因为这是与管理目标相联系的;同时,要让考核者正确理解考核项目的意义和评价标准,掌握常用的考核方法,并能够选择合适的考核方法。此外,还要让考核者了解绩效考核过程中容易出现的问题及可能带来的后果,以避免这些问题的发生。

5. 以事实材料为依据

在考核工作中,每一项考核结果都必须以充分的事实材料为依据,如要用具体事例作为评分的理由。这样可以避免凭主观印象、晕轮效应和成见效应等所产生的问题。

6. 公开考核过程和考核结果

绩效考核必须公开,这不仅是考核工作民主化的反映,也是组织管理科学化的客观要求。考核评价做出以后,要及时进行考核面谈,由上级对下级逐一进行,以反馈考核评价的结果,让员工了解自己的考核得分和各方面的意见,也使管理者了解下级工作中的问题及意见。将考核结果反馈给员工,有利于员工更客观地认识自己,扬长避短,做好工作。对绩效考核结果的保密只会起到员工不信任与不合作的后果。

7. 进行考核面谈

向员工反馈绩效信息的面谈既是一种机会也可能是一种风险。在这样的谈话中,管理者主要关注的是,如何既强调员工工作表现中的积极性方面,同时也对员工应如何改进进行深入的讨论。

8. 设置考核申诉程序

设立一定的程序,处理员工认为对其评价结果不正确和不公平所提出的申诉,从制度上促进绩效考核工作的合理化。

重要信息 7-6

绩效管理与人力资源管理其他职能的关系

绩效管理与人力资源管理其他职能的关系如下。

(1) 绩效管理与工作分析。工作分析是绩效管理的前提和基础,通过工作分析,确定职位的工作职责和绩效目标,并以此为依据,制定对该职位的员工进行评价的绩效标准。

(2) 绩效管理与人力资源规划。通过绩效管理,组织能够准确了解员工目前的知识和技能水平,并以此为基础进行人力资源供给和需求预测。

(3) 绩效管理与招聘选拔。一方面,组织通过对员工绩效进行评价,既可以对不同招聘渠道的效果进行比较,优化招聘渠道,也可以对选拔的有效性进行评估;另一方面,如果招聘选拔,选出的人才质量会比较高。

(4) 绩效管理与人员调配。人员调配的目的是达到人员与职位的最佳匹配,通过科学的绩效评价能够确定员工是否适合现任职位,也可以发现其所适合的职位。

(5) 绩效管理与培训开发。通过绩效评价,能够发现工作中的不足,因而产生培训需求;同样,培训开发可以改进员工绩效,对绩效管理目标的实现起到很好的推动作用。

(6) 绩效管理与薪酬管理。绩效管理与薪酬管理的关系最为直接,绩效管理是决定薪酬的一个重要因素。

同步实训 7.3　绩效评价的沟通与运用认知

实训目的:加深学生对绩效评价的沟通与运用的认识。

实训安排:

(1) 学生了解绩效评价沟通与运用的意义。

(2) 分组选择某一学生干部岗位,讨论分析其绩效评价沟通的侧重点。

教师注意事项:

(1) 由生活事例导入对绩效评价沟通与运用的认识。

(2) 提供一些绩效评价沟通与运用的简单案例,供学生讨论。

(3) 参观企业或提供其他相应的学习资源。

资源(时间):1课时、参考书籍、案例、网页。

评价标准:

表 现 要 求	是否适用	已达要求	未达要求
小组活动中,外在表现(参与度、讨论发言积极程度)			
小组活动中,对概念的认识与把握的准确程度			
小组活动中,PPT制作的艺术与美观程度			
小组活动中,文案制作的完整与适用程度			

小结

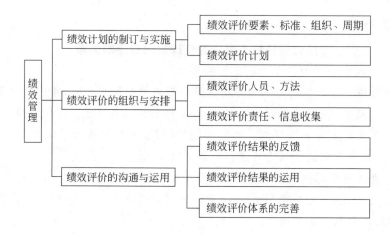

教学做一体化检测

重点名词

绩效　绩效评价　绩效标准　绩效沟通　360度评价

课堂讨论

1. 绩效管理与绩效评价的区别。
2. 绩效的多维性。
3. 态度的考核评价。
4. "绩效评价往往花费高而没有实际效果"。
5. 被考评人是否应该参加绩效考评培训?

课后自测

一、选择题

1. 绩效的多因性是指绩效的优劣不是取决于单一的因素,而要受到主、客观多种因素的影响,即( )。

  A. 激励   B. 技能   C. 环境

  D. 机会   E. 过程

2. 绩效管理的考评类型一般有品质主导型、行为主导型和( )。

  A. 业绩主导型   B. 效果主导型

  C. 创新主导型   D. 效益主导型

3. 绩效实施过程中的沟通工作有( )。

  A. 管理者就绩效问题不断与员工进行交流与沟通

  B. 给予员工必要的指导和建议

  C. 使员工更加清晰地知道自己的绩效目标

  D. 采用书面沟通、面谈、咨询、进展回顾和其他一些非正式沟通方式进行沟通

4. 关于绩效面谈正确的说法有( )。

  A. 管理者和员工之间进行绩效考核面谈,可使员工充分了解和接受绩效考核的结果

  B. 由管理者指导员工如何改进绩效

  C. 面谈中,值得肯定的优秀业绩,要不吝表扬和鼓励

  D. 面谈的重点应该放在不良业绩的诊断上

5. 员工绩效改进计划的主要内容包括( )。

  A. 需要改进的方面   B. 改进和发展的原因

  C. 目前状况和期望达到的水平   D. 确定改进措施和责任人

  E. 确定改进的期限

二、判断题

1. 绩效管理是人力资源管理的重要环节,也是各项人力资源管理活动的依据。( )

2. 员工的绩效会随着时间的推移发生变化,原来较好的绩效可能会变差。( )

3. 绩效管理工作主要是填一套表格、写一个年度考核及奖励计划,不会影响员工的日常工作行为。( )

4. 绩效管理与绩效评价实际上是一回事,都只是人力资源管理部门的工作。( )

5. 有的企业为了激励所有员工,制定了只有少数员工才能达到的绩效标准,极大地推进了绩效评价工作。( )

6. 在确定评价周期时,应当考虑时间长短,以保证员工经过努力之后能够达到这些标准。( )

7. 绩效实施是绩效管理活动中耗时最长、最关键的环节。( )

三、简答题

1. 员工绩效的特点有哪些?

2. 员工绩效评价的标准有哪些?

3. 员工绩效评价的分类有哪些?

4. 员工绩效评价的要求有哪些?

5. 绩效管理的意义有哪些?

6. 绩效管理与人力资源管理其他职能有什么样的关系?

案例分析

华为的绩效管理

华为的绩效管理先后经历过人事考核、绩效考核、绩效管理三个阶段。在多次的价值观思想的碰撞下，华为绩效管理思想也越来越清晰和明确。华为员工考评体系有下述假设：华为绝大多数员工是愿意负责和愿意合作的，是高度自尊和有强烈成就欲望的；金无足赤，人无完人；优点突出的人往往缺点也很明显；工作态度和工作能力应当体现在工作绩效的改进上；失败铺就成功，但重犯同样的错误是不可原谅的；员工未能达到考评标准要求，管理者也有责任。

经过了若干年，绩效管理思想得到不断的发展和完善。如今，华为的绩效管理不仅仅是常规意义上的考核，确切来说，华为的绩效管理的过程就是企业管理的过程，也是人力资源管理的过程。华为的绩效管理包括以下六个方面。

（1）业务/岗位梳理。华为的考核实际上是一种对业务、岗位的梳理和定位的过程。在目标设定阶段，要求被考核者主动思考，厘清部门或自己岗位对组织的独特价值，这种思考不仅有助于战略的落地和高层目标的分解，也有助于对未来的时间和精力进行有针对性的分配。

（2）管理沟通。首先，考核双方针对目标结果达成共识需要进行不止一次的沟通。其次，日常月底会议、周例会及项目关键节点，双方都会坐下来审视目标的完成情况，并积极解决工作中出现的问题。最后，在考核及结果反馈时，双方还需要继续进行多次沟通。整个绩效考核过程中体现了岗位之间的互动沟通、考核者与被考核者之间的博弈。全面沟通保证了双方能够全面参与考核过程，避免感情用事，也促使被考核者进行思考。

（3）工作监控。华为的绩效考核不仅仅是在考核员工，还要求管理者对下属的具体工作给予指导和监督。在审视下属的 PBC 及工作计划时，管理者会强调其工作步骤设计是否能有效支撑其目标的达成。在考核周期里，管理者要根据被考核者承诺中的重点工作举措来设立监控点，在监控点检查重点工作举措是否执行到位、有无风险、能否按期完成等，如果发现问题，必须及时纠正。

（4）能力发展。要履行工作过程并创造业绩，员工必须具备相应的能力。这种考核方式要求主管必须加强对员工的培养，必须抽出一部分精力来关注员工的发展，对被考核者所认识到的不足，必须给出自己的建议和指导。因此，每个被考核者也能够不断地得到培训和指导。

（5）团队协作。绝大部分员工的考核指标中都有 5%～10% 甚至更高的团队协作指标，这就要求员工必须与周边部门合作。被考核员工的行为和绩效受到上级部门、周边部门的监控，它们的监控来源于各个部门不同的利益诉求。这个过程既体现了华为文化中的团队合作，也形成了团队的竞争和互相督促的氛围，打通了跨部门的流程墙，并降低了管理风险。

（6）管理者发展。管理者自身的能力一直是华为人力资源体系关注的重点，因此每次考核开始和结果运用时，人力资源部都会不厌其烦地提醒各级主管沟通、就考评结果与被考核者达成一致等。同时，在整个考核过程中还有针对主管的相应课程和培训，以确保主管对这些考核精神的理解和执行。

阅读以上材料,回答问题:
1. 华为员工考评体系假设包括哪些内容?
2. 华为绩效考核包括哪些方面?

课程思政园地

华为的人力资源管理体系中重要的一项是管理绩效。

大多数的企业对绩效的定位在于关注结果。而华为对绩效的管理则是将一个结果分解为一个体系多个环节。

在华为早期,营销业务看业绩,研发看开发产品,生产按量考核。但在华为管理体系中,营销人员销售收入中的回款指标,绝不超过20%。华为重视客户关系,认为每个业务员都有很多其他的工作要做,比如这个月的重点任务,是把客户方的决策人请到华为来参观,可能占的比重是5%;把公司即将推出的新产品推介给客户,占10%。

一个业务人员完成销售,靠自己只能做这些工作。要进一步让客户知道我们的交付体系是可靠的,是有保障的,了解华为对未来是有预期的,就需要业务人员把客户请到公司来。这是由研发人员来介绍,让客户知道我们的产品是好的。研发体系要让对方的决策人员看到,华为的研发产品规划对对方是有吸引力的。你现在购买我的产品,之后的一二代产品都能持续跟得上,公司对客户提供的服务是长期的。

华为认为,这一系列活动加到一起,才能完成销售,这不可能由一个销售部门来完成,整个销售会分解成很多动作,贯穿到一个体系。但一般公司把笼统的收入指标都算到销售人员头上。

华为的绩效管理建立在对一个结果分解成无数个活动的基础上,这个活动可能在研产销环节,甚至在后勤体系,全部进行了分解,每个节点都承担着销售的责任,所以整个华为是一个营销型的组织。正因如此,绩效才能管理出最终绩效。大多数企业做不到,只能给一个结果,比如只考核销售收入,至于后面能不能统一起来,只能靠"内部喊,内部骂"。

这就是大多数企业与华为的区别所在——无法管理好过程,只能考核结果。

思考:
1. 怎样看待华为的绩效管理?
2. 华为为什么要强调团队意识?

学生自我工作总结

通过完成任务7,我能够作如下总结。

一、主要知识

完成本任务需了解的主要知识点有:
1.
2.

二、主要技能

完成本任务需掌握的主要技能有：
1.
2.

三、主要原理

完成本任务涉及的管理原理有：
1.
2.

四、相关知识与技能

本任务的完成过程：
1. 员工绩效计划的主要框架是：
2. 员工绩效评估的操作程序包括：
3. 员工绩效沟通的意义是：

五、成果检验

本任务的成果：
1. 完成本任务的意义有：
2. 学到的知识与技能有：
3. 自悟的知识与技能有：
4. 你认为绩效管理对人力资源管理工作的意义是：

任务8　薪酬管理

学习目标

1. 知识目标
- 能认识薪酬的含义。
- 能认识薪酬制度的内容。
- 能认识薪酬设计的程序。

2. 能力目标
- 能认识薪酬管理的意义。
- 能认识薪酬管理与其他职能的关系。
- 能够对薪酬管理工作有整体的认识。

3. 课程思政
- 具备工作的荣誉感。
- 培养工作的成就感。
- 树立端正的义利观。

任务解析

根据人力资源管理职业工作活动顺序和职业教育学习规律,"薪酬管理"任务可以分解为以下子任务。

8.1　薪酬体系的设计

8.2　薪酬制度的执行

8.3　薪酬体系的调整

管理故事

西汉时官吏俸禄实行年薪制,全发粮食,每年领取粮食的重量,就是他们的品级,于是就有万石、二千石、六百石等种种名目。从东汉开始,俸禄的形式有了改变,发一部分粮食,发一部分现钱。这个办法颇受官员们的欢迎,因为在此之前,官员要用现钱的话,需要设法把粮食卖掉或用以交换其他物品。陶渊明曾经说过"不为五斗米折腰",其实同这种钱谷搭配的俸禄结构有关。

从我国古代薪酬的发展历史看,薪酬的构成、发放形式、地点都和社会经济发展有着密切的联系。然而,古代薪酬更多是其本义,如"薪",即为政府拨付给工作人员物质(柴米)的回报,远远没有今天"薪酬"丰富的经济意义。

在现代企业,薪酬分配的过程及其结果非常复杂。有这样一则寓言故事:一次,渔夫出海,偶然发现他的船边游动着一条蛇,嘴里还叼着一只青蛙。渔夫可怜那只青蛙,就俯下身来从蛇口中救走了青蛙。但他又很可怜这条饥饿的蛇,于是找了点食物喂蛇,蛇快乐地游走了。渔夫为自己的善行感到非常欣慰。时过不久,他突然觉得有东西在撞击他的船,原来,蛇回来了,而且嘴里还叼着两只青蛙。

管理感悟:种瓜得瓜,种豆得豆。薪酬得当,种瓜得瓜;薪酬不当,种瓜得豆。在企业管理中,经常实施激励最犯忌的,莫过于奖励的初衷与奖励的结果存在很大差距,甚至背道而驰。为什么一些员工敢冒下岗的风险"磨洋工"而不去提高劳动生产率?其中一个不可忽视的原因,就是我们的奖励制度不够完善。就像那位渔夫,奖励了不该奖励的角色,挫伤了一些积极的人。

8.1 薪酬体系的设计

任务提示:薪酬体系的设计工作主要是在分析薪酬背景的基础上,通过对精细化的工作进行分析,将企业岗位分类并进行评价。通过了解社会同行、竞争者的薪酬情况,考虑各种影响因素,确定自己的薪酬水平和薪酬结构。

重点难点:薪酬体系的设计操作。

在企业管理中,科学有效的激励机制能够让员工发挥出最大的潜能,为企业创造更大的价值。激励的方法很多,但是薪酬无疑是最重要的、最直接的动力。薪酬管理也是企业人力资源管理工作的重要任务之一。

重点名词 8-1

薪　　酬

薪酬是员工因向所在的组织提供劳务而获得的各种形式的酬劳。狭义的薪酬指货币和可以转化为货币的报酬。广义的薪酬除了包括狭义的薪酬(经济性报酬)以外,还包括获得的各种非货币形式的满足(非经济性报酬)。

企业薪酬体系的设计应完成以下工作,并在此基础上,形成企业具体的薪酬制度。

8.1.1 薪酬设计背景分析

企业的薪酬体系也是企业文化的重要组成部分。人力资源管理人员进行薪酬体系设计时,必须首先进行一定的背景分析工作。分析内容包括:企业的发展阶段、企业员工总体的价值观、管理骨干及高级专业人才的核心价值观;企业的基本工资制度、水平、分配原则;企业关于薪酬分配的政策和策略,包括薪资差距的标准、薪金、奖金、福利费用的分配等。通过分析,明确薪酬制度设计的政策、策略选择,以及设计原则等。

重要信息 8-1

薪酬的构成

薪酬主要包括基本工资、资金、津贴与补贴、股权、福利等具体形式。

(1) 基本工资。基本工资是指用来维持员工基本生活的工资,基本工资又分为岗位工资、职务工资、技能工资、工龄工资等。基本工资常常以小时工资、月薪、年薪等形式出现。

(2) 奖金。奖金是单位对员工超额劳动部分或劳动绩效突出部分所支付的奖励性报酬。

(3) 津贴与补贴。津贴是指对工资或薪水等难以全面、准确反映的劳动条件、劳动环境、劳动评价等对员工身心造成某种不利影响或者为了保证员工工资水平不受物价影响而支付给员工的一种补偿。常与员工生活相联系的补偿称为补贴,如交通补贴、物价补贴、高温补贴等。

(4) 股权。股权是将企业的一部分股份作为薪酬授予员工,使员工成为企业的股东。股权薪酬与以上三种薪酬的区别主要表现在支付形式上,既不是货币,也不是一种简单的实物或服务,而是一种权利的授予。当然,获得股权的员工也能享受企业经营效益的分享。

(5) 福利。员工福利是一种强调组织文化的补充性报酬,即不以劳动情况作为发放依据,而是以员工组织成员身份作为支付依据。根据不同的发放对象,分别有全员福利、特种福利和特困福利;根据是否具有强制性,分别有法定福利和自主福利,法定福利包括基本养老保险、医疗保险、失业保险、工伤保险、生育保险和住房福利等。有的企业也称"五险一金"。自主福利则是企业自行发放的多种形式的福利。

构成总薪酬的除了以上五种形式之外,非货币的收益也影响人们的行为。包括:赞扬与地位、雇用安全、挑战性的工作和学习的机会等。

重点名词 8-2

薪酬管理

薪酬管理是指在经营战略和发展规划指导下,综合考虑各种影响因素,确定企业自身薪酬支付原则、薪酬策略、薪酬结构、薪酬水平和薪酬形式,并进行薪酬调整和薪酬控制的动态管理过程。有效的薪酬管理可以吸引留住优秀的员工、实现对员工的激励、塑造良好的企业文化、改善企业绩效。

8.1.2 工作再分析

通过前述"任务 2"和"任务 7"的职位分析,企业的岗位工作内容及要求,以及绩效考核标准已经确定下来。但是,在进行员工薪酬体系设计的时候,往往会发现有些工作分析成果比较粗放,难以直接用于工作岗位评价。这时,就需要对岗位工作进行再分析。

薪酬体系设计时的工作设计和工作分析建立在"任务 2"和"任务 7"的工作分析基础之

上,所以,可以称作再分析。通过这项工作,人力资源管理人员可以对企业内部的工作进行明确的分类、定岗定编,为进一步做岗位评价,比较不同工作的相对价值做准备。

8.1.3 工作岗位评价

工作岗位评价又称职位评价,是指对企业现有的岗位划分等级,以便为不同等级的岗位确定相应等级的工资打下基础。工作岗位评价是一种职位价值的评价方法。它是在职位描述(岗位说明书)的基础上,对职位本身所具有的特性(比如职位对企业的影响、职责范围、任职条件、环境条件等)进行评价,以确定职位相对价值的过程。它的评价对象是职位,而非任职者,这就是人们通常所说的"对岗不对人"原则。工作岗位评价的方法有排列法、分类法、因素比较法等。

例 8-1 排列法举例

排列法举例如表 8-1 所示。

表 8-1 直接排列法

重要程度排序	岗 位
重要性高 ↑	营销总监
	高级营销经理
	大区经理
	产品经理
重要性低	销售人员

说明:排列法是最简单的岗位评价方法,一般根据各种岗位的相对价值或它们各自对企业的相对贡献由高到低进行排序。

例 8-2 分类法举例

北京 ABC 公司在进行薪酬体系设计时,在确定岗位类别数目,对各岗位类别各个级别(职级)明确定义的基础上,将公司所有职位进行了划分。大致归类为:管理类、技术类、营销类、行政类、厂线类等。

说明:岗位分类法比较简单,适合在大公司的管理人员和专业技术人员中应用。需要注意的是,等级说明应该详细一些。

例 8-3 因素比较法举例

北京 ABC 公司在进行岗位评价时,将评价因素设定为脑力劳动强弱(20%)、体力劳动强弱(25%)、技能水平高低(30%)和责任大小(25%)四个因素,对材料搬运工、卡车司机和油漆工的工作岗位进行了评价,如表 8-2 所示。

表 8-2 不同工作岗位等级因素评价表

等级 (低到高)	脑力劳动强弱 (20%)	体力劳动强弱 (25%)	技能水平高低 (30%)	责任大小 (25%)
1	材料搬运工	油漆工	材料搬运工	材料搬运工
2	油漆工	卡车司机	油漆工	油漆工
3	卡车司机	材料搬运工	卡车司机	卡车司机

计算不同工作岗位因素值如下:

材料搬运工因素值＝1×20％＋3×25％＋1×30％＋1×25％＝1.5
卡车司机因素值＝3×20％＋2×25％＋3×30％＋3×25％＝2.75
油漆工因素值＝2×20％＋1×25％＋2×30％＋2×25％＝1.75

说明:各岗位由低到高排序为:材料搬运工、油漆工、卡车司机。

8.1.4 组织薪酬市场调查

薪酬市场调查是薪酬体系设计的重要工作。通过对社会上本行业、本地区主要竞争对手的调查,既可以解决薪酬的对外竞争力和对内公平性问题,也可以帮助企业达到个性化和有针对性地设计薪酬的目的。薪酬市场调查工作一般包括以下步骤。

1. 组建调查工作小组

人力资源调查工作小组由公司总裁和各部门主管、人力资源规划专职人员组成,总裁担任组长,人力资源部经理任执行副组长。

2. 制订调查计划

人力资源部门应该首先明确调查的目的和调查结果的用途,再开始制订调查计划。一般而言,调查的结果可以为以下工作提供参考和依据:整体薪酬水平的调整,薪酬结果的调整,薪酬晋升制度的调整,某具体岗位薪酬水平的调整等。

3. 确定调查范围

根据调查的目的,可以确定调查的范围。主要确定以下问题:①需要对哪些企业进行调查?②需要对哪些岗位进行调查?③需要调查该岗位的哪些内容?④调查的起止时间。

4. 收集薪酬信息

薪酬调查一般采用问卷调查法,由企业直接发放问卷,或者委托有关部门进行调查。通过问卷调查,收集到所需的薪酬信息资料。

5. 编写薪酬调查报告

人力资源管理人员对收集到的薪酬信息资料进行整理分析后,编写出薪酬调查报告,为本企业的薪酬体系设计做准备。

重要信息 8-2

薪酬调查的内容和方式

薪酬调查的内容一般包括:①了解企业所在同行业的工资水平;②了解本地区的工资水平;③调查同行业企业的工资结构;④调查同行业企业的福利情况及劳动政策。可以采取的调查方式有:①企业之间的相互调查;②委托专业机构进行调查;③从公开的信息中了解;④从流动人员中了解。

8.1.5 确定薪酬水平

在岗位评价和薪酬市场调查的基础上,人力资源管理人员可以将众多类型的岗位薪酬归并为若干等级,形成一个薪酬等级系列,从而确定企业内每一个岗位具体的薪酬范围,以保证员工个体的公平性,并结合员工个人的实际情况,进一步确定薪酬幅度,即同一等级内不同人员薪酬水平的差异,最终将薪酬明确对应到每一位员工,形成企业内部各类职位和人员不同的薪酬水平。

8.1.6 确定薪酬结构

薪酬结构是指各组成部分之间的比例关系。依据薪酬各组成部分的相对比例的不同,薪酬结构可以分为以绩效为导向的薪酬结构(绩效薪酬制)、以工作为导向的薪酬结构(岗位薪酬制)、以技能为导向的薪酬结构(技能薪酬制)、组合薪酬结构(组合薪酬制)等。

绩效薪酬是指员工薪酬主要根据其近期劳动绩效来决定,绩效所得报酬占总薪酬的比例大。如计件工资、销售提成工资、效益工资等。岗位薪酬即员工薪酬主要根据其所担任的职务(或岗位)的重要程度、任职要求的高低以及劳动环境对员工的影响等来决定。技能薪酬即员工薪酬主要根据员工所具备的工作能力与潜力,能力高薪酬高,能力低薪酬低。组合薪酬即将薪酬分解成几个组成部分,分别依据绩效、技术和培训水平、岗位、年龄和工龄等因素确定薪酬额,使员工在各个方面的劳动付出都有与之对应的薪酬。

> **重要信息 8-3**
>
> **薪酬体系设计的原则**
>
> 现代企业的薪酬体系设计应遵循以下原则。
>
> (1) 战略导向原则。一个好的薪酬体系必须符合企业的发展战略目标,服务于企业未来长远的规划和发展。人力资源管理部门在制定公司薪酬体系时,必须紧扣企业发展战略的要求,无论是薪酬政策导向,还是薪酬制度建设,都应该能够促进企业发展目标的实现。
>
> (2) 公平原则。公平性是薪酬体系设计的基本要求。公平分为内部公平和外部公平。首先,公平是依据企业内不同的工作岗位对企业整体目标实现的相对价值来支付薪酬,它可通过岗位评估衡量岗位价值来解决。其次,公平要求同种工作岗位上员工的薪酬应公平,即同工同酬。最后,由于不同员工的资历、技能、绩效等存在个体差异,即使同种工作岗位上的不同员工,其所获得的公平的报酬在数量上也是有差异的,即按劳分配。它可通过绩效考评来核算。这些统称为内部公平。外部公平是指社会上不同企业或组织之间的薪酬应公平。
>
> (3) 竞争力原则和经济性原则。人力资源管理人员在设计薪酬体系时,应该通过调查了解同行业薪酬市场的薪酬水平和竞争对手的薪酬水平,设计出具有市场竞争力的薪酬体系,才能充分地吸引和留住组织发展所需的优秀人才。经济性是指薪酬水平不能超越企业的财力。
>
> (4) 激励原则。企业中,不同员工往往对企业的贡献也不同。薪酬也应该根据贡献大小适当拉开差距。如薪酬与工作绩效挂钩,奖励优秀的工作业绩,激励员工的工作动机。
>
> (5) 合法原则。企业制定薪酬体系必须遵守国家法律和政策、地方法规,如国家关于最低工资、社会强制性的福利、保险等的规定。

同步实训 8.1 薪酬体系认知

实训目的:加深学生对薪酬体系的认识。
实训安排:
(1) 学生可以查找家人或某一行业薪酬(工资)单据。

(2) 分析并对比不同行业的薪酬体系。

教师注意事项：

(1) 由生活事例导入对薪酬体系的认识。

(2) 提供一些不同社会行业的薪酬水平资料，供学生讨论。

(3) 参观企业或提供其他相应的学习资源。

资源（时间）： 1 课时、参考书籍、案例、网页。

评价标准：

表 现 要 求	是否适用	已达要求	未达要求
小组活动中，外在表现（参与度、讨论发言积极程度）			
小组活动中，对概念的认识与把握的准确程度			
小组活动中，PPT 制作的艺术与美观程度			
小组活动中，文案制作的完整与适用程度			

8.2 薪酬制度的执行

任务提示： 薪酬制度的执行是企业人力资源管理部门的日常工作之一。主要包括：在薪酬策略分析的基础上，做出薪酬预算、向员工发放薪酬、向特殊群体发放薪酬，以及设计员工福利并发放福利。

重点难点： 薪酬制度执行的操作。

8.2.1 薪酬策略分析

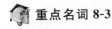

重点名词 8-3

薪 酬 策 略

薪酬策略是指在综合考虑企业战略和目标、文化、外部环境的基础上，制定的对薪酬管理的指导原则。薪酬策略对薪酬制度的设计与实施具有指导意义，它强调与同规模的竞争性企业薪酬支付标准的对比与差异。

人力资源部门在执行薪酬制度时，应注意分析企业的薪酬策略。企业的薪酬策略既要反映组织的战略需求，又必须满足员工的期望。薪酬与组织及其外部环境之间存在着一种依存关系，与企业的发展战略是相辅相成的。企业薪酬策略决定着企业的薪酬水平和激励导向。像指挥棒一样，薪酬策略对企业经营发展的支持作用主要表现在通过薪酬策略向员工发出企业期望的信息，并对那些与企业期望一致的行为进行奖励。

人力资源管理人员应该在切实领会企业薪酬策略的基础上，认真执行薪酬制度，充分发挥薪酬管理的作用。

重要信息 8-4

薪酬策略的种类

一般来讲,根据企业经营发展战略、目标、发展的不同阶段,以及企业文化与外部环境的影响,企业薪酬策略可能采取以下几种。

(1) 市场领先策略。采用这种薪酬策略的企业,薪酬水平在同行业中处于领先地位。

(2) 市场跟随策略。采用这种策略的企业,一般都建立或找准了自己的标杆企业,企业的经营与管理模式都向自己的标杆企业看齐,同样薪酬水平也向标杆企业看齐。

(3) 滞后策略。滞后策略也称成本导向策略,即企业在制定薪酬水平策略时不考虑市场和竞争对手的薪酬水平,只考虑尽可能地节约企业生产、经营和管理的成本。这种企业的薪酬水平一般比较低。

(4) 混合薪酬策略。顾名思义,就是在企业中针对不同的部门、不同的岗位、不同的人才,采用不同的薪酬策略。

8.2.2 薪酬总额预算

在明确企业薪酬策略的基础上,人力资源管理部门接下来应该做出薪酬预算。薪酬预算是薪酬管理的重要环节,准确的预算可以使企业在未来一段时间内的薪酬支付受到一定程度的协调和控制。薪酬预算要求人力资源管理者在进行薪酬决策时,综合考虑企业的财务状况、薪酬结构及企业所处的市场环境因素的影响,确保企业的薪酬成本不超出企业的承受能力。

确定薪酬调整总额首先需要确定薪酬总额调整的依据,即是依据利润、销售额、盈亏平衡点,还是依据"自下而上"或"自上而下"法推算薪酬总额。

1. 根据薪酬费用率确定薪酬总额

人力资源管理人员可以根据过去的经营业绩计算出薪酬费用率(也可以参考当地本行业的一般水平),再根据这个薪酬费用率和明年预期销售额,求出合理的薪酬总额。

薪酬费用率也称薪酬比率,用公式表示为

$$薪酬费用率 = \frac{薪酬总额}{销售额} \times 100\%$$

由上述公式可以看出,如果企业销售额较大,则薪酬总额也应当相对地增加,因为公司的支付能力比较强。如果销售业绩不好,则应相应地减少薪酬总额。

2. 根据薪酬利润率确定薪酬总额

人力资源管理人员可以根据过去的经营业绩计算出薪酬利润率(也可以参考当地本行业的一般水平),再根据这个薪酬利润率和明年预期利润总额,求出合理的薪酬总额。

$$薪酬利润率 = \frac{利润总额}{薪酬总额} \times 100\%$$

该指标表明,公司每支付一单位的薪酬将会创造多少利润。在同行业中,薪酬利润率越高,表明单位薪酬取得的经济效益越好,人工成本的相对水平越低,公司薪酬提升的空间也越大。

3. 根据盈亏平衡点推算薪酬总额

人力资源管理人员可以通过与企业财务人员合作，找到企业盈亏平衡点，即企业的销售额正好与企业的总成本相当，企业既不盈利也不亏损。通过分析总成本，推算出薪酬总额。

4. "自下而上"或"自上而下"法推算薪酬总额

人力资源管理人员可以从企业的每一位员工薪酬的预算估计数字，计算出整个部门所需要的薪酬支出，然后汇总所有部门的预算数字，编制企业整体的薪酬预算，即"自下而上"。人力资源管理人员可以把企业高层决定的企业整体的薪酬总额分解到每一个部门，确定各部门的薪酬总额，各部门根据部门薪酬总额与员工的特点再分解到每一个员工，即"自上而下"。

8.2.3 薪酬发放

薪酬发放应该依据企业薪酬管理制度、薪酬标准及发放办法进行。包括两项工作：薪酬的计算与薪酬的发放。

1. 薪酬的计算

人力资源管理人员在遵循企业薪酬制度的基础上，根据企业的实际情况，计算出不同形式的薪酬。企业中有行政人员、生产人员、营销人员、技术人员、后勤人员等，不同的工种可能需要选取不同的薪酬计取形式。

例 8-4　计时工资

某员工月工资标准为 5 700 元，因故加班一天，加班工资按照日工资标准的 150% 支付，应支付该员工多少加班费？

计时工资计算公式为

$$日工资标准 = 月工资标准 \div 21.75$$

$$应支付的加班费 = 5\ 700 \div 21.75 \times 150\% = 393.10(元)$$

说明：劳动法规定，职工全月平均工作天数和工作时间分别为 21.75 天和 174 小时。

例 8-5　计件工资

某企业车工岗位日工资标准为 180 元，日工作量定额为 4 件，计算该岗位的计件工资单价。

计件工资计算公式为

$$计件工资 = 计件单位 \times 实际完成的工作量$$

$$计件单价 = 单位时间的工资标准 \div 单位时间内的工作量定额$$

$$该岗位的计件工资单价 = 180 \div 4 = 45(元)$$

例 8-6　提成工资

A 为企业销售部门员工，根据规定，其工资同销售收入挂钩，超过规定任务，超额部分按照 10% 记入本人工资。2013 年，A 的年基本工资为 78 000 元，规定任务为 150 万元，实际完成 180 万元。则

$$A 的年收入 = 7.8 + (180 - 150) \times 10\% = 10.8(万元)$$

例 8-7　结构工资

$$管理类员工结构工资 = 月固定工资(基本工资 + 岗位工资) + 月绩效工资$$
$$+ 工龄工资 + 各类补贴或补助$$

工资计算完成后,人力资源管理人员(核算专员)将各员工按照部门登记,制作工资表。表中项目除了应发放部分外,还应包括扣款,如住房公积金、医疗保险、个人所得税、请假扣款等项目。

2. 薪酬的发放

工资表制作完成后,人力资源管理人员按照相关规定,将工资表交由企业领导层审核。核准后,按照企业规定的发放时间、途径、形式,将工资发给每一位员工。发放时应处理好公开性与保密性的问题。一般来讲,工资标准应该公开透明,实际发放的数额可以不公开。人力资源管理部门应该注意员工对薪酬发放的理解和态度,以便有针对性地调整发放策略。

8.2.4 特殊员工的薪酬管理

特殊员工的薪酬管理主要包括以下情形。

1. 试用期员工薪酬管理

(1)确定薪酬标准。试用期员工起薪标准的确定要考虑以下几个因素:第一,员工的生活费用。如果薪酬不能够维持其基本的生活需要,员工定会另谋出路。第二,本地区同行业的薪酬行情。如果企业的起薪与其他公司相差不大,也难以留住员工。第三,新员工的工作能力。参照企业同等能力的老员工的薪酬,考虑到工作年限,新员工的起薪应该比老员工的薪酬低。第四,企业的支付能力。

(2)根据企业薪酬制度确定薪酬水平。试用期员工如果是普通职能部门员工,比如行政文员、人事助理,或非急需的专业技术人员和应届毕业生,则可以根据企业的薪酬制度确定其起薪标准。

(3)灵活确定特殊人才的起薪标准。对于社会招聘来的有工作经验的新员工,或企业急需的人才,人力资源管理部门应该灵活确定其起薪标准,同时处理好与老员工薪酬冲突带来的问题。

2. 销售人员薪酬管理

销售人员的薪酬形式一般是基本工资加销售提成。具体采用高工资低提成,还是低工资高提成,要视情况而定。客户群稳定的企业,其销售提升很大程度上来自企业的整体规划和投入,可以采用高工资低提成;企业处于起步阶段,市场亟待开发,则可以考虑低工资高提成的薪酬形式。

3. 专业技术人员薪酬管理

专业技术人员的薪酬一般采用"基本工资+技能工资"结构。同等条件的员工基本工资应该是相同的,差别体现在技能工资中。基本工资的确定以员工基本情况为基础,技能工资则应根据其技术等级和不同岗位,采用不同的技能等级工资标准。

4. 管理人员薪酬管理

管理人员的薪酬一般由基本工资,短期奖励或奖金,长期激励和资本增值计划,行政福利,津贴等构成。企业往往把其薪酬与企业的整体发展、业绩紧紧联系在一起。

管理借鉴 8-1

AB 的薪酬制度

AB 公司不把员工视为雇员,而是视为合伙人。公司的一切人力资源制度都体现这一理念,除了让员工参与决策之外,还推行一套独特的薪酬制度。AB 公司的薪酬制度是:固定工资+利润分享计划+员工购股计划+损耗奖励计划+其他福利。

(1) 固定工资。AB 公司的固定工资基本上是行业较低的水平,但是其利润分享计划、员工购股计划、损耗奖励计划在整个报酬制度中起着举足轻重的作用。

(2) 利润分享计划。凡是加入公司一年以上,每年工作时数不低于 1 000 小时的所有员工,都有权分享公司的一部分利润。一位 1972 年加入 AB 公司的货车司机,20 年后即 1992 年离开时得到了 70.7 万元的利润分享金。

(3) 员工购股计划。本着自愿的原则,员工可以购买公司的股票,并享有比市价低 15% 的折扣,可以交现金,也可以用工资抵扣。

(4) 损耗奖励计划。店铺因减少损耗而获得的盈利,公司与员工一同分享。

(5) 其他福利计划。建立员工疾病信托基金,设立员工子女奖学金。从 1988 年开始,AB 公司每年资助 100 名员工的孩子上大学,每人每年 6 000 美元,连续资助 4 年。

讨论:AB 公司的低成本高效率运行与其实施的员工薪酬制度的关系。

8.2.5 员工福利的管理

员工福利是企业为员工提供的除工资之外的各种待遇。福利管理工作关系到凝聚员工、增强企业向心力的作用,人力资源管理部门一定要做好这项工作。

1. 员工福利的设计

员工福利一般分为法定福利和企业福利。

法定福利包括:社会保险福利(养老保险、医疗保险、生育保险、工伤保险和失业保险)、住房公积金、带薪休假和法定假期(元旦、春节、清明节、国际劳动节、端午节、中秋节、国庆节)。企业福利包括:免费工作餐、交通补贴、住房福利、购车福利、医疗保健、意外险、文娱设施、教育福利、休闲旅游等。

2. 员工福利的发放

员工福利的发放应建立在福利总额预算与控制的基础上,在发放时应充分考虑企业的发展战略、企业的支付能力以及与薪酬政策相配套的原则。

社会保险费用由国家、企业和员工共同承担,日常业务的办理中,因员工身份的不同,各地政府对其参与社会保险的种类规定也不同。人力资源管理部门应有专人负责,及时按照各地相关社会保险管理条例缴纳或缴存各种福利费用。

企业福利在发放时应注意员工的偏好和需求,使其发挥出最大效益。

重要信息 8-5

薪 酬 制 度

薪酬制度是指组织的工资制度,是关于组织标准报酬的制度。薪酬制度是以员工劳动的熟练程度、复杂程度、责任及劳动强度为基准,按照员工实际完成的劳动定额、工作时间或劳动消耗而计付的劳动薪酬。基本工资制度包括以下类型。

（1）计时工资制。计时工资是按照劳动者的工作时间来计算工资的一种方式。计时工资可分为月工资制、日工资制和小时工资制。

（2）计件工资制。计件工资是按照劳动者生产合格产品的数量和预先规定的计件单价计量和支付劳动报酬的一种工资形式。

（3）岗位工资制。岗位工资是指以岗位劳动责任、劳动强度、劳动条件等评价要素确定的岗位系数为支付工资报酬的一种工资支付制度。

（4）绩效工资制。绩效工资是根据员工的工作业绩来确定工资水平的一种工资制度。

（5）年薪制。年薪制是以年度为单位，依据企业的生产经营规模和经营业绩，确定并支付经营者年薪的分配方式。主要对象是企业的经营管理人员。

同步实训 8.2　薪酬制度认知

实训目的：加深学生对薪酬制度的认识。

实训安排：

（1）学生可以查找家人或不同行业的薪酬（工资）单据，讨论并分析其构成要素。

（2）分析并体会薪酬制度的意义。

教师注意事项：

（1）由生活事例导入对薪酬制度的认识。

（2）提供一些薪酬发放单据，供学生讨论。

（3）参观企业或提供其他相应的学习资源。

资源（时间）：1课时、参考书籍、案例、网页。

评价标准：

表 现 要 求	是否适用	已达要求	未达要求
小组活动中，外在表现（参与度、讨论发言积极程度）			
小组活动中，对概念的认识与把握的准确程度			
小组活动中，PPT 制作的艺术与美观程度			
小组活动中，文案制作的完整与适用程度			

8.3　薪酬体系的调整

任务描述：为了与绩效管理、市场变化、物价指数变化和企业赢利能力变化相适应，保持薪酬对员工的吸引、保留和激励作用，企业应该对员工薪酬做出调整。薪酬调整包括薪酬水平调整、薪酬结构调整和薪酬构成调整三个方面。

重点难点：员工薪酬调整的内容及操作。

薪酬调整是指公司薪酬体系运行一段时间后，随着企业发展战略以及人力资源战略的变化，现行的薪酬体系可能不适应企业发展的需要，这时对企业薪酬管理做出系统的诊断，确定最新的薪酬策略,同时对薪酬体系做出调整。薪酬调整是保持薪酬动态平衡、实现组织薪酬目标的重要手段,也是薪酬管理的日常工作。

薪酬调整包括薪酬水平调整、薪酬结构调整和薪酬构成调整三个方面。

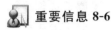重要信息 8-6

薪酬调整的原因

企业管理中,如果薪酬体系一成不变,必然导致薪酬管理静态化,使薪酬管理与绩效管理、市场变化、物价指数变化和企业赢利能力变化脱节,最终导致企业薪酬对员工缺乏吸引和激励作用。

第一,一个员工的绩效表现是好是差,对企业的贡献是多是少,应该直接反映到他的薪酬上面。不能"干多干少一个样",那样会严重影响员工的工作积极性。

第二,随着市场竞争的深化,人才的市场竞争也日益激烈。企业的薪酬只有在市场上具有足够的竞争力,才能留住既有的人才,并有足够的吸引力吸引外面的人才加盟。

第三,物价指数上升时,原定的薪酬水平的购买力降低,如不进行调整,实际上相当于降低员工的收入水平,长此以往,员工必会另谋出路。

第四,当企业赢利表现良好时,通过薪酬调整,将企业的经营成果与大家分享,员工才能保持高昂的士气。当企业赢利欠佳时,也可以通过薪酬调整将企业赢利欠佳的现状传达至每一位员工,由此激发员工的斗志,同心同德,共同奋斗,企业才可能有所转机。

也就是说,让薪酬"动"起来并不是让薪酬"升"起来,以一种动态的管理使之与企业管理的方方面面相适应,实现投入与产出的最佳匹配。通过薪酬调整,让薪酬"动"起来,不仅能充分打造企业薪酬的外部竞争力,有效吸引和保留人才,还能充分实现企业薪酬的内部公平和个体公平,有效激励员工。在当今这个时代,企业的薪酬管理"动态"应成为一种常态。

8.3.1 薪酬水平调整

薪酬水平调整是指在薪酬结构、薪酬构成等不变的情况下,将薪酬水平调整的过程。薪酬水平调整包括薪酬整体调整、薪酬部分调整以及薪酬个人调整三个方面。

1. 薪酬整体调整

薪酬整体调整是指企业根据国家政策和物价水平等宏观因素的变化、行业及地区竞争状况、企业发展战略变化、企业整体效益情况以及员工工龄和司龄变化,而对企业所有岗位人员进行的调整。

薪酬整体调整就是整体调高或调低所有岗位和任职者的薪酬水平,调整的做法一般有以下几种。

(1)等比调整。等比调整是所有员工都在原工资的基础上增长或降低同一百分比。等比调整使工资高的员工调整的幅度大于工资低的员工调整的幅度,从激励效果来看,这种调整方法能对所有人产生相同的激励效用。

(2)等额调整。等额调整是不管员工原有工资高低,一律给予等幅调整。

(3)综合调整。综合调整考虑了等比调整和等额调整的优点,同一职等岗位调整幅度相同,不同职等岗位调整幅度不同。一般情况下,高职等岗位调整幅度大,低职等岗位调整幅度小。

在薪酬管理实践中,薪酬的整体调整是通过调整工资或津贴补贴项目来实现的。

如果是因为物价上涨等因素增加薪酬,应该采用等额调整,一般采取增加津贴补贴项目数额的方法;如果是因为外部竞争性以及公司效益进行调整,应该采用等比调整或综合调整,一般通过调整岗位工资来实现;如果是因为工龄(司龄)因素进行调整,一般采取等额调整,对司龄(工龄)工资或津贴进行调整。

对于岗位工资的调整,一般都是对每位员工岗位工资调整固定的等级,调整形式是由工资等级表的形式决定的。一般情况下,不同等级员工岗位工资调整大致符合等比例原则,同等级员工岗位工资调整大致符合等比例原则或者等额原则。

2. 薪酬部分调整

薪酬部分调整是指定期或不定期根据企业发展战略、经营效益、部门及个人业绩、人力资源市场价格变化、年终绩效考核情况,而对某一类岗位任职员工进行的调整,可以是某一部门员工,也可以是某一岗位序列员工,也可以是符合一定条件的员工。

薪酬部分调整的具体做法是:人力资源管理部门根据企业效益、物价指数以及部门、个人绩效考核情况,提出岗位工资调整方案,经企业讨论后实施。一般情况下,个人绩效考核结果成为员工岗位工资调整的主要影响因素。对年终绩效考核结果优秀的员工,进行岗位工资晋级激励;对年终绩效考核结果不合格的员工,可以进行岗位工资降级处理。

(1) 调整部分岗位工资。根据人力资源市场价格变化,可以调整某岗位序列员工的薪酬水平。薪酬调整可以通过调整岗位工资,也可以通过增加奖金、津贴补贴项目等形式来实现。

(2) 调整部分部门工资。根据公司发展战略以及公司效益情况,可以调整某部门员工的薪酬水平。薪酬调整一般不通过调整岗位工资实现,因为那样容易引起其他部门内部不公平感,一般情况下是通过增加奖金、津贴补贴项目等形式来实现。

3. 薪酬个人调整

薪酬个人调整是由于个人岗位变动、绩效考核或者为公司做出突出贡献,而给予岗位工资等级的调整。

员工岗位变动或者试用期满正式任用后,要根据新岗位进行工资等级确定;根据绩效管理制度,绩效考核优秀者可以晋升工资等级,绩效考核不合格者可以降低工资等级;对公司做出突出贡献者,可以给予晋级奖励。

8.3.2 薪酬结构调整

一方面,在薪酬体系运行过程中,随着企业发展战略的变化,组织结构应随着战略变化而调整,尤其是在组织结构扁平化趋势下,企业的职务等级数量会大大减少;另一方面,由于受到劳动力市场供求变化的影响,企业不同层级、不同岗位的薪酬差距可能发生变化,这些都会对薪酬结构的调整提出要求。

一般情况下,通过调整各岗位工资基准等级,就能实现不同岗位、不同层级薪酬差距调整的要求;但当变化较大,现有薪酬结构不能适应变化后的发展要求时,就需要对公司的薪酬结构重新进行调整设计。薪酬结构的调整设计包括薪酬职等数量设计、职等薪酬增长率设计、薪级数量设计以及薪级级差设计等各方面。

需要注意的是,在进行薪酬体系设计时,要充分考虑薪酬结构变化的趋势和要求,使得通过调整各岗位工资基准等级,就能实现薪酬的结构调整,这样操作简单、方便。不到万不得已,不要轻易进行薪酬结构的重新设计。

管理借鉴 8-2

诺德斯特龙的单一销售佣金制度

诺德斯特龙是世界著名的百货商店,主要经营服装和鞋类商品,以优质的服务而闻名于世,被称为世界上服务最好的商店。是什么制度使员工向顾客提供最满意的服务呢?其核心就是销售额提成或是佣金制度。

诺德斯特龙的基本理念是:总裁为部门经理服务,部门经理为导购员服务,这样才能保证导购员为顾客服务。顾客被员工视为最尊贵的客人,一切行为的出发点就是保证他们满意。

诺德斯特龙的薪酬制度是最为简单的,就是对全员实行销售额的比例提成制度,这是员工薪酬的全部,员工没有固定工资。员工不属于商品部,属于顾客,员工可以引导顾客买鞋后去买服装,买服装后去买化妆品。对于不同商品,员工销售的提成比例不同,服装的提成比例为 6.75%,男鞋的提成比例为 8.25%,女鞋的提成比例为 9%~10%,童鞋的提成比例为 13%。

诺德斯特龙公司成功地运用了销售额提成制度,使员工的经营业绩直接与自己的收益挂钩。同时,诺德斯特龙公司使员工更加关注忠诚性顾客的培养,而非过分在意一次交易的成败。诺德斯特龙还实行无条件退货。一天,一位顾客推着固特异轮胎来退货,诺德斯特龙不卖轮胎,但是也给她退了。因为在 1975 年,诺德斯特龙从北方商业公司收购了三家商场,这三家商场曾经卖过固特异轮胎,这位顾客的轮胎就是从那儿买的。无条件退货,短期看会减少员工的销售额提成,但是由于培养了忠诚性顾客,反而会增加员工的长期收益。另外,员工常常主动为顾客免费送货,这虽然不会增加员工此次交易的提成数额,但会使员工的长期收入增加。

讨论:诺德斯特龙的薪酬制度的优点。

8.3.3 薪酬构成调整

薪酬构成调整就是调整固定工资、绩效工资、奖金以及津贴补贴的比例关系。一般情况下,固定工资和绩效工资是通过占有岗位工资比例来调整的。在企业刚开始进行绩效考核时,往往绩效工资占有较小的比例,随着绩效考核工作落到实处,绩效工资可以逐步加大比例。

津贴补贴项目也应根据企业的实际情况进行调整。在一些津贴补贴理由已经不存在的情况下,应该取消相应的津贴补贴项目。

奖金根据企业效益情况以及人力资源市场价格,进行增加或降低的调整。

重要信息 8-7

薪酬管理与其他人力资源管理工作的关系

薪酬管理与其他人力资源管理环节同样具有密切的联系。

(1) 薪酬管理与工作分析。工作分析是薪酬设计的基础,工作分析所形成的岗位说明书是进行工作评价确定薪酬等级的依据,工作评价信息大都来自岗位说明书的内容。

(2) 薪酬管理与人力资源规划。薪酬政策的变动是改变内部人力资源供给的重要手段,例如提高加班工资的额度,可以促使员工增加加班时间,从而增加人力资源供给量。

(3) 薪酬管理与员工招聘。较高的薪酬水平有利于吸引大量应聘者,从而提高招聘的效果。此外,招聘录用也会对薪酬管理产生影响,录用人员的数量和结构是决定组织薪酬总额增加的主要因素。

(4) 薪酬管理与绩效管理。一方面,绩效管理是薪酬管理的基础之一,激励薪酬的实施需要对员工的绩效做出准确的评价;另一方面,针对员工的绩效表现及时地给予不同的激励薪酬,也有助于增强激励的效果,以确保绩效管理的约束性。

(5) 薪酬管理与员工劳动关系管理。在企业的劳动关系中,许多劳动争议由薪酬问题引起,有效的薪酬管理能够减少劳动纠纷,留住优秀员工,实现对员工的不断激励。此外,薪酬管理也有助于塑造良好的组织文化,维护稳定的劳动关系,改善企业绩效。

同步实训 8.3　薪酬体系调整讨论

实训目的:加深学生对薪酬体系调整的认识。

实训安排:

(1) 学生可以查找家人或不同行业的薪酬体系调整资料,讨论并分析其影响因素。

(2) 分析并体会薪酬体系调整的意义。

教师注意事项:

(1) 由生活事例导入对薪酬体系调整的认识。

(2) 提供一些薪酬体系调整资料,供学生讨论。

(3) 参观企业或提供其他相应的学习资源。

资源(时间):1课时、参考书籍、案例、网页。

评价标准:

表 现 要 求	是否适用	已达要求	未达要求
小组活动中,外在表现(参与度、讨论发言积极程度)			
小组活动中,对概念的认识与把握的准确程度			
小组活动中,PPT 制作的艺术与美观程度			
小组活动中,文案制作的完整与适用程度			

小结

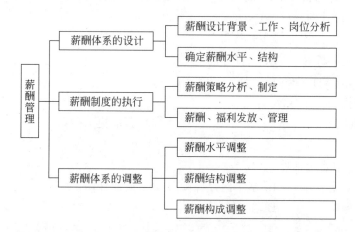

教学做一体化检测

重点名词

薪酬　薪酬管理　薪酬调查　薪酬水平　薪酬结构　薪酬策略

课堂讨论

1. 企业发展阶段与员工薪酬策略的关系。
2. 薪酬构成中详细划分,工资表中只要看一个总数就行。
3. 工作分析与薪酬管理的关系。
4. 薪酬发放的保密性。
5. 薪酬管理关系到社会和谐稳定。

课后自测

一、选择题

1. 工作岗位评价的方法有(　　)。
    A. 排列法　　　　B. 分类法　　　　C. 因素比较法　　　　D. 观察法
2. 薪酬结构可以分为(　　)。
    A. 以绩效为导向的薪酬结构(绩效薪酬制)
    B. 以工作为导向的薪酬结构(岗位薪酬制)
    C. 以技能为导向的薪酬结构(技能薪酬制)
    D. 组合薪酬结构(组合薪酬制)
3. 内部公平主要是指(　　)。
    A. 员工薪酬与市场水平大体相当

B. 员工薪酬在分配程序上的公正合理

C. 员工的薪酬与自己所在部门的绩效相当

D. 与其他岗位相比,员工的薪酬与其所在岗位工作价值大体相当

4. 薪酬制度设计的基础是（　　）。

　　A. 岗位分析与评价　　B. 薪酬调查　　　　C. 福利政策

　　D. 人工成本核算　　　E. 工资标准

5. 企业进行薪酬管理的目的是（　　）。

　　A. 合理控制人工成本　　　　　　　B. 吸引人才

　　C. 激励员工　　　　　　　　　　　D. 获取更大效益

　　E. 留住人才

6. 社会保险主要包括（　　）。

　　A. 基本养老保险　　B. 基本医疗保险　　C. 失业保险

　　D. 工伤保险　　　　E. 生育保险

二、判断题

1. 工作岗位评价的对象是职位,而非任职者,这就是人们通常所说的"对岗不对人"原则。（　　）

2. 计件工资、销售提成工资、效益工资等属于绩效薪酬。（　　）

3. 薪酬与组织及其外部环境之间存在着一种依存关系,与企业的发展战略无关。（　　）

4. 非货币性的收益一般不会影响员工的行为。（　　）

5. 发给实习学生的报酬和员工差旅费应该计入企业薪酬总预算。（　　）

6. 员工个人生活期望提高会对企业薪酬标准形成一种无形的压力。（　　）

三、简答题

1. 薪酬的构成要素有哪些？各要素的意义是什么？

2. 薪酬体系设计的原则有哪些？

3. 薪酬策略有哪些种类？

4. 什么是薪酬制度？

5. 薪酬调整的原因有哪些？

6. 薪酬管理与其他人力资源管理工作的关系如何？

案例分析

华为的薪酬管理

分析华为的薪酬管理,可以看出华为的薪酬管理很好地解决了不同发展时期的问题。

一、华为的薪酬管理在企业的不同发展时期具有不同的特点

企业在创立初期一般都实力弱小,面临着资金紧张的问题。华为初涉通信领域时,国内同业竞争激烈,华为面临所有创业人都会遇到的困难。一方面,华为需要大量的通信人才的加盟以快速提升企业实力;另一方面,处于成长期的华为没有办法支付人才所需的高额薪水。那么华为是如何解决问题的呢？

华为在早期时的企业薪酬的激励效用主要是靠支付员工非资本性薪酬。华为在早期对于人才的激励是以业绩为先。华为对伴随企业成长的元老级员工采用的是股权激励的方式,以减少奖金激励给企业带来的现金流压力。股权奖励的方式直到现在还为华为所使用。

华为在企业的快速发展阶段实施竞争性薪酬。华为在竞争中不断壮大实力,这时的华为已经成为行业有力的竞争者,企业成长速度很快,具备一定的实力。从2010年的数据来看,本科生进入华为的起薪标准为6 000元/月左右,研究生为8 000元/月左右。这个标准比同行业的要高出20%左右。这种薪酬方法为企业招揽人才提供了保证。

直到现在,华为采用市场领先型薪酬策略,采用"有竞争性的薪酬"来吸引企业所需要的各种人才。薪酬体系中的各个部分基本上都处于行业领先水平,高薪酬作为重要推动力促使公司成长。

二、华为的薪酬管理考虑内外各种因素,务求公平合理

华为的薪酬结构大体为员工薪酬＝基本工资＋加班费＋股票＋福利,并且使不同部门、不同级别、不同员工的薪酬奖励具有独特性。基本工资通常包括基础薪酬、岗位薪酬、学历薪酬、职务薪酬、技能薪酬等。

这其中,基本工资主要和员工的级别相联系。华为的员工薪酬级别分为10级,各个级别的基本工资有相应的标准。员工的加班费和加班时间相对应,多劳多得。而员工的股票和福利等与企业的盈利状况有关。华为的这种模式考虑了企业发展的内外因素,公平合理。

三、华为股权激励具有独特性

随着企业的发展,华为从最初的人人配股的固定股票分红逐渐转变为今天的"虚拟受限股",从2001年开始,华为实行名为"虚拟受限股"的期权改革。虚拟股票是指公司授予激励对象的一种虚拟的股票,激励对象可以据此享受一定数量的分红权和股价升值权,但是没有所有权,没有表决权,不能转让和出售,在离开企业时自动失效。华为员工入职满一年后,拥有内部职工股。股票不得转让,离职时必须卖给公司。

四、华为的薪酬管理力求效率优先、兼顾公平

根据华为的基本人力资源政策,华为在工资分配上实行基于能力的职能工资制;奖金的分配与部门和个人的绩效改进挂钩;安全退休金等福利的分配依据工作态度的考评结果;医疗保险按贡献大小对高级管理和资深专业人员与一般员工实行差别化待遇。公司薪酬战略与经营战略相匹配,效率优先,兼顾公平。

阅读以上材料,回答问题:

1. 为什么华为薪酬在不同时期有差异?
2. 华为薪酬政策具有哪些独特的优势?

课程思政园地

"两弹元勋"邓稼先,当年作为总指挥,每次核试验,都要带头钻到巷道里去取样,甚至要跑到沙漠里寻找爆炸后的原子弹碎片。由于当时的防护条件很差,天长日久,他的身体遭受了超剂量的核辐射。1986年,邓稼先因全身核辐射造成大面积溶血性出血,被迫住进北京的一家医院。

住院期间,他的好友杨振宁来探望时,曾问他:"研究原子弹,国家究竟给了你多少奖

金?"邓稼先回答:"原子弹10元,氢弹10元。"当年原子弹爆炸成功,国家给的奖金是1万元,加上单位拿出的十几万元,最终按10元、5元、3元三个档次,分别发给当时从事研制的科研人员。邓稼先拿的是10元。

这点奖金,现在看来,的确不值一提。但重要的是,获奖者的着眼点不在这里,而是"志存高远"。邓稼先的感人事迹和精神境界,为此做出了鲜明注脚。

为了研制"两弹一星",邓稼先35岁隐姓埋名,离开繁华的都市,走进大漠深处。这一走,就是28年!28年看不见故乡的花开花落,看不见长安街的车水马龙,听不到妻儿的欢声笑语。多少个日日夜夜,他住在干打垒里,面前永远是如血的夕阳、如豆的灯光,是无边无际的荒漠、绵延起伏的雪山。当时,科研条件也很差,没有高性能计算机,没有现代化车间,只能用古老的算盘计算实验数据。邓稼先绝不是为了奖金之类的个人名利,而是要用满腔热血造出原子弹,浇铸共和国强盛的根基。

曾经有一位战友问他:"稼先,你说再过几十年,人们还记得我们这些人的名字吗?"邓稼先微微一笑,说:"记得或者不记得都不重要。重要的是,我们为国家做了我们应该做的事。"他想的,绝不是奖金之类的个人名利,而是为了深爱的祖国和人民,自己该做的事做到了没有?他是这样说的,更为此践行了一生。在生命的最后时刻,他颤动着嘴唇,断断续续说出几个字:"我……为了……这件事……死了,值得!"他死而无憾,走的安然。

奖金之类个人名利的动力,毕竟有限。只有大爱、大勇、大智慧以及无私奉献的精神力量,才能成就邓稼先这样的堪称民族脊梁的英雄豪杰。

(资料来源:中国纪检监察报,2017-09-18)

思考:
1. 你怎样看待邓稼先的10元奖金?
2. 我们应该从中学习哪些精神?

学生自我工作总结

通过完成任务8,我能够作如下总结。

一、主要知识

完成本任务需了解的主要知识点有:
1.
2.

二、主要技能

完成本任务需掌握的主要技能有:
1.
2.

三、主要原理

完成本任务涉及的管理原理有：
1.
2.

四、相关知识与技能

本任务的完成过程：
1. 薪酬体系的主要框架是：
2. 薪酬构成要素包括：
3. 薪酬调整的意义是：

五、成果检验

本任务的成果：
1. 完成本任务的意义有：
2. 学到的知识与技能有：
3. 自悟的知识与技能有：
4. 你认为薪酬管理对人力资源管理工作的意义是：

任务9　劳动关系管理

 学习目标

1. 知识目标
   - 能认识劳动关系的含义。
   - 能认识劳动合同的类型与内容。
   - 能认识日常事务管理的内容。

2. 能力目标
   - 能认识劳动合同订立的程序及意义。
   - 能举例说明日常事务管理的作用。
   - 能够对劳动关系管理有整体的认识。

3. 课程思政
   - 培养学生的契约意识。
   - 培养学生的公德意识。
   - 深刻认识政府的大国担当。

 任务解析

根据人力资源管理职业工作活动顺序和职业教育学习规律,"劳动关系管理"任务可以分解为以下子任务。

 管理故事

一群鸬鹚辛辛苦苦跟着一位渔夫十几年,立下了汗马功劳。但随着年龄的增长,它们腿脚不灵便,眼睛也不好使了,捕鱼的数量越来越少。后来,渔夫又买了几只小鸬鹚,经过简单训练,便让新老鸬鹚一起出海捕鱼。由于渔夫的精心调教,加之老鸬鹚的"传帮带",新买的鸬鹚很快学会了捕鱼的本领,渔夫很高兴。新来的鸬鹚很知足,下定了知恩必报的决心,一个个拼命地为主人工作。而那几只老鸬鹚因为老得不能出海了,主人便对它们冷淡起来,吃的住的都比新来的鸬鹚差远了。日子一久,几只老鸬鹚瘦得皮包骨头,奄奄一息,另几只老鸬鹚干脆被主人杀掉炖了汤。

一日,几只年轻的鸬鹚突然集体罢工,任凭渔夫如何驱赶,也不肯下海捕鱼。渔夫抱怨说:"我待你们不薄呀,每天让你们吃着鲜嫩的小鱼,住着舒适的窝棚,时不时还让你们休息一天半天,你们不思回报,却闹起了情绪。怎么这么没良心呀!"这时,一只年轻的鸬鹚发话了:"主人呀,你对我们越好,我们越害怕。你想想,现在我们身强力壮,有吃有喝,但老了,还不落个老鸬鹚一样的下场?"

管理感悟:从这个故事中应该看到,鸬鹚从最初希望"有吃有喝",到企盼"年迈体弱时也有小鱼吃",这些要求都是合情合理的。倘若企业人力资源管理忽视了这些需求,最终只能导致"鸬鹚"罢工,从而使企业蒙受更大的损失。其实,看一个企业,不只看其对年轻员工的态度,更要看其对待老年员工的态度。世界名企里面,还真没有"亏待"老年员工的。

9.1 劳动合同管理

任务提示:人力资源管理部门进行劳动合同管理的事务性工作主要包括依法代表企业与应聘测试合格者签订劳动合同以及到期劳动合同的续订;劳动合同的变更与劳动合同的解除。这些工作成果直接反映了劳动关系的确立与否。

重点难点:劳动合同的签订、终止与变更。

在经济管理类专业学习中,我们都可以得出一个基本的结论:企业必须拥有足够数量的员工。完成了人力资源管理学习任务1~8,我们更加清楚地知道:企业需要足够多、量质兼备的人力资源,才能更好地实现各项经营管理目标。

9.1.1 劳动合同的解释

显然,这么多的员工受雇于用人单位,用人单位与劳动者之间就形成了一种特定的社会关系。这里的用人单位是指中华人民共和国境内的企业、个体经济组织、民办非企业单位等组织。同时,也包括国家机关、事业单位、社会团体与劳动者建立劳动关系的组织。劳动者是指达到法定年龄,具有劳动能力,以从事某种社会劳动获得收入为主要生活来源,依据法律或合同的规定,在用人单位的管理下从事劳动并获取劳动报酬的自然人(中外自然人)。

那么,什么是劳动关系呢?请看下面规范的解释。

1. 劳动关系的含义

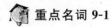

重点名词 9-1

劳动关系

劳动关系是指依照国家劳动法律法规,劳动者与用人单位在实现劳动过程中建立的社会经济关系。

从广义上讲,人们与用人单位之间因从事劳动而结成的社会关系都属于劳动关系。从狭义上讲,双方当事人是被一定的劳动法律所规定和确认的权利和义务联系在一起的,劳动者必须加入某一用人单位,并参加单位的劳动,遵守单位的劳动规则;而用人单位须按照劳动者的劳动数量或质量支付报酬,提供工作条件,并不断改进劳动者的物质文化生活。

2．劳动关系的发展

19世纪的英国,经过产业革命的洗礼,社会生产领域,往昔中世纪主仆之间的身份关系逐步为新型的雇主与雇工之间的契约关系所取代。而这一现象也成为英国社会基础的一种现实的感受。

从"身份"到"契约",劳动关系经历了多年的发展,已经成为现代产业活动中的重要组织关系之一。特别是在经济全球化下,各个国家的政府在劳动关系中扮演着不同的角色,如劳动者权利的保护者、劳资谈判的促进者、劳动争议的调停者等。随着我国社会主义市场经济的日臻成熟,现代企业制度逐步建立,我国企业的劳动关系也发生了重大变化,如劳动关系双方利益主体明确化、劳动关系多样化、劳动关系契约化等。从企业的角度来讲,这给劳动关系管理带来了巨大的挑战。

 重点名词 9-2

劳动关系管理

劳动关系管理是指为了促进组织经营活动的正常开展,缓解和调整组织劳动关系的冲突,以实现组织劳动关系的和谐,提高组织劳动效率,而进行的各种管理活动和采取的措施。

企业与员工确立劳动关系的重要标志就是签署劳动合同。劳动合同管理涉及的工作有:合同的签订、变更、续签、解除与终止、集体合同和事实劳动关系管理等。

9.1.2 劳动合同的签订

按照《中华人民共和国劳动法》及《中华人民共和国劳动合同法》有关规定,用人单位自用工之日起即与劳动者建立劳动关系,建立劳动关系应当签订劳动合同。企业人力资源管理部门劳动关系管理专员(分工较细的人力资源部门还有专门的合同专员)负责完成事务性工作。

1．确定劳动合同内容

劳动关系管理专员在草拟劳动合同之前,应先根据企业自身的特点确定劳动合同内容。一般来讲,确定劳动合同内容可参考各地政府劳动管理部门推荐使用的劳动合同范本。

重要信息 9-1

劳动合同的内容

劳动合同内容主要包括法定条款和约定条款。

(1)法定条款。①劳动合同期限,具体包括三种:一是有固定期限的劳动合同;二是无固定期限的劳动合同;三是以完成一定工作为期限的劳动合同。②工作内容、工种及岗位名称、工作地点及场所。③劳动保护和劳动条件。加班加点、工作班制、劳动工作条件、劳动工具、生产工作流程、安全操作规程、安全卫生制度、健康检查、女工及未成年工特殊保护和伤亡事故处理制度。④劳动报酬。工资制度、工资给付标准、工资给付时间、给付周期、工资计算办法、奖金津贴获得条件及标准、工资不得低于当地最低工资给付标准。⑤社会保险。劳动者的生育、养老、疾病、死亡、伤残、失业及劳资双方对保险费的项目、缴费标准、缴费方式等办法。⑥劳动纪律。劳动者在劳动过程中必须遵守的规则和纪律,包括遵守国家法律、行政法规及用人单位依法制定的劳动规则。⑦劳动合同终止的条件。包括法定终止条件及双方约定终止条件生效。⑧违反劳动合同的责任。需承担法律责任及赔偿要求。

(2) 约定条款。①试用期限。最长不得超过六个月;两年期以下的短期劳动合同,试用期限基本按照合同期限的1/12;半年期以下的短期劳动合同,试用期限不超过15天;一年期以下的短期劳动合同,试用期限不超过一个月;试用期包含在劳动合同期限中。②培训。双方约定培训条件、培训期间的工资待遇、培训费用的支付方法、服务期限。③保密事项。凡是用人企业的商业机密,劳动者有保守机密的责任及范畴并加以明确规范。④补充保险和福利待遇。补充养老及医疗等保险和适应企业特点的福利待遇。⑤当事人协商约定的其他事项。如住房、公务车或子女教育费补贴等。

2. 起草劳动合同

确定了合同内容之后,劳动关系管理专员开始草拟合同。需要注意的是,劳动合同的法定条款不可或缺,为避免内容过于冗长,可通过附件的形式使劳动合同内容具体化。劳动合同的各项条款及专项协议内容均应有一致性,不应出现各款项间的相互矛盾。除了劳动合同外,还应与劳动者签订专项协议,如服务期限协议、培训协议、保守企业商业秘密协议、竞业禁止协议、补充保险协议、岗位协议书、聘任协议书等。

3. 签订劳动合同

经过员工招聘环节的测试,合格者被企业录用。在签订劳动合同之前,企业劳动关系管理专员应向新招用职工详细、如实地讲解拟订立的劳动合同的条款内容,以及相关情况和签订劳动合同的要求,耐心细致地回答新招用职工的咨询、意见和要求。新招用职工详细了解劳动合同的相关内容,认同合同内容的规定,即与企业达成一致。双方在合同上签字盖章,劳动合同即告成立。

根据法律规定,签署劳动合同时,企业不得以任何名义向劳动者收取抵押物,企业劳动关系管理专员可以邀请企业工会代表出席劳动合同签字仪式,并将劳动合同签署情况报当地劳动管理部门备案。

9.1.3 劳动合同的变更

劳动合同的变更是指劳动合同内容的变化。即原有的劳动合同内容已经不能全部适应客观情况的需要,有必要对双方当事人的权利与义务加以改变。具体包括工作内容、地点、工资福利的变更等。

1. 变更情势的确认

进行劳动合同变更,企业劳动关系管理专员首先要进行变更情势的确认。如发生不可抗力或出现致使劳动合同全部或部分条款无法履行的其他情况。诸如企业迁移、被兼并、企业资产重组等。但不包括用人单位濒临破产进行法定整顿期间或者生产经营状况发生严重困难,确需裁减人员的情况。

2．合同变更的协商

劳动合同变更应该遵循合法、资源、平等原则,由企业人力资源部门统一组织。在协商一致的基础上,书面形式记载变更的内容,注明变更的日期,由当事人双方签字、盖章后成立。需要注意的是,变更是对部分合同条款进行修改、增加或取消。劳动合同变更后,未变更的部分仍然有效,应当继续履行。

9.1.4 劳动合同的续订

劳动合同的续订是指合同期限届满,双方当事人均有继续保持劳动关系的意愿,经协商一致,延续签订劳动合同的法律行为。续订劳动合同应完成以下工作。

1．征求劳动者意向

企业劳动关系管理专员一般应在合同到期前一个月左右,通过调查问卷的形式,书面了解劳动者的意向。对有续订合同意向的员工,应及时向人力资源经理和员工部门经理汇报,以尽快协商确定是否与其进行续约谈判。

2．签署劳动合同

企业劳动关系管理专员与合同到期的员工协商劳动合同条款事宜,实际是对原合同条款审核后确定继续执行,还是变更部分内容。如员工要求调换岗位、增加报酬等。双方协商一致后,签字或盖章。可以重新签一份新的合同,也可以填写续签合同单(该续签单一般附在原劳动合同后面)。

例 9-1 续签合同单,如表 9-1 所示。

表 9-1 续签合同单 编号：

经甲乙双方平等协商,决定对　　年　月　日签订的编号为　　　的劳动合同作如下变更：
劳动合同变更的内容为：
1.
2.
……
甲方(签字盖章)　　　　　　　　　　　　　　　　乙方(签字盖章)
法人代表或委托代理人　　　　　　　　　　　　　年　月　日

《中华人民共和国劳动法》第二十条第二款规定："劳动者在同一用人单位连续工作满10年以上,当事人双方同意续延劳动合同的,如果劳动者提出订立无固定期限的劳动合同,应当订立无固定期限的劳动合同。"

9.1.5 劳动合同的解除与终止

1．劳动合同的解除

(1)劳动合同解除情势的确认。企业劳动关系管理专员应随时关注员工劳动合同的履行情况,并积极依据劳动法、企业规章制度,收集需解除劳动合同的情势信息,逐级汇报,协商决定是否解除劳动合同。

重要信息 9-2

劳动合同解除的情形

(1) 合意解除。即经劳动合同当事人协商一致,劳动合同可以解除。

(2) 提前通知解除。劳动者解除劳动合同,应当提前三十日以书面形式通知用人单位。

(3) 劳动者随时通知解除。有下列情形之一的,劳动者可以随时通知用人单位解除劳动合同:①在试用期内;②用人单位以暴力、威胁或者非法限制人身自由的手段强迫劳动;③用人单位未按照劳动合同约定支付劳动报酬或者提供劳动条件。

(4) 用人单位"无过失性解除"。有下列情形之一的,用人单位可以解除劳动合同,但是应当提前三十日以书面形式通知劳动者本人:①劳动者患病或者非因工负伤,医疗期满后,不能从事原工作,也不能从事由用人单位另行安排的工作;②劳动者不能胜任工作,经过培训或者调整工作岗位仍不能胜任工作;③劳动合同订立时所依据的客观情况发生重大变化,致使原劳动合同无法履行,经当事人协商不能就变更劳动合同达成协议;④用人单位解除合同未按规定提前三十日通知劳动者的,用人单位应当对劳动者承担劳动合同约定的义务。

(5) 用人单位"过失性解除"。劳动者有下列情形之一的,用人单位可以解除劳动合同:①在试用期间被证明不符合录用条件;自通知之日起三十日内,用人单位可以随时解除劳动合同;②严重违反劳动纪律或者用人单位规章制度;③严重失职,营私舞弊,对用人单位利益造成重大损害;④被依法追究刑事责任;⑤法律、法规规定的其他情形。

(6) 劳动者有下列情形之一的,用人单位不得解除劳动合同:①患职业病或者因工负伤并被确认丧失或者部分丧失劳动能力;②患病或者负伤,在规定的医疗期内;③女职工在孕期、产期、哺乳期内;④法律、法规规定的其他情形。

(2) 做出合同解除决定。人力资源部与员工所在部门协商后,报企业相关领导层,做出合同解除决定。人力资源管理部门劳动关系管理专员应根据相关规定,及时通知被解除合同的员工。并依据相关规定,计算、给付劳动者相应的经济补偿,出具解除劳动合同书、解除合同证明,向员工户口所在地社会保险经办机构转移员工档案并备案。

例 9-2 解除合同通知书,如表 9-2 所示。

表 9-2 解除合同通知书　　　　　　　　　　　　编号:

_____(女士、先生):

您于_____年____月____日与我公司签订的____年限的劳动合同,现因_____于_____年____月____日解除。

根据有关法律及与您签订的劳动合同中关于经济补偿金的规定,发给您相当于本人解除合同前12个月平均工资(_____元/月)(或企业上一年度职工月平均工资)_____个月工资的经济补偿金,共计人民币_____元整。

特此通知。

公司盖章
_____年____月____日

2. 劳动合同的终止

劳动合同的终止是指劳动合同期限届满,双方当事人的权利、义务履行完毕,结束劳动合同法律关系的行为。

(1) 劳动合同终止情势的认定。企业劳动关系管理专员应随时关注员工劳动合同履行情况,并积极依据劳动法、企业规章制度,收集需终止劳动合同的情势信息,逐级汇报,协商决定是否终止劳动合同。

重要信息 9-3

劳动合同终止的情势

(1) 劳动合同期满。

(2) 当事人约定的劳动合同终止条件出现。

(3) 用人单位破产、解散或者被撤销。

(4) 劳动者退休、退职、死亡。

(5) 劳动合同当事人实际已不履行劳动合同满三个月,劳动合同可以终止。

(6) 劳动者患职业病、因工负伤,被确认为部分丧失劳动能力,用人单位按照规定支付伤残就业补助金,劳动合同可以终止。

(7) 劳动者患职业病或者因工负伤,被确认为完全或者大部分丧失劳动能力,用人单位不得终止劳动合同,但经劳动合同当事人协商一致,并且用人单位按照规定支付伤残就业补助金,劳动合同也可以终止。

(8) 劳动合同不得终止的情形:劳动合同期满或者当事人约定的劳动合同终止条件出现,劳动者有下列情形之一的,同时又未严重违反劳动纪律或者用人单位规章制度;也无严重失职,营私舞弊,对用人单位利益造成重大损害;也未被依法追究刑事责任,劳动合同期限顺延至下列情形消失:患病或者负伤,在规定的医疗期内;女职工在孕期、产期、哺乳期内;法律、法规、规章规定的其他情形。

(2) 做出合同终止决定。人力资源部与员工所在部门协商后,报企业相关领导层,做出合同终止决定。人力资源管理部门劳动关系管理专员应根据相关规定,及时将被终止的合同通知员工。并依据相关规定,计算、给付劳动者相应的经济补偿,出具终止劳动合同的证明,向员工户口所在地社会保险经办机构转移员工档案并备案。

例 9-3 终止合同证明书,如表 9-3 所示。

表 9-3 终止合同证明书　　　　　　编号:

_____:
　　本公司与_____(女士/先生)签订的劳动合同于_____年____月____日终止,双方已经办妥一切与劳动关系有关的手续,其档案及社会保险关系于_____年____月____日转移。
　　特此证明。

公司盖章
_____年____月____日

　　说明:本证明一式三份,一份用人单位留存,一份存入本人档案交户口所在地劳动管理部门,一份本人收执。

管理借鉴 9-1

"没有许诺的终生合同"

丰田公司团队成员手册中写道:"终身雇佣是我们的目标——你和公司共同努力以确

保丰田成功的结果。我们相信工作保障是激励员工积极工作的关键。"事实上,双方并没有签订什么保证书。团队成员手册中还写道:"所有员工同丰田的劳动关系是基于就业自愿原则的。这意味着无论是丰田,还是公司雇员,在任何时候,因为任何理由都可以炒对方的鱿鱼。"有位雇员在接受香港记者采访时说:"公司是永远不会将我们解雇的。即使在不景气的时候,我们也将被留在这里,和公司一起渡过难关。"这种自信并非是盲目的。丰田公司总裁多次公开表示:在公司困难的时候,公司绝不会裁员,而是将劳动力"重新配置"。

"我们将利用这个机会来进一步培训我们的团队成员——我们这样称呼我们的员工。团队成员将利用这个机会来继续提高,而这是他们在繁忙的工作岗位上做不到的。"

渡边次郎是丰田公司的一个部门主管,他已经在这个岗位上工作了20多年。他说:"我在这里待这么长时间的主要原因并不是丰厚的奖酬,更为重要的是在这些年的工作时间里,我已经建立了自己的威信,确实不想再到别的公司去从头做起了。我感觉我已经在很多情况下对公司做出了影响并且我也得到了认可。对我来说,这些是比金钱更重要的事情。"

讨论:丰田公司劳动关系管理的特点。

 重要信息 9-4

集体合同与事实劳动关系

集体合同是指企业职工一方与用人单位就劳动报酬、工作时间、休息休假、劳动安全卫生、保险福利等事项,通过平等协商达成的书面协议。集体合同实际上是一种特殊的劳动合同,又称团体协约、集体协议等,通常由工会或者职工推举的职工代表代表职工与用人单位签订。一般要经历谈判、审议、签字、报批登记和公布五个步骤。

事实劳动关系是指用人单位与劳动者之间没有签订劳动合同,但劳动者在事实上为用人单位提供有偿劳动的一种劳动关系。劳动法明确要求建立劳动关系应订立劳动合同,因此,事实劳动关系是不规范的,也是不合法的,极易引发劳动争议。这些情况下,容易出现事实劳动关系:部门私自用工;不向人力资源部汇报,不经人力资源部同意,私自外聘助手进行工作;在人力资源部与员工正式办理入职手续之前,同意员工入职;劳动合同到期之后,不及时续签,导致与员工没有书面合同却仍然存在劳动关系;将部门劳务外包。

同步实训 9.1 劳动合同认知

实训目的:加深学生对劳动合同的认识。
实训安排:
(1)学生可以查找一些企业劳动合同,分析其关于签订、变更的规定。
(2)总结签署劳动合同的注意事项。
教师注意事项:
(1)由生活事例导入对劳动合同的认识。
(2)提供一些不同社会行业的劳动合同资料,供学生讨论。
(3)参观企业或提供其他相应的学习资源。
资源(时间):1课时、参考书籍、案例、网页。

评价标准：

表 现 要 求	是否适用	已达要求	未达要求
小组活动中，外在表现（参与度、讨论发言积极程度）			
小组活动中，对概念的认识与把握的准确程度			
小组活动中，PPT制作的艺术与美观程度			
小组活动中，文案制作的完整与适用程度			

9.2　日常事务管理

任务提示：人力资源管理部门进行员工日常事务管理的工作主要包括：员工档案管理；员工"五险一金"的办理；规章制度制定、员工劳动安全教育与管理等。这些工作反映了劳动关系存续期间，企业对员工一方事务的服务与管理。

重点难点：员工日常事务的内容及办理。

9.2.1　员工档案管理

企业劳动关系专员负责员工档案的整理与管理工作，主要工作内容如下。

1．分类归档

企业在进行人事档案管理的过程中，都有一套相对规范的格式，为方便资料的收集、整理、加工，必须按照一定的格式来收集与整理。劳动关系专员对人事档案的有效管理，首先是必须对相关的资料进行核查，核查其完备性。其次是对资料进行分类，按照不同的类别进行归档。资料在归档之后，每一类的材料应按一定的顺序进行排列。在排序时，应注意保持材料本身的系统性、连贯性，以便日后查找、利用和补充新的材料。最后编号之后，应编制卷内目录，以供查阅之用。目录应置于文件的首页。编制目录时，应注意文件标题的简洁与准确性。

2．检查核对

人事档案材料必须齐全、完整、真实，所涉及的材料一定要明确、明白。为此，要进行经常性的检查核对。对那些存在破损情况的档案要进行修复，以使档案实体恢复正常的状态；同时还要对规格不符合要求的档案材料进行剪裁、折叠或装裱等，以使档案外观规范，便于保管。归档验收时，应对档案卷皮的书写、目录登记情况、分类排序的准确程度、技术加工的质量以及外观等逐项进行检查，不符合要求的要重新整理，以保证归档的质量。

3．档案调转

人事档案的调转是指人事档案管理部门之间、人事档案管理部门与人事档案的形成部门及利用部门之间转出和接收人事档案的活动。实际中，随着员工职业的调整与变动，人事档案经常会发生转递的情况。人事档案调转时，必须办理相应的手续，以保证其可追溯性。

重要信息 9-5

员工档案的主要内容

企业员工档案是企业的劳动、组织、人事等部门在招用、调配、培训、奖惩、选拔和任用工作中形成的有关员工个人经历、工作态度、职业素质、业务技术水平、工作业绩以及工作异动情况下的文件资料,是对员工进行全面考查的依据。

(1) 履历材料。履历材料主要是反映员工个人的自然情况、经历、家庭和社会关系等基本情况的表格材料。

(2) 自传材料。自传材料主要叙述员工学习成长、从业所涉及的生平经历材料,集中体现了员工人格素质、技能水平的形成过程。

(3) 员工技能鉴定、奖惩考核、考查材料。技能鉴定涉及员工职称评定,个人发展的材料。奖惩考核、考查是对员工的基本情况、工作业绩、不足等方面所进行的评价性材料。

(4) 人事管理材料。人力资源管理材料是指有关职工录用、任免、聘用、劳动合同、人事异动、转业、工资福利、出国、退休、继续教育等的材料。

9.2.2 员工"五险一金"的办理

1. "五险一金"的预算

企业员工"五险一金"的办理一般由人力资源部门薪酬专员和劳动关系专员合作完成。其工作依据是国家有关法律和企业的相关规定。劳动关系专员负责核实员工的劳动关系存续情况和员工参保情况;薪酬专员编制员工福利预算方案,经人力资源部经理审核、人力资源总监批准后实施。

2. "五险一金"的提取

根据国家有关"五险一金"计取的基数和比例,企业应该及时足额地为员工缴纳各种保险。同时,根据企业经济效益情况,可以考虑增设不同的福利项目,或对福利项目做出调整,以适应员工需求。

以北京为例,2021 年度企业职工五项社保缴费基数上下限统一,上限调整为 28 221 元,下限调整为 5 360 元。

2021 年北京社保缴费基数:养老保险、失业保险、工伤保险、职工基本医疗保险(含生育)月缴费基数上限调整为 28 221 元,月缴费基数下限执行 5 360 元;机关事业单位职工基本养老保险月缴费基数下限执行 5 644 元。

缴费比例如下。养老保险:单位缴费比例为 16%,个人缴费比例为 8%。失业保险:单位缴费比例为 0.5%,个人缴费比例为 0.5%。工伤保险:从 2020 年 5 月 1 日至 2021 年 4 月 30 日,本市一类至八类行业用人单位工伤保险费率,在现行费率的基础上下调 20%;按项目参保的施工企业,2020 年 5 月 1 日至 2021 年 4 月 30 日期间的缴费费率统一调整至 0.8%。医疗保险(含生育保险):单位缴费比例降低 1 个百分点,由现行的 10.8%调整至 9.8%;个人缴费比例不作调整。

自 2021 年 7 月起,在市、区人力资源公共服务中心等社会保险代理机构以个人身份存档且参加社会保险的个人,以及在各街道(乡镇)政务服务中心(原社保所)缴纳社会保险的个人,缴费基数可以在企业职工养老保险缴费下限和上限之间适当选择。

其中,参保人如选择按缴费基数上限缴纳的,月缴纳职工基本养老保险费 5 644.2 元,月缴纳失业保险费 282.21 元;选择按缴费基数下限缴纳的,月缴纳职工基本养老保险费 1 072 元,月缴纳失业保险费 53.6 元。参保人如果未按期办理申报手续,2021 年度社会保险缴费基数将依据本人上一年度的缴费基数确定,低于职工养老保险缴费下限的,将以下限作为缴费基数。

9.2.3 员工劳动安全教育

企业劳动保护管理主要内容有:安全教育制度、安全责任制度、安全检查制度、安全技术组织措施、伤亡事故报告制度、劳保用品发放制度、劳动保险制度等。劳动保护管理采取专业管理和群众参与相结合的办法,实行人力资源管理等职能部门和企业、车间(专业商店)、班组及员工个人分级负责。

人力资源管理部门主要负责的工作如下。

1. 完善提高劳保福利待遇

《中华人民共和国劳动法》第五十四条规定:用人单位必须为劳动者提供符合国家规定的劳动安全卫生条件和必要的劳动防护用品。人力资源管理部门应根据员工工作环境的变化,及时完善提高劳保福利待遇,体现企业对员工的关怀。

2. 建立轮岗制度和职工体检制度

在企业中实行岗位轮换制度(技术性强的除外)。这样可以在一定程度上避免员工在单一的岗位上身体长期受到损害。建立定期对员工身体进行检查的制度,尤其对企业中易得职业病和特殊岗位的人员,建立健康档案,进行重点检查,以免贻误诊治。

3. 制定和完善劳动保护法规和规章制度

劳动者应当执行劳动安全卫生规程,遵守劳动纪律。人力资源部门应认真制定具体岗位劳动保护工作规程,促使员工在工作中养成良好工作习惯。

4. 开展劳动保护宣传教育

人力资源部门积极组织员工参加劳动保护教育,培训生产管理人员和劳动保护专职人员;对特殊工种工人实行专业训练和考试发证制度;利用电影、电视、广播、报刊、展览等形式普及劳动保护理论和技术知识。

管理借鉴 9-2

京北公司的劳动保护

京北公司根据《北京市职工个人劳动保护用品发放、使用、管理办法》,在其员工手册中对劳动保护发放、使用、管理做了专门规定,要求发放劳动保护人员严格按照标准审批发放劳动保护用品,不能擅自扩大发放范围和提高发放标准;建立劳动保护用品实物收发账册,劳动保护用品按照规定的工种、岗位配备,每月 25 日前由单位提出申请,专业领导审查;人力资源部建立单位劳动保护用品台账,负责审批料单、登记、注明使用时间,按出勤人数审查发放范围后报物质供应部列采购和资金计划。采购部门必须保证劳动保护用品符合标准规定,必须有"产品合格证书"和"产品检验证",不经检验部门验收,不得采购和使用。并在井口有专人对员工穿戴工作服、胶鞋、灯带、胶壳帽等情况进行检查,不符合安全管理规定的,一律不让下井,杜绝不安全因素。同时对接触有毒有害工种工作的员工,公司除每年发放劳动保护用品外,每年还定期对员工进行健康查体,并建立健康查体档案,保证了矿井安全和员工身体健康。

讨论:人力资源管理部门应怎样配合企业其他部门做好劳动保护管理?

9.2.4 员工健康管理

员工健康管理是指通过企业自身或借助第三方的力量,应用现代医疗和信息技术从生理、心理角度对企业员工的健康状况进行跟踪、评估,系统维护企业员工的身心健康,降低医疗成本支出,提高企业整体生产效率的行为。做好这项工作,有利于提高组织绩效和企业生产力,可降低人才流失的风险,有助于形成可持续性的人力资本,为企业的可持续发展奠定良好的基础。

1. 营造尊重员工的文化氛围

员工健康管理应该建立在"以人为本"的企业文化基础之上。因此,要实施员工健康管理,必须先从企业文化着手。一是企业要树立人性化的管理理念,营造尊重员工、重视员工的文化氛围,塑造"以人为本"的企业形象。二是在具体的管理实践中,实行柔性管理和爱心管理,倾听员工需求,帮助员工进步,让员工参与决策等,使员工切实体验到受尊重的感觉,并找到归属感。

2. 完善企业的激励、沟通机制

通过完善企业的激励、沟通机制来解决员工的后顾之忧,扫清员工健康发展的障碍。关注员工个人发展,提供广阔的发展空间,完善职业晋升通道,给员工以动力和希望;提供有竞争力的薪酬和奖励制度,激励员工朝着积极、健康的方向迈进。同时,建立畅通的沟通渠道,让员工之间、上下级之间可以平等对话、互通信息、交流思想。积极举办各种形式的文化体育活动,舒缓工作压力,增强员工之间的情感交流,提高团队凝聚力。

同步实训9.2　日常事务管理认知

实训目的:加深学生对日常事务管理的认识。

实训安排:

(1) 学生可以调查本地区关于企业"五险一金"的规定。

(2) 分析并对比不同行业"五险一金"的缴纳情况及水平。

教师注意事项:

(1) 由生活事例导入对日常事务管理的认识。

(2) 提供一些不同社会行业的"五险一金"资料,供学生讨论。

(3) 参观企业或提供其他相应的学习资源。

资源(时间):1课时、参考书籍、案例、网页。

评价标准：

表 现 要 求	是否适用	已达要求	未达要求
小组活动中，外在表现（参与度、讨论发言积极程度）			
小组活动中，对概念的认识与把握的准确程度			
小组活动中，PPT 制作的艺术与美观程度			
小组活动中，文案制作的完整与适用程度			

9.3　劳动争议管理

任务提示：人力资源管理部门进行劳动争议管理的工作主要包括：劳动争议的预防；劳动争议的调解、仲裁与诉讼；员工沟通管理等。这些工作反映了在劳动关系存续期间，企业与员工双方因权利和义务出现的冲突。

重点难点：劳动争议解决的方式。

9.3.1　劳动争议的预防

面对日益增加的劳动争议，企业应建立以事前预防为主，以事中控制及事后补救为辅的劳动争议内部应对机制。一方面可以及时防范、化解因企业劳动争议可能导致的劳动关系、劳资矛盾等问题的激化或群体性事件，保障生产经营活动的正常顺利开展；另一方面在仲裁诉讼程序中可以最大限度地维护企业的利益。

重点名词 9-3

劳 动 争 议

劳动争议又称劳动纠纷或劳资纠纷，是指劳动关系双方当事人之间因劳动权利和义务而发生的争议。劳动争议当事人中，一方为劳动者，另一方为用人单位；劳动争议的内容是关于劳动权利和义务方面的内容。

1．加强劳动法的宣传教育

在企业内部，学习宣传劳动法，增强人们的法律意识。事实证明，许多劳动争议都是由于双方劳动法律意识淡漠造成的。增强法律意识可以提高员工和管理者遵纪守法的自觉性，从而减少劳动争议的发生。

2．加强合同管理，规范劳动关系

人力资源部门应加强合同管理，认真落实劳动合同的全面签订。逐一核查劳动合同的合法有效性和完备性。合同变更、解除，以及续订时，应及时履行必要的手续，并保存文字档案。

3．加强民主管理，创造良好工作环境

加强民主管理，建立职工参与或影响决策的管理机制，在企业内部创造有利的群体环境和交往气氛，创造良好工作条件。通过推行企业内部的调解制度，尽最大可能地将劳动争议的苗头扼杀在企业内部。

4. 做好员工关系管理

人力资源管理人员应清楚地了解员工的需求与愿望,进行良好的沟通是非常必要的。这种沟通应更多采用柔性的、激励性的、非强制的手段,从而提高员工满意度,支持组织其他管理目标的实现。

9.3.2 劳动争议的处理

劳动争议处理一般会经历调解、仲裁和诉讼程序,如图9-1所示。

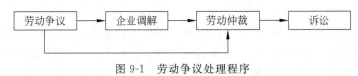

图 9-1　劳动争议处理程序

1. 企业调解

企业调解是指用人单位劳动争议调解委员会对申请调解的劳动争议案件,依法通过调解的方式进行处理。在查明事实、分清是非的情况下,通过说服、劝导和教育,促使当事人双方在平等协商、互谅互让的基础上自愿达成解决劳动争议的协议。企业调解一般包括以下程序,如图9-2所示。

图 9-2　劳动争议调解程序

2. 劳动争议仲裁

劳动争议仲裁是指劳动争议仲裁委员会对申请仲裁的劳动争议案件依法进行裁决的活动。劳动争议仲裁委员会是国家授权组成的专门机构,组成人员包括劳动行政部门代表、同级工会代表和用人单位代表。劳动争议仲裁一般包括以下程序,如图9-3所示。

图 9-3　劳动争议仲裁程序

3. 劳动争议诉讼

劳动争议诉讼是指发生劳动争议的当事人对仲裁裁决不服而向人民法院提起诉讼的请求,由人民法院按照司法程序对案件进行审理。

重要信息 9-6

劳动争议的类型

劳动争议可以分为以下类型。

(1) 根据劳动者一方当事人人数的多少,可以分为个人争议和集体争议。个人争议是指劳动者一方当事人人数在3人以下的劳动争议;集体争议是指劳动者一方当事人人数在3人以上且有共同理由的劳动争议。

(2) 从劳动争议标的性质来划分,可以分为权利争议和利益争议。权利争议是指对现行法律、法规、集体合同、劳动合同所规定的权利,在实施或解释上所发生的争议;利益争议是指在集体协商时双方为订立、续订或变更集体合同条款而产生的争议。

(3) 按争议事项划分,可以分为因开除、除名、辞退或辞职发生的争议,因工资分配发生的争议,因保险福利发生的争议,因劳动合同发生的争议等。

9.3.3 员工的沟通管理

为确保公司与员工的有效沟通和传递,构建和谐的劳动关系,企业应该建立多种多样的员工沟通渠道。

1. 设立员工接待日

企业应在一定时间设立员工接待日,所有员工均可自愿参加。接待人员由企业领导层、工会代表、人力资源部经理组成。劳动关系专员负责对员工接待情况(需求、意见和建议)进行记录,填写员工接待情况记录表。

2. 专题座谈会

企业可以就特定专题举行员工代表座谈会,广泛听取员工的意见。专题座谈会由企业领导主持,人力资源部负责记录,并撰写会议纪要。

3. 组织员工满意度调查

人力资源管理部门可以定期或不定期地组织员工满意度调查,以便发现问题,将劳动争议解决在萌芽状态。

重要信息 9-7

处理劳动争议的原则

劳动争议处理应遵循以下原则。

(1) 合法原则。合法原则是指企业劳动争议的处理机构在处理争议案件时,要以法律为准绳,并遵循有关法定程序。

(2) 公正和平等原则。公正和平等原则是指在企业劳动争议案件的处理过程中,应当公正、平等地对待双方当事人,处理程序和处理结果不得偏向任何一方。

(3) 调解原则。调解原则是指调解这种手段贯穿于企业劳动争议第三方参与处理的全过程。不仅企业调解委员会在处理企业劳动争议中的全部工作是调解,而且仲裁委员会和法院在处理企业劳动争议中也要先行调解,调解不成时,才会行使裁决或判决。

(4) 及时处理原则。及时处理原则是指企业劳动争议的处理机构在处理争议案件时,要在法律和有关规定要求的时间范围内对案件进行受理、审理和结案,无论是调解、仲裁还是诉讼,都不得违背时限方面的要求。

同步实训 9.3　劳动争议管理认知

实训目的:加深学生对劳动争议管理的认识。
实训安排:
(1) 学生可以查找一些劳动争议案例。

(2) 讨论分析劳动争议案例的解决过程。

教师注意事项：

(1) 由生活事例导入对劳动争议管理的认识。

(2) 提供一些不同社会行业的劳动争议案例资料，供学生讨论。

(3) 参观企业或提供其他相应的学习资源。

资源（时间）： 1课时、参考书籍、案例、网页。

评价标准：

表 现 要 求	是否适用	已达要求	未达要求
小组活动中，外在表现（参与度、讨论发言积极程度）			
小组活动中，对概念的认识与把握的准确程度			
小组活动中，PPT制作的艺术与美观程度			
小组活动中，文案制作的完整与适用程度			

小结

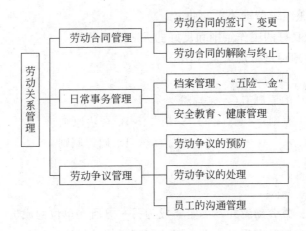

教学做一体化检测

重点名词

劳动关系　　劳动关系管理　　劳动争议

课堂讨论

1. 和谐劳动关系对于国家的意义。
2. 事实劳动关系的特征。
3. 劳动法体现了对劳动者的保护。
4. 劳动关系专员应该首先维护企业的利益。

5. 提高待遇就一定能够改善劳动关系。

课后自测

一、选择题

1. 员工劳动合同管理涉及的工作有（   ）。
   A. 合同的签订、变更、续签   B. 合同的解除与终止
   C. 集体合同管理   D. 事实劳动关系管理
2. 企业与劳动者签订专项协议主要体现为劳动合同之外的一些约束，主要有（   ）。
   A. 服务期限协议   B. 保守企业商业秘密协议
   C. 竞业禁止协议   D. 补充保险协议
   E. 培训协议   F. 岗位协议书
3. 劳动争议企业调解一般包括以下程序（   ）。
   A. 调解申请   B. 调解受理   C. 实施调解   D. 终止调解
4. 劳动争议仲裁一般包括以下程序（   ）。
   A. 仲裁申请   B. 仲裁受理   C. 仲裁审理   D. 仲裁裁决
5. 劳动关系管理的总体目标是（   ）。
   A. 缓解、调整组织劳动关系的冲突
   B. 创造组织良好的工作氛围和良好的人际关系环境
   C. 最大限度地促进劳动关系合作
   D. 提高组织管理效率
6. 处理劳动争议的原则有（   ）。
   A. 公平、公正原则   B. 合法原则
   C. 及时原则   D. 调解原则
   E. 仲裁原则

二、判断题

1. 劳动关系的一方劳动者并不一定要成为另一方所在单位的成员。   （   ）
2. 劳动关系的和谐是实现企业人力资源管理目标的保证。   （   ）
3. 劳动关系是现代社会最基本的社会关系。   （   ）
4. 劳动合同的内容分为约定内容和法定内容，约定内容不得违反法定内容。   （   ）
5. 劳动合同的订立应该遵循平等、自愿、协商一致和合法原则。   （   ）
6. 劳动争议产生的原因有忽视合同管理、企业规章不合理、人力资源管理人员缺乏预防劳动争议的知识和技术。   （   ）

三、简答题

1. 什么是劳动关系？
2. 为什么要重视劳动合同管理？
3. 劳动合同解除的情形有哪些？
4. 事务性管理工作有哪些？
5. 怎样做好员工沟通管理？

案例分析

福特公司的劳动关系管理

福特公司内部有一个"员工参与计划"。计划实施以来，员工投入感、合作性不断提高，公司上下能够相互沟通；领导者关心职工，也因此引发了职工对企业的"知遇之恩"，从而促进了企业发展。

一、尊重每一位职工

"尊重每一位职工"这个宗旨就像一条看不见的线，贯穿于福特公司的管理活动中。"生产率的提高，不在于什么奥秘，纯粹在于人们的忠诚，他们经过成效卓著的训练而产生的献身精神，他们对公司成就的认同感，用最简单的话来说，就在于职工及其领导人之间的那种充满人情味的关系。"

（一）要使职工真正感到自己是重要的

贝克经理在谈到自己对于职工的态度时说："我每次看到某个人的时候，都要一丝不苟地对待他们，使他们认识到自己的重要性。心不在焉只会给他们带来伤害。"所以他在与工人相处时，都以友好、平等的态度来倾听他们的谈话，帮助他们解决各种困难。这样一来，职工们会以更加高昂的士气去工作。

（二）要认真倾听职工意见

工作在装配线上的工人们，由于整天与生产线接触，因此往往比领导更熟悉生产情况，他们完全可能想到经理们所想不到的办法来提高劳动生产率。此时，领导是否能够倾听工人的意见便至关重要。

如果职工找你谈关于公司生产经营等方面的建议，或其他有关企业事宜，而被你拒绝，会使他（她）的自尊心受到伤害，使其对工作感到心灰意冷，最终影响企业劳动生产率。特别是青年人，往往会因为受到上级的责难怀恨在心而怠工，生产次品来进行报复。

（三）对每一位职工都要真诚相待，信而不疑

这与上面谈及的高层领导人员用人不疑、大胆放权如出一辙，人与人之间最宝贵的是真诚。只有建立在彼此推心置腹、真诚相待、信而不疑基础上的友谊，才能经得起考验。福特公司曾经向职工公开账目，这一做法使职工大为感动。实际上这种做法对职工来说无疑产生了一种强大的凝聚力，使职工从内心感到公司的盈亏与自身利益息息相关，公司的繁荣昌盛就是自己的荣誉，分享成功使他们士气旺盛，而且会激起他们奋起直追的感情。这就是坦诚关系的妙用。

二、全员参与生产与决策

全员参与生产与决策是福特公司在职工管理中最突出的一点。公司赋予了职工参与决策的权力，缩小了职工与管理者之间的距离，职工的独立性和自主性得到了尊重和发挥，积极性也随之高涨。"全员参与制度"的实施激发了职工潜力，为企业带来巨大的效益。"参与制"不仅在福特公司，而且在美国许多企业，以至于世界各地使用和发展着。实践证明：一旦劳动力参与管理，生产效率将成倍提高，企业的发展将会获得强大的原动力。

"参与制"的主要特征是将所有能够下放到基层的管理权限全部下放。对职工报以信任的态度并不断征求他们的意见。这使管理者无论遇到什么困难，都可以得到职工的广泛支

持。那种命令式的家长作风被完全排除。同时,这种职工参与管理制度,在某种程度上缓和了劳资间势不两立的矛盾冲突,改变了管理阶层与工人阶级泾渭分明的局面,大大减轻了企业的内耗。

阅读以上材料,回答问题:
1. 总结福特公司的劳动关系管理策略。
2. 对劳动关系管理策略,你还可以做哪些补充建议?

课程思政园地

劳动最神圣,也最光荣,劳动者也最尊贵。我国非常重视劳动者的权益保护,在立法、司法和行政等各个领域构建了一套完整的劳动者权益保护体系,打造和谐的劳动关系。

一、完善劳动标准体系

在我国,除法律特别规定并履行审批程序的以外,只有年满16周岁的人才能被称为劳动者。目前,我国已形成以《中华人民共和国劳动法》为主要载体,内容涉及工时、休息休假、工资、禁止使用童工、女职工和未成年工的特殊劳动保护、劳动定额、职业安全卫生等方面的劳动标准体系,并根据经济和社会发展不断调整和完善。《中华人民共和国劳动法》《中华人民共和国劳动合同法》《企业最低工资规定》《工资支付暂行规定》等法律规章,对规范工资分配行为做出了明确规定。

二、国家规定劳动者工作时间和法定休息日

我国法律法规规定,国家实行劳动者每日工作时间不超过8小时、平均每周工作时间不超过40小时的工时制度;用人单位应当保证劳动者每周至少休息一日,并且在元旦、春节、清明节、国际劳动节、国庆节和法律、法规规定的其他休假节日,依法安排劳动者休假。用人单位由于生产经营需要,经与工会和劳动者协商后可以延长工作时间。安排劳动者延长工作时间的,用人单位应当支付高于劳动者正常工作时间工资的工资报酬。同时,国家实行带薪年休假制度,劳动者连续工作一年以上的,享受带薪年休假。

三、法律明确规定劳动者享有的劳动权益

我国对劳动者权益的保护,以《中华人民共和国劳动法》和《中华人民共和国劳动合同法》为主要代表,规定了用人单位必须与劳动者签订劳动合同、劳动者可以要求订立无固定期劳动合同、用人单位不能随意以违约金条款限制劳动者辞职等内容。同时,《中华人民共和国劳动法》还规定了劳动者享有的劳动权益:平等就业和选择职业的权利;取得劳动报酬的权利、休息休假的权利;获得劳动安全卫生保护的权利;接受职业技能培训的权利;享受社会保险和福利的权利;提请劳动争议处理的权利;法律规定的其他劳动权利。

四、劳动监察切实保护劳动者权益

没有劳动监察,劳工立法就难以实施到位,劳动关系就难以实现和谐,企业就难以公平发展,社会就难以保持稳定。中华人民共和国建立后的一个时期内,在高度集中的计划经济体制下,劳动关系的建立、工资分配、保险福利等都由国家统一制定政策,通过自上而下的行政指令或行政计划来实施。改革开放以后,随着我国社会主义市场经济体制的逐步建立,我

国劳动关系出现重大的变化。2004年我国公布《劳动保障监察条例》,明确了劳动监察的职责和内容,强化了监察的执法手段。之后《中华人民共和国劳动合同法》的颁布,进一步确立了劳动监察的法律地位,劳动者的劳动权、休息权、健康权、劳动报酬权、社会保障权得到了很好的维护和发展。

思考:
1. 我国劳动者权益保护体系包括哪些方面?
2. 劳动者权益保护与社会稳定之间的关系如何?

学生自我工作总结

通过完成任务9,我能够作如下总结。

一、主要知识

完成本任务需了解的主要知识点有:
1.
2.

二、主要技能

完成本任务需掌握的主要技能有:
1.
2.

三、主要原理

完成本任务涉及的管理原理有:
1.
2.

四、相关知识与技能

本任务的完成过程:
1. 劳动合同管理的主要工作是:
2. 日常事务管理包括:
3. 劳动争议解决的途径是:

五、成果检验

本任务的成果：
1. 完成本任务的意义有：
2. 学到的知识与技能有：
3. 自悟的知识与技能有：
4. 你认为劳动者权益保护工作的意义是：

任务10 职业生涯管理

 学习目标

1. 知识目标
- 能认识职业生涯的含义。
- 能认识职业生涯管理的含义。
- 能认识职业生涯规划的含义。

2. 能力目标
- 能认识职业生涯规划的意义。
- 能举例说明职业生涯管理的作用。
- 能够对职业生涯管理有整体的认识。

3. 课程思政
- 树立崇高的职业理想。
- 培养良好的职业态度。
- 养成良好的工作作风。

 任务解析

根据人力资源管理职业工作活动顺序和职业教育学习规律,"职业生涯管理"任务可以分解为以下子任务。

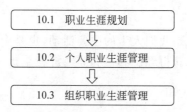

 管理故事

让我们带着轻松的心态说一个严肃的话题:新生活从选定方向开始。

比塞尔是西撒哈拉沙漠中的一个小村庄,它靠在一块1.5平方公里的绿洲旁,可是在肯·莱文1926年发现它之前,这儿的人没有一个走出过大沙漠。肯·莱文作为英国皇家学院的院士,当然不相信这种说法。他用手语向这儿的人问其原因,结果每个人的回答都是一样的:从这儿无论朝哪个方向走,最后还是要转回这个地方来。为了证实这种说法的真伪,他做了一个实验,从比塞尔向北走,结果三天半就走出来了。

比塞尔人为什么走不出来呢?肯·莱文非常纳闷,最后他只得雇一个比塞尔人,让他带路,看看到底如何。他们带了半个月的水,牵上两匹骆驼,肯·莱文收起指南针等现代化设备,只拿一根木棍跟在后面。10天过去了,他们走了数百英里的路程,第11天的早晨,一块绿洲出现在眼前。他们果然又回到了比塞尔。这一次肯·莱文终于明白了,比塞尔人之所以走不出沙漠,是因为他们根本不认识北斗星。

管理感悟:如果没有目标,人生将会怎样?职业生涯规划也是如此。目标,像分水岭一样,轻而易举地把资质相似的人们分成为少数的精英和多数的平庸之辈。前者主宰了自己的命运,后者随波逐流,默默一生。

10.1 职业生涯规划

任务提示:人力资源管理部门进行职业生涯管理的事务性工作比较抽象,作为一种职业学习,首先应该认知职业及职业生涯。在此基础上,理解职业生涯规划与管理的意义。

重点难点:职业生涯规划的内容。

职业生涯管理是现代企业人力资源管理的重要工作内容,是企业帮助员工制定职业生涯规划和帮助其职业生涯发展的一系列活动。职业生涯管理应看作竭力满足管理者、员工、企业三者需要的一个动态过程。

10.1.1 职业的认知

社会分工是职业分类的依据。在分工体系的每一个环节上,劳动对象、劳动工具以及劳动的支出形式都各有特殊性,这种特殊性决定了各种职业之间的区别。

1. 职业的解读

在"任务2"中,我们曾提及"职业"一词。职业是参与社会分工,利用专门的知识和技能,为社会创造物质财富和精神财富,获取合理报酬,作为物质生活来源,并满足精神需求的工作。职业在社会历史上早已存在,与个人无关。如农、工、商、教育、法律、医护等。

2. 职业的功用

对于我们个人来讲,职业是我们人生的主要活动,也是个人发挥才能的手段,并通过这种途径为社会作出贡献,以此获得经济利益和非经济利益。

10.1.2 职业生涯的认知

"生涯"一词,具有人生经历、生活道路和职业、专业、事业的含义。在人的一生中,从事职业活动的成年阶段应该算是最为重要的,这一阶段可以说是人生全部生活的主体。

重点名词 10-1

职业生涯

职业生涯又称职业发展,既指一个人在其一生中遵循一定的道路(或途径)从事工作的经历和历程,也是指与工作相关的活动、行为、价值、愿望等方方面面的综合。

1. 职业生涯的解读

职业生涯有广义和狭义之分。广义的职业生涯,是指一个人一生中的所有与工作相联系的行为与活动,相关的态度、价值观、愿望等连续性经历的过程。这种过程的上限是出生,其下限是丧失劳动能力。狭义的职业生涯,是指直接从事职业工作的这段时间,也就是就职的这段时间。

2. 职业生涯的功用

职业生涯是一个动态的过程,是指一个人一生在职业岗位上所度过的、与工作活动相关的连续经历,并不包含在职业上成功与失败或进步快与慢的含义。职业生涯是人一生中最重要的历程,是追求自我、实现自我的重要人生阶段,对人生价值起着决定性作用。也就是说,不论职位高低,不论成功与否,每个工作着的人都有自己的职业生涯。

重要信息 10-1

职业生涯阶段

职业生涯发展一般要经历四个阶段:探索期、创业期、维持期、衰退期。在不同的阶段,人们关注的职业问题不同,对职业的了解和偏好也不相同。

(1) 探索期(16～24岁),主要是职业学习。在这个阶段,个人关注的主要问题是:进行职业发展需要的知识、技能学习;对自己的能力、职业兴趣的实际了解;寻找与自己性格和爱好相匹配的职业。

(2) 创业期(22～45岁),个人经过不断打拼找到合适的职业,然后长期执着于本职工作,不断检验自己对职业选择的期望和本身的能力。

(3) 维持期(45～60岁),个人通常已在工作领域中找到定位,并且尽力维持此定位;除担负更多的职责外,还要培养下属人员。

(4) 衰退期(60岁以后),这是个人职业生涯晚期,个人会面临权力和责任的缩减,直至退出职业生活。

10.1.3 职业生涯规划的认知

一个人参加工作之后,应该综合考虑自己的需求、能力、兴趣、性格、气质等因素,以确定什么样的职业比较适合自己和自己具备哪些能力,再结合企业的实际情况,为自己的成长做出长远的设计。

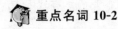

重点名词 10-2

职业生涯规划

职业生涯规划又叫职业生涯设计,是指个人与组织相结合,在对一个人职业生涯的主客观条件进行测定、分析、总结的基础上,对自己的兴趣、爱好、能力、特点进行综合分析,结合时代特点,根据自己的职业倾向,确定其最佳的职业奋斗目标,并为实现这一目标做出行之有效的安排。

职业生涯规划既包括个人对自己进行的个体生涯规划,也包括企业对员工进行的职业规划管理体系。职业生涯规划不仅可以使个人在职业起步阶段成功就业,也能使个人在职业发展阶段走出困惑,到达成功的彼岸;对于企业来说,良好的职业生涯管理体系可以充分发挥员工的潜能,给优秀员工一个明确而具体的职业发展引导,从人力资本增值的角度达成企业价值最大化。

职业生涯规划按照期限可以划分为短期规划、中期规划和长期规划。短期规划,为三年以内的规划,主要是确定近期目标,规划近期完成的任务;中期规划,一般为三至五年,规划三至五年内的目标与任务;长期规划,其规划时间是五至十年,主要设定较长远的目标。

员工进入企业,通过实际工作与学习,逐渐积累了丰富的经验,能够较为清晰地确定自己的才干和长期贡献区,即选定了职业锚,为后期工作奠定了坚实的基础。

重点名词 10-3

职 业 锚

职业锚是指新员工在早期工作中逐渐对自我加以认识,发展出的更加清晰全面的职业定位。职业锚是个人能力、动机和价值观三方面的相互作用与整合,是其职业活动中追求的价值观。其大致可分为技术型、管理型、安全稳定型、自主独立型和创造型。

重要信息 10-2

职业生涯规划对于企业的意义

(1) 职业生涯规划能够促进员工成长。企业通过对一个人职业生涯的主客观因素进行分析、总结和测定,可以发现其所具有的潜质、优点和缺点,在此基础上,通过学习和实践,充分发挥个人的长处,努力克服弱项,挖掘潜在的能力,使之成为有用人才。

(2) 职业生涯规划能够促进企业有效开发人才。随着知识经济时代的到来,知识已成为社会的主体,而掌握和创造这些知识的恰恰就是人。现代许多管理学家认为,早期的传统产品属"集成资源",而未来的产品则属"集成知识",企业应更加注重人的智慧、技艺和能力的提高与全面开发。企业通过员工职业生涯开发与管理,使人尽其才,才尽其用,是资源合理配置的首要问题。

(3) 职业生涯规划能够帮助企业留住人才。任何成功的企业,成功的根本原因是拥有高素质的企业家和高素质的员工。通过企业员工职业生涯开发与管理,努力提供人才施展才能的舞台,实现人才的自我价值,是留住人才、凝聚人才的根本保证,也是企业长盛不衰的组织保证。一旦人的才能和潜力得到充分发挥,人才资源不虚耗与浪费,企业的生存成长就有了取之不尽、用之不竭的源泉。

管理借鉴 10-1

3M 公司的员工生涯促进

3M 公司在职业生涯管理方面也做出了很好的典范。每年年末,3M 公司的员工都会收到一份员工工作单,员工需要在工作单上填入自己对现在工作内容的态度,指出明年的四五个主要进取方向和期待值。同时,这份工作单还包括一个岗位改进计划和一个职业生涯开发计划。然后直接主管会与员工一起分析这份工作单,就工作内容、主要进取领域和期待值以及明年的发展过程达成一致意见。在第二年工作中,这份工作单可以根据具体需要进行修改。年底时,主管根据以前确定的业绩内容及进取方向进行业绩评估。绩效评估与发展过程促进了3M公司主管与员工之间的交流,比如定期召开业绩讨论会议,鼓励员工根据需要主动与主管进行非正式的面谈。通过绩效面谈,员工的业绩大大改善,员工满意度也大大提升。

讨论:职业生涯促进对员工培养的意义。

10.1.4 职业生涯管理的认知

职业生涯管理,对企业来说,是帮助员工找到个人目标和组织发展机会的结合点,为员工提供心理上的满足,优化配置企业的人力资源;对个人来说,是围绕自己的工作制定发展目标,并通过有效的方法和手段去逐步实现目标。

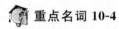

重点名词 10-4

职业生涯管理

职业生涯管理是指企业帮助员工进行职业生涯设计、规划、开发、评估和修正等一系列综合性的活动。通常所说的职业生涯管理主要包括两种:组织职业生涯管理和自我职业生涯管理。

1. 职业生涯管理解读

职业生涯管理主要用于帮助和促进组织内正从事某类职业活动的员工实现其职业发展目标的一系列过程,是企业人力资源管理的重要工作之一。其目的是通过员工和组织的共同努力与合作,使每个员工的工作目标与组织发展目标相一致,达到员工的发展与组织的发展相协调。职业生涯管理包括以下两个方面的内容:①员工的职业生涯的自我管理。有效的自我管理是其职业生涯成功的关键。②组织协助员工规划其生涯发展,并为员工提供必要的学习、培训、岗位轮换等发展的机会,促使员工职业生涯目标的实现。

2. 职业生涯管理的任务

职业生涯管理的任务主要包括:①帮助员工开展职业生涯规划与开发工作。企业为员工提供工作分析资料、工作描述、经营理念、人力资源开发策略等,帮助员工设定自我发展目标与开发计划。②确定组织发展目标与组织职业需求规划。根据组织的现状、发展趋势与发展规划,明确组织的发展目标,来确定不同时期组织的职业发展规划与职位需求。③开展与职业生涯管理相结合的绩效评估工作。利用组织相关资料,通过绩效评估使组织发展目标与方向相一致,为晋升优秀员工提供职业生涯发展路径。④职业生涯发展评估。组织应当协调员工发展职业生涯目标,并对其进行科学评估,找出员工的优缺点及组织的优劣势,分析员工职业生涯发展的可行性。⑤工作与职业生涯的调适。根据绩效、生涯发展的评估结果,对员工的工作或职业生涯目标做出适当的调整,使员工的工作、生活与目标相契合。

重要信息 10-3

职业生涯管理的特征

(1) 职业生涯管理是组织与员工双方的责任。在职业生涯管理中,组织和员工都必须承担一定的责任,只有双方共同合作才能完成职业生涯管理。从员工的角度来看,个人职业生涯规划必须由个人决定,必须结合自己的性格、兴趣和特长进行设计。而组织在进行职业生涯管理时所应考虑的因素主要是组织的整体目标,以及所有组织成员的整体职业生涯发展。

(2) 职业生涯管理是一种信息管理。在职业生涯管理中,员工个人需要了解和掌握有关组织各方面的信息,如组织的发展战略、经营理念、人力资源的供求情况、职位的空缺与晋升情况等;组织也需要全面掌握员工的情况,如员工的性格、兴趣、特长、潜能、情绪及价值观等。这就要求对管理信息不断进行维护和更新,以保证信息的时效性。

(3) 职业生涯管理是一种动态管理。员工的职业生涯是一个动态发展的过程。在职业生涯的不同阶段及组织发展的不同阶段,每一个组织成员的发展特征、发展任务及应注意的问题都是不同的。由于每一阶段都有其各自的特点、各自的目标和各自的发展重点,因此对每一个发展阶段的管理也应有所不同。随着决定职业生涯的主客观条件的变化,组织成员的职业生涯规划和发展也会发生相应的变化,因此职业生涯管理的侧重点也应有所不同,以适应情况的变化。

管理借鉴 10-2

惠普公司的员工生涯管理

美国惠普是世界知名的高科技大型企业,被称为"惠普之道"的独特而有效的管理模式为人所称道。在员工职业生涯管理中,惠普公司帮每位员工制订令他们满足的、有针对性的职业发展计划。公司从哈佛 MBA 班的职业发展课里找到六种工具:①一份书面的自我访谈记录;②一套个人兴趣调查问卷;③一份价值观问卷;④一篇 24 小时活动日记;⑤对另两位"重要人物"(指跟他们的关系对自己有较重要意义的人)的访谈记录;⑥生活方式描述。让每位参加者收集有关自己的资料,分别得出初步结论。这些信息便可供高层领导用来制定每位参加者的职业发展目标,部门经理就可据此帮助他的部下绘制出其在本公司内发展升迁的路径图。

讨论:通过这六种工具,企业能够得到什么信息?

同步实训 10.1　职业与职业生涯规划认知

实训目的:加深学生对职业生涯规划的认识。

实训安排:

(1) 学生讨论职业的含义,并展望自己未来的职业。

(2) 讨论分析自己所期待的职业规划应该是怎样的。

教师注意事项：
（1）由生活事例导入对职业生涯规划的认识。
（2）提供一些不同社会行业职业生涯规划资料，供学生讨论。
（3）参观企业或提供其他相应的学习资源。

资源（时间）：1课时、参考书籍、案例、网页。

评价标准：

表现要求	是否适用	已达要求	未达要求
小组活动中，外在表现(参与度、讨论发言积极程度)			
小组活动中，对概念的认识与把握的准确程度			
小组活动中，PPT制作的艺术与美观程度			
小组活动中，文案制作的完整与适用程度			

10.2 个人职业生涯管理

任务提示：从员工的角度，做好个人职业生涯管理的具体工作包括自我分析、生涯机会评估、目标设定、路线选择、评估与调整等。系统地认识这一工作，并理解这一工作的影响因素是做好这一工作的前提。

重点难点：个人职业生涯的设计。

个人职业生涯管理以实现个人发展的成就最大化为目的，通过个人爱好、能力和个人发展目标的有效治理实现个人的发展愿望，即在组织环境下，由员工自己主动实施的，用于提升个人竞争力的一系列方法和措施。个人职业生涯管理主要包括自我分析、生涯机会评估、目标设定、路线选择、评估与调整等。

10.2.1 自我分析

在设计职业生涯时，首先要确立志向，这是设计职业生涯的关键，也是设计职业生涯中最为重要的一步。在此基础上，员工应认真进行自我分析。自我分析是对自己的各方面进行分析评价，包括对自己的人生观、价值观、受教育水平、职业锚、兴趣、特长、性格、技能、智商、情商、思维方式、思维方法等进行分析评价，达到全面认识自己、了解自己的目的。

管理借鉴 10-3

兴趣与职业

小李是应届毕业生，学的专业是市场营销。但是他对计算机编程特别感兴趣，所以一直想找这方面的工作。可是因为专业不对口，也没有相关的工作经验，因此找工作频频碰壁。

其实小王在进行职业选择时，忽略了一点：兴趣并不是职业选择的唯一依据。职业选择应该综合考虑个人以及社会环境等因素。这里的个人因素包括个人的性格、兴趣以及能力等。社会环境是社会的就业状况、劳动力需求等。这些因素决定或者影响着个人的就业选择。例如，销售人员更强调外向的性格和与人沟通协调的技巧。而研发人员则要求有扎实的知识和严谨认真的工作态度。在进行职业选择时还必须从社会需要出发，原因不言而喻。如果社会不需要,则根本谈不上职业选择,更谈不上职业生涯规划。所以,如果个人能够选择一个能满足自己最大兴趣,发挥自己最佳才能,适合自己最优性格,同时满足社会需求的职业,这样的职业选择无疑是成功的。

讨论:自我分析与职业规划的关系。

10.2.2 职业生涯机会评估

职业生涯机会评估,主要是评估各种环境因素对自己职业生涯发展的影响。环境因素包括组织环境、政治环境和经济环境等。在设计个人职业生涯时,应分析环境发展的变化情况、环境条件的特点、自己与环境的关系等,只有充分了解这些环境因素,才能做到在复杂的环境中趋利避害,使设计的职业生涯切实可行、具有实际意义。

10.2.3 目标设定

在职业选择基础上确定发展目标。职业选择正确与否直接关系到人生事业的成败。员工可以与上级主管针对目标进行讨论,并确定短期与长期职业目标。这些目标与员工的期望职位、应用技能水平、工作设定、技能获得等方面紧密联系。

管理借鉴 10-4

目标与职业

1984 年,在东京国际马拉松邀请赛中,名不见经传的选手山田本一出人意料地夺得了世界冠军,当记者问他凭什么取得如此惊人的成绩时,他说了这么一句话:"凭智慧战胜对手。"两年后,在意大利国际马拉松邀请赛上,山田本一又获得了冠军。有记者问他:"上次在你的国家比赛,你获得了世界冠军,这一次远征米兰,又压倒所有的对手取得第一名,你能谈一谈经验吗?"山田本一性情木讷,不善言谈,回答记者的仍是上次那句让人摸不着头脑的话:"用智慧战胜对手。"

十年后,这个谜团终于被解开了,山田本一在他的自传中这么说:"每次比赛之前,我都要乘车把比赛的线路仔细看一遍,并把沿途比较醒目的标志画下来,比如第一个标志是银行,第二个标志是一棵大树,第三个标志是一座红房子,这样一直画到赛程的终点。比赛开始后,我就以百米冲刺的速度奋力向第一个目标冲去,等到达第一个目标,我又以同样的速度向第二个目标冲去。四十几公里的赛程,就被我分解成这么几个小目标轻松地跑完了。起初,我并不懂这样的道理,我把我的目标定在四十几公里处的终点线上,结果我跑到十几公里时就疲惫不堪了,我被前面那段遥远的路程给吓倒了。"

山田本一说的不是假话,心理学家得出了这样的结论:当人们的行动有了明确的目标,并能把自己的行动与目标不断加以对照,进而清楚地知道自己的行进速度和与目标之间的距离时,人们行动的动机就会得到维持和加强,就会自觉地克服一切困难,努力达到目标。

讨论:职业规划中目标确立的意义。

10.2.4 路线选择

确定职业和职业发展目标后,就面临着职业生涯路线的选择。在设计职业生涯时必须做出抉择,以便为自己的学习、工作及各种行动措施指明方向,使职业沿着预定的路径即预先设计的职业生涯发展。

职业生涯路线的选择通常要考虑向哪条路线发展、能往哪条路线发展和哪条路线可以发展三个问题。对这三个问题要综合分析,才能确定自己的最佳职业生涯路线。确定职业生涯目标和职业生涯路线后,应开始制定具体措施,编写职业生涯设计书,包括工作、训练、教育、轮岗等方面的措施。这些计划要特别具体,以便于定时检查。

10.2.5 评估与调整

面对瞬息万变的社会大环境,要使职业生涯设计行之有效,就必须不断地对职业生涯设计进行评估与调整。其调整的内容侧重于职业的重新选择、职业生涯路线的选择、人生目标的修正及实施措施与计划的变更等。

同步实训 10.2　个人职业生涯管理认知

实训目的:加深学生对个人职业生涯管理的认识。

实训安排:

(1) 学生可以尝试进行自我职业生涯规划。

(2) 讨论分析个人职业生涯管理形成的过程。

教师注意事项:

(1) 由生活事例导入对个人职业生涯管理的认识。

(2) 提供一些不同社会行业个人职业生涯管理案例资料,供学生讨论。

(3) 参观企业或提供其他相应的学习资源。

资源(时间):1课时、参考书籍、案例、网页。

评价标准:

表 现 要 求	是否适用	已达要求	未达要求
小组活动中,外在表现(参与度、讨论发言积极程度)			
小组活动中,对概念的认识与把握的准确程度			
小组活动中,PPT制作的艺术与美观程度			
小组活动中,文案制作的完整与适用程度			

10.3　组织职业生涯管理

任务提示:从组织的角度,对员工职业生涯进行管理主要包括:确立管理目标和计划,组建管理小组,开展职业生涯管理宣讲,构建员工职业发展通道,实施员工培训与评估。

重点难点:组织职业生涯管理设计。

组织职业生涯管理是指企业从员工个人的职业发展需求出发,有意识地将之与企业组织的人力资源需求和规划相联系、相协调、相匹配,为员工的职业提供不断成长和发展的机会,为员工职业生涯发展的实施提供各种政策措施和活动,以最大限度地调动员工的工作积极性。

组织职业生涯管理主要包括:确立管理目标和计划,组建员工职业生涯管理小组,开展职业生涯管理宣讲,构建员工职业发展通道,实施员工培训与评估。

10.3.1 确立管理目标和计划

组织职业生涯管理的第一步是确立管理目标和计划。第一,要分析企业发展战略和人力资源规划,从中发现企业未来的人力资源管理需求;第二,评估企业现有的人力资源管理状况,了解企业现有的实际情况。在此基础上,企业就可为员工职业生涯管理确定一个合理的目标。在确定了员工职业生涯管理目标之后,还需要制订此项工作的计划。制订计划主要是对员工职业生涯管理的整个流程从任务上、时间上、方法上、宏观层面和微观层面上进行总体规划,如在哪一具体时间段开展什么工作以及由谁来做,做的具体效果要达到什么水平和层次等细节问题。

10.3.2 组建员工职业生涯管理小组

员工职业生涯管理工作是一项跨部门、跨领域的工作,需要组建一个跨部门、跨领域的团队来负责员工职业生涯管理工作的有序推进。企业的人力资源部负责人应当在这个小组中发挥主导和协调的作用,各用人部门负责人应该发挥协调作用,员工代表要充当及时反馈信息的角色。

重要信息 10-4

如何做好组织职业生涯管理

(1) 对新员工的职业生涯管理。实践证明,企业能够做的重要事情之一就是争取做到为新员工提供的第一份工作具有符合这个人最初的意愿和带有挑战性的特点。在一项以某公司年轻管理人员为对象的调研和评价中发现,这些人在公司的第一年所承担的工作越富有挑战性,他们的工作也就显得越有效率、越容易达到要求完成的目标,即使是在成长阶段后期,这种情况依然存在。

(2) 对中期员工的职业生涯管理。提拔晋升员工,使其从职位晋升图中清晰地找到个人发展的路向。职业道路畅通,能够让有培养前途、有作为的员工努力去争取。所谓有前途和看到希望才是留住人才的最大吸引力。同时,安排富有挑战性的工作和以轮换岗位的方式让其保持新鲜感,或者安排探索性的职业工作。对于处于职业中期的员工,这是一种很实在而有效的方法。

(3) 对老年员工的职业生涯管理。到职业后期阶段,员工退休问题必然提到议事日程上。应主要考虑如何让这些员工发挥最大的"余热"。

10.3.3 开展职业生涯管理宣讲

职业生涯管理宣讲可以分两个层次来进行,第一个层次是对员工职业生涯管理小组成员的宣讲。他们对职业生涯管理的认知程度,对相关技术和方法的掌握程度直接决定了整项工作的最终效果。第二个层次是对员工群体的宣讲。员工职业生涯管理工作能否得到有效推进,在很大程度上取决于员工对职业生涯管理的认识以及他们的配合程度。此外,还可以组织员工面谈,促进员工开展自我认知,全面评估自身的过去、现在和未来,自身具备什么样的兴趣和爱好,自己对未来的职业有哪些规划等。

10.3.4 构建员工职业发展通道

在掌握员工相关信息的基础上,企业就要开展职业生涯规划路线设计工作。第一,研究员工信息,找准员工的职业倾向;第二,企业根据员工的职业倾向设计职业路径。如为有技术倾向的员工设计一条技术发展的路线,明确他什么时候轮岗,达到怎样的能力后实现晋升,将来的目标职位是什么等。

重点名词 10-5

职 业 路 径

职业路径是指组织为内部员工设计的自我认知、成长和晋升的管理方案。职业路径在帮员工了解自我的同时,使组织掌握员工的职业需要,以便排除障碍,帮助员工满足需要。

重要信息 10-5

员工职业发展通道

员工职业发展通道主要分为三大类型。第一类是纵向职业发展通道,亦即职位上的晋升,这一类通道多用于管理人员职业的发展,如从主管到经理再上升到总监就是一条典型的纵向型职业发展通道。第二类是横向职业发展通道。这就是传统意义上的轮岗和非行政级别的职业发展,这一类职业发展通道多用于技术性人员的职业发展。横向职业发展通道主要包括丰富工作内容和岗位轮换两种方式,其对于在组织结构日趋扁平化的趋势下,如何丰富员工的工作内容,实现员工的职业成长具有重要的借鉴意义。第三类是双阶梯职业发展通道。双阶梯职业发展通道是指设计多条平等的晋升通道,满足各种类型员工的职业发展需求。双阶梯职业发展通道的一个重要标志就是职级上升,但行政级别并不变更。

10.3.5 实施员工培养与评估

完成了职业生涯规划路线和职业发展通道的构建工作后,企业就需要实施人才培养与评估。在职业生涯导向的人力资源管理中,培训不仅要根据当前时期岗位对现职者的要求,也要根据下一时期岗位对未来任职者的要求来进行,这种"生涯导向"的培训也被称为"发展性培训"。

通过有针对性的教育与培训促进其职业生涯规划的实现,促进员工的职业发展。

在完成上述工作之后,企业就需要对其管理效果展开评估,一方面审视其中存在的问题并及时予以更正,从而确保职业生涯管理目标的实现;另一方面要总结和积累经验,为下一轮职业生涯管理工作的开展提供科学的依据。评估可以从是否达到个人或组织目标、所完成的活动、绩效指标变化和员工态度或知觉到的心理变化等方面进行。

重要信息 10-6

组织职业生涯管理的意义

组织职业生涯管理具有以下两方面的意义。

(1) 对企业组织的意义。一是可帮助企业了解其员工的不同个性和职业需求等信息，盘点企业的人才资源及知识、技能存量，储备了人才，在需要时可有效、充分地利用本企业的人力资源。二是可帮助组织了解员工的现状、需求、能力及目标，调和其同企业在现实和未来可提供的职业机会与挑战之间的矛盾，动态提高人力资源配置的合理性。三是职业生涯管理能深层次地激励员工，持久、内在地调动员工的积极性和潜能，并培养员工对组织的忠诚感、归属感。四是使员工与企业间建立长期的"心理契约"，增加了现有员工队伍的稳定性。五是职业生涯的有关开发和管理活动，优化了劳动力技能，提升了企业人力资源的竞争力，也就提升了企业的竞争力，使组织获得持续发展。

(2) 对员工个人的意义。一是这种管理包含着"开发"的意义，通过培训、轮岗等活动可有效提高员工的技能和素质，可使员工实现自我价值的不断提升和超越，心理成就感的追求得到满足。二是可增强员工对自身和职业环境、职业机会的把握能力，更加顺利地实现职业发展。通过开展职业生涯规划、咨询、测评等工作，可使员工更加清楚、了解自身的长处和短处及适合的职业发展方向。三是可帮助员工协调好职业生活与家庭生活的关系，更好地实现人生目标。职业生涯管理将员工的职业生涯发展置于其总生命空间中去考虑，即综合考虑职业生活同个人事务、婚姻家庭等其他生活目标的平衡，帮助员工克服或避免顾此失彼、左右为难的困境。

同步实训 10.3　组织职业生涯管理认知

实训目的：加深学生对组织职业生涯管理的认识。

实训安排：

(1) 组织学生分析"中国民企不超 30 年"这句话的含义。

(2) 讨论分析解决这一现象的办法。

教师注意事项：

(1) 由生活事例导入对组织职业生涯管理的认识。

(2) 提供一些不同社会行业职业生涯管理资料，供学生讨论。

(3) 参观企业或提供其他相应的学习资源。

资源(时间)：1 课时、参考书籍、案例、网页。

评价标准：

表现要求	是否适用	已达要求	未达要求
小组活动中，外在表现(参与度、讨论发言积极程度)			
小组活动中，对概念的认识与把握的准确程度			
小组活动中，PPT 制作的艺术与美观程度			
小组活动中，文案制作的完整与适用程度			

小结

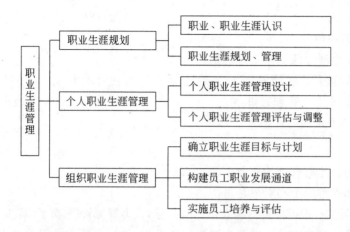

教学做一体化检测

重点名词

职业生涯　职业生涯规划　职业锚　职业　路径

课堂讨论

1. 职业的功用。
2. 职业生涯规划对一个人成长的意义。
3. 自己入学以来初步确立的职业定位。
4. 自己感兴趣的职业。
5. 个人职业生涯规划的影响因素。

课后自测

一、选择题

1. 职业生涯发展一般要经历四个阶段（　　）。
   A. 探索期　　　　B. 创业期　　　　C. 维持期
   D. 衰退期　　　　E. 失败期

2. 职业锚是指新员工在早期工作中逐渐对自我加以认识，发展出的更加清晰全面的职业定位。大致可分为（　　）。
   A. 技术型　　　　B. 管理型　　　　C. 安全稳定型
   D. 自主独立型　　E. 创造型

3. 职业生涯管理主要包括（　　）。
   A. 组织职业生涯管理　　　　　　B. 自我职业生涯管理

C. 政府管理　　　　　　　　　　D. 行业管理
4. 个人职业生涯管理工作主要包括（　　）。
　　A. 自我分析　　　　　　　　　　B. 职业生涯机会评估
　　C. 目标设定　　　　　　　　　　D. 路线选择
　　E. 评估与调整
5. 组织职业生涯管理工作主要包括（　　）。
　　A. 确立管理目标和计划　　　　　B. 组建管理小组
　　C. 开展职业生涯管理宣讲　　　　D. 构建员工职业发展通道
　　E. 实施员工培训与评估

二、判断题

1. 只有成功者才有自己的职业生涯。　　　　　　　　　　　　　　　　（　　）
2. 职业生涯管理的中心对象是员工。　　　　　　　　　　　　　　　　（　　）
3. 企业中，员工一般可以自行确立自己的目标，人力资源管理部门不需要干涉。（　　）
4. 企业如果不能提供员工职业生涯规划的条件，会造成优秀员工的流失。（　　）
5. 职业生涯规划就是将高薪职位定为目标。　　　　　　　　　　　　　（　　）
6. 只有充分了解环境因素，才能做到在复杂的环境中趋利避害，使设计的职业生涯切实可行、具有实际意义。　　　　　　　　　　　　　　　　　　　　　　（　　）

三、简答题

1. 职业生涯规划对于企业有何重要意义？
2. 职业生涯管理的特征有哪些？
3. 如何做好组织职业生涯管理？
4. 员工职业发展通道有哪些？
5. 组织职业生涯管理的意义有哪些？

案例分析

截然不同的职业生涯

　　张明是某重点大学金融系的高才生，大学一毕业就在一家大型企业找到了令同学们羡慕的工作。对这份工作，张明自己也很满意，不仅专业对口，收入也很理想。张明开始了自己的职业生涯。转眼两年过去了，张明对自己的工作也早已应对自如。他每天都按部就班地完成分给自己的任务，尽量不主动参与分外的事。五年后，张明坐上了主管的位置。他开始专心经营自己的小家庭。不知不觉到了40岁，张明的职位再也没有得到提升。

　　这时意想不到的事情发生了。张明所在的公司突然被另一家竞争对手收购，接着就是机构重组。张明和其他一些老同事被列入待安置的名单。后来因为另一名主管不满意新的职位安排辞了职，张明才算保住了自己的饭碗。这一系列的变化让他实在难以接受，他抱怨公司没有人性，抱怨社会变化太快，他就这样一边抱怨一边工作，直到退休。退休那天，张明很失落，他想起自己20岁时曾梦想做一名优秀的财务经理，他不知道自己是从什么时候、怎样丢掉这一梦想的。可现在他知道什么都晚了。

　　王亮是一所走读大学机械系的毕业生，一没有当地户口，二没有名牌大学的学历，毕业后一直没有找到满意的工作。为了生存,王亮到朋友开的一家小公司帮忙做网页设计。虽然收入微薄,但他非常投入,一干就是两年。这使他的朋友很感动,于是推荐他去一家跨国公司应聘,成功被录用。新工作的职位是管理见习员,收入也不高,但王亮非常珍惜这个机会,全身心地投入工作。一年后,他完成了各部门的实习,被分配到设备保管部做技术员。因成绩突出,三年后他又被提为主管工程师。后来公司全面推行六西格玛管理,他被评选为项目推动小组成员,并接受专业的绿带资格培训,在项目组又做了三年。这种工作经历大幅提高了他的能力,开阔了他的眼界。公司在南方成立分公司的时候,他被提升为华南区总经理。40岁那年,他又被提升为公司中国区总经理,举家迁到北京。十年后,他成了集团亚洲区副总裁,一直干到退休。

离开公司后,王亮并不清闲,因为公司聘任他为高级顾问,他还是公司董事局成员,还有很多高校请他去做讲座。学生们向他请教成功的秘诀,他说:"其实成功没有什么秘诀,如果有也是一些众所周知的法则。我个人成功主要有两个法则:一个是态度,另一个是目标。我把它叫作个人使命。"

他对大学生们的忠告是:20岁是你事业的起步期,如果这时你还没有自己的梦想,你将来要为此付出巨大的代价;40岁是你事业的飞跃期,如果此时你不能保持积极乐观的心态,你可能永远都在起步期;60岁,这时你并不需要特意做什么。如果你前40年做对了,这时你想不辉煌也难;如果你前40年没有做对,这时你想不凄凉也难。

张明和王亮的故事告诉我们,生活是公平的,当你努力工作,尽量多付出的时候,你不知不觉就会收获很多;当你时时计较能获得多少,只做分内事的时候,却往往收获甚微。当我们都掌握了人生的一些基本法则并能坚持去做,那么成功是不难的,至少不像人们想象的那样难。

(资料来源:吴兰芬.人力资源管理[M].北京:中国计量出版社,2009)

阅读以上材料,回答问题:
1. 造成他们两人最后成就不同的原因有哪些?
2. 你如何看待机遇的问题?
3. 本案对你职业生涯规划有哪些启示?

课程思政园地

近年来,在国家、社会和高校层面都大力助推毕业生就业的同时,一种名为"慢就业"的社会现象越来越普遍。从定义上来讲,"慢就业"是指一些大学生毕业后既不打算马上就业,也不打算继续深造,而是暂时选择游学、支教、在家陪父母或者创业考察,慢慢考虑人生道路的现象。

一边是企业普遍缺人,招不到大学生,一边是毕业生找不到符合期望值的就业岗位,选择不主动就业,或是创业考察,或是准备各类考试。于是,"慢就业"现象也成为当下高校毕业生就业生态中的新问题和新常态。

据统计,2021届全国普通高校毕业生总规模909万人,同比增加35万人。和那些一毕业就工作的大学生相比,选择"慢就业"的大学生一般面临的生活压力较小,父母的观念也比较开明,不会因为孩子不工作而感到焦虑,反而会支持孩子进修、游学、考察就业市场或者暂时放松,这也使得这群毕业生拥有了升学、创业、就业等更多人生选择的机会。

就读于浙师大的小石今年即将大学毕业,和班里的不少同学一样,最近她正在埋头准备编制考试。"我之前一直在准备研究生考试,可惜笔试过了,面试没进。父母建议我明年再考一次,我也想继续深造,所以目前不急着找工作。但在家休息的时间也不能浪费,就打算看看书,先试着考个编制。"小石说,他们班里有不少选择"慢就业"的同学,大部分都是计划继续读研或出国深造,也有很多人准备报考机关事业单位的"铁饭碗"。"可能是觉得现在工作难找吧,尤其是眼下用人单位对应聘者的要求也高,一毕业就想找一个薪酬待遇和工作环境都好的岗位,实在不容易。"小石表示。

事实上,"慢就业"现象的出现不仅受大学生求职观念转变的影响,很大程度上也是社会经济日益发展,家庭条件普遍改善的结果。随着经济负担压力的减轻,不少毕业生没有赚钱养家的紧迫感,父母也乐意孩子暂缓就业,更长远的考虑未来规划和就业质量。而"慢就业"的过程能为毕业生提供缓冲期,让他们更充分预见自己的工作状态和生活轨迹。

但"慢就业"并非适合所有人,抛开各种因素,"慢就业"需要高昂的经济和时间成本,普通家庭的大学生不一定"耗"得起,如果慢上三年两载,还容易被贴上"啃老"的标签。需要提醒的是,从很多毕业生的就业反馈来看,大部分人对自己的初次就业期望值都比较高。所以,就算是选择"慢就业",也应对自我水平有一个准确的认知,切不可眼高手低,忽视职业生涯的"长期性"与自我能力的匹配性,最后面临"高不成低不就"的尴尬情况。

其实,"慢就业"说到底就是个性化就业,最终目的还是让大学生选择更适合自己的就业方式,而不是懒就业、不就业,甚至是畏惧就业。所以,建议毕业生们还是应从多个角度建立起较为清晰的职业规划,慢而有度,厚积薄发,脚踏实地地找准适合自己的发展方向。

(资料来源:人民资讯,2021-05-24)

思考:
1. 为什么说在做职业规划时,既要仰望星空,又要脚踏实地?
2. 你的职业规划是怎样的?

学生自我工作总结

通过完成任务10,我能够作如下总结。

一、主要知识

完成本任务需了解的主要知识点有:
1.
2.

二、主要技能

完成本任务需掌握的主要技能有:
1.
2.

三、主要原理

完成本任务涉及的管理原理有：
1.
2.

四、相关知识与技能

本任务的完成过程：
1. 职业生涯规划的意义是：
2. 个人职业生涯规划的操作包括：
3. 组织职业生涯管理的途径是：

五、成果检验

本任务的成果：
1. 完成本任务的意义有：
2. 学到的知识与技能有：
3. 自悟的知识与技能有：
4. 你认为职业生涯管理对一个人一生发展的意义是：

参 考 文 献

[1] 赵轶. 人力资源管理[M]. 2版. 北京：清华大学出版社,2016.
[2] 褚福灵. 人力资源管理职位实训教程[M]. 北京：清华大学出版社,2009.
[3] 沈莹. 现代人力资源管理[M]. 北京：北京交通大学出版社,2009.
[4] 赵志泉. 人力资源管理[M]. 上海：上海财经大学出版社,2007.
[5] 赵曙明. 人力资源管理与开发[M]. 北京：北京师范大学出版社,2007.
[6] 李琦. 人力资源管理[M]. 北京：北京大学出版社,2007.
[7] 严肃. 人力资源管理常用的83个工具[M]. 北京：中国纺织出版社,2010.
[8] 张尚国. 人力资源管理规范化管理工具箱[M]. 北京：中国纺织出版社,2010.
[9] 李旭穗. 人力资源管理实务[M]. 广州：华南理工大学出版社,2009.
[10] 安鸿章,时勘. 国家职业资格考试教程企业人力资源管理师[M]. 北京：中国劳动社会保障出版社,2010.